Géographie Générale

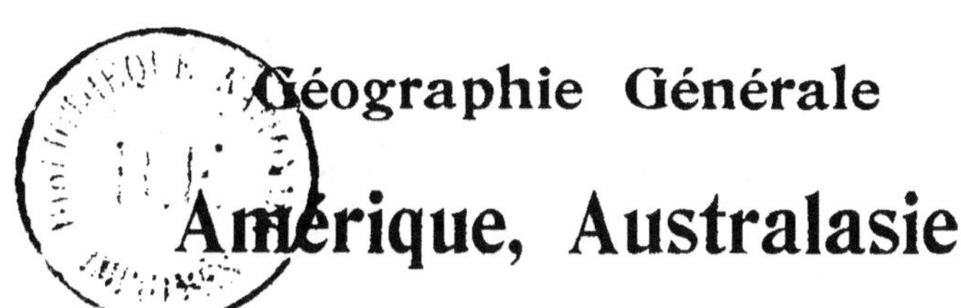

Amérique, Australasie

F. SCHRADER ET L. GALLOUÉDEC

Géographie Générale

Amérique, Australasie

Rédigée conformément aux programmes du 31 mai 1902

À L'USAGE DE L'ENSEIGNEMENT SECONDAIRE

CLASSE DE SIXIÈME
(Divisions A et B)

*OUVRAGE CONTENANT 13 CARTES EN COULEURS
ET 116 CARTES ET GRAVURES EN NOIR*

CINQUIÈME ÉDITION REVUE

PARIS

LIBRAIRIE HACHETTE ET Cᵢₑ

79, BOULEVARD SAINT-GERMAIN, 79

1904

EXTRAIT DES PROGRAMMES OFFICIELS

ARRÊTÉS LE 31 MAI 1902

POUR L'ENSEIGNEMENT SECONDAIRE

Géographie

CLASSE DE SIXIÈME

(*Divisions A et B*)

GÉOGRAPHIE GÉNÉRALE — AMÉRIQUE. AUSTRALASIE

I

GÉOGRAPHIE GÉNÉRALE. — *Le globe.* Simples notions sur les pôles, l'équateur, les zones terrestres. Répartition des terres et des mers.

Le relief. La montagne, le plateau, la plaine. Volcans.

La mer. Les mouvements de la mer; influence des courants; la vie dans les mers.

L'atmosphère. Les mouvements de l'atmosphère; action des vents.

La pluie. La circulation des eaux ; le fleuve.

Le climat. Climat maritime et climat continental.

La côte. Principales formes du rivage.

La végétation et la vie animale. Types principaux. — Le désert.

L'homme. Notions élémentaires sur la répartition de la population, des langues et des religions. Principales races. La vie civilisée et la vie sauvage.

Les terres polaires. — Notions élémentaires. .

Amérique. — Notions de géographie physique[1]. Notions de géographie politique et économique (n'insister que sur le *Canada*, les *États-Unis*, le *Mexique*, le *Brésil*, le *Chili*, la *République argentine*).

Relations avec l'Asie, l'Océanie et l'Europe. Immigration.

Australasie. — Australie. Nouvelle-Zélande. Principaux archipels de l'Océan Pacifique[2].

1. Ces notions devront être présentées dans l'ordre adopté pour l'exposé des notions de *Géographie générale*

2. L'étude de l'*Insulinde* sera rattachée à l'étude de l'Asie.

GÉOGRAPHIE GÉNÉRALE
AMÉRIQUE, AUSTRALASIE

INTRODUCTION

OBJET ET MÉTHODE DE LA GÉOGRAPHIE

Définition. — Géographie signifie *description de la Terre*. La géographie est une des nombreuses sciences qui se proposent l'étude de notre planète, comme l'astronomie, la géodésie, la météorologie, la minéralogie, la géologie, la botanique, la zoologie.

Elle touche à toutes ces sciences, et à toutes elle emprunte des indications et des renseignements. Mais son objet propre consiste à étudier le globe comme lieu de l'habitation de l'homme.

Divisions. — L'étude géographique d'une portion quelconque de la terre comprend trois parties : la *géographie physique*, la *géographie politique* ou *humaine*, et la *géographie économique*.

1° La **géographie physique** étudie la terre telle que la nature l'a faite, son relief, son sol, ses climats, ses cours d'eau, ses mers et ses côtes, ses aptitudes végétales, ses ressources minérales. Chacun de ces traits modifie à son tour la vie de l'humanité.

Il est, du reste, facile de constater que ces divers faits naturels influent les uns sur les autres. La végétation et la richesse agricole d'un pays dépendent de la nature du sol et du climat; — de la nature du sol dépendent les richesses minérales et industrielles; — du relief et du sol dépendent la nature et l'aspect des côtes, la navigabilité des cours d'eau, et diverses conséquences qui favorisent ou contrarient le développement d'un pays.

2° La *géographie politique* ou *humaine* étudie les hommes qui peuplent la terre et leur organisation sociale.

L'homme occupe une place importante dans la géographie. Isolé et sauvage, il dépend entièrement de la nature. Instruits et groupés en sociétés puissantes, les hommes centuplent leurs forces; ils deviennent capables de capter et d'utiliser à leur gré les forces naturelles, vents, chutes d'eau, etc., de modifier la surface terrestre par leurs travaux et leurs inventions, et même de changer partiellement leurs conditions naturelles d'existence.

Ainsi, après avoir examiné l'état physique d'une région terrestre, il convient d'étudier les questions relatives aux hommes qui l'habitent : c'est-à-dire leur nombre, — leur répartition sur le territoire, — leur distribution urbaine ou rurale, — leur civilisation, — la constitution politique qui les régit, etc.

3° La *géographie économique* étudie le résultat de l'action humaine sur la terre, le parti que l'homme a tiré des ressources naturelles de son domaine.

La géographie économique des régions peuplées d'hommes encore sauvages n'offre que peu d'intérêt parce que l'homme y vit au jour le jour et n'y demande à la terre que la satisfaction de besoins élémentaires.

Dans les régions civilisées, au contraire, l'humanité modifie sans cesse la nature. Elle diminue les forêts, ce qui modifie partiellement le climat; elle amende les sols infertiles et refait les sols épuisés; elle construit des machines puissantes, dont elle se sert pour régulariser les cours d'eau, améliorer les ports en les abritant et en les approfondissant, créer des routes, des voies ferrées et des canaux, creuser des tunnels, des mines, percer des isthmes. L'homme parvient ainsi à augmenter considérablement ses ressources, en tirant un meilleur parti des richesses qu'il a sous la main, ou en allant au loin chercher ce qui lui manque chez lui.

De là l'importance de la géographie économique. En étudiant le développement des forces productrices et la répartition des richesses sur le globe, elle permet de se rendre compte du degré de développement d'un pays et de l'influence dont il jouit dans le monde.

Utilité de la géographie. — La Géographie, telle qu'on la comprend aujourd'hui, est devenue *la science de la Terre et de l'Homme*. Elle nous enseigne la marche des phénomènes naturels et nous montre comment les causes s'enchaînent aux effets, depuis l'échauffement de la Terre par le Soleil jusqu'au développement de la géographie économique.

Aussi l'étude de la géographie mérite-t-elle une place importante dans tout système d'éducation générale. Elle contribue à développer l'imagination par l'évocation de pays tout différents du nôtre; elle habitue et force à la réflexion; elle fortifie et mûrit l'esprit par la méthode qu'elle impose comme par les enseignements qu'elle fournit. En effet, non seulement la géographie ainsi entendue fournit un bagage de connaissances pratiques, chaque jour utilisables et de plus en plus indispensables, mais encore elle conduit à des aperçus élevés sur les conditions du développement de l'humanité et de la civilisation générale.

RÉSUMÉ

I. **Définition.** — Géographie signifie description de la terre. La géographie est la science qui étudie la terre par rapport à l'homme.

II. **Divisions de la géographie.** — La géographie comprend trois parties :

1° La géographie physique, qui étudie la terre telle que la nature l'a faite, avec ses conditions principales (relief, nature du sol, climat) et ses conditions dérivées (fleuves, côtes, aptitudes végétales, ressources minérales);

2° La géographie politique ou humaine, qui étudie les habitants d'un pays, leur organisation politique et sociale;

3° La géographie économique, qui étudie les voies de communication, l'agriculture, l'industrie et le commerce, en un mot, la richesse d'un pays : elle donne le résultat de l'action humaine sur la terre.

III. Utilité de la géographie. — La géographie, science basée sur l'observation et le raisonnement, donne à la fois des connaissances pratiques et des enseignements philosophiques d'une haute portée pour la formation de l'esprit.

PREMIÈRE PARTIE

GÉOGRAPHIE GÉNÉRALE

I. — LE GLOBE TERRESTRE

La terre et le système solaire. — La Terre est une des planètes du système solaire : autrement dit, c'est un astre obscur que la force d'attraction universelle fait graviter autour d'une étoile, immense comme toutes les autres étoiles : le Soleil.

Il existe plusieurs centaines de planètes solaires dont huit grandes seulement. Ces huit grandes planètes sont, en commençant par les plus rapprochées du Soleil : Mercure, Vénus, la *Terre*, Mars, Jupiter, Saturne, Uranus et Neptune.

Forme de la Terre. — La Terre est ronde ; comme le Soleil et comme toutes les autres planètes, elle a la forme d'une sphère.

Les preuves de la rotondité de la Terre sont nombreuses.

Courbure des mers.

Quand un navire approche du rivage, on aperçoit le haut de ses mâts, puis ses mâts tout entiers, avant de voir sa coque. De même, d'une chaîne de montagnes lointaine on ne distingue que les sommets.

Malgré ces preuves faciles à constater, la rotondité de la Terre, bien que soupçonnée par quelques savants anciens, n'est un fait reconnu de tous que depuis le voyage de *Magellan* autour du monde, au xvie siècle. Ce navigateur quitta l'Espagne par l'ouest traversa l'océan Atlantique, contourna l'Amérique par le sud, où il trouva le détroit qui porte son nom; après avoir traversé l'océan Pacifique et l'océan Indien, son expédition revint en Espagne par l'est, ayant accompli le premier voyage autour de la Terre.

Horizon. — La courbure de la terre ne nous permet jamais d'en voir qu'une bien petite partie à la fois. On nomme *horizon* la ligne où s'arrête notre vue et où la terre et le ciel paraissent se toucher. Le mot horizon vient d'un mot grec signifiant borne.

Plus l'on s'élève, plus l'horizon s'élargit; mais on n'embrasse jamais qu'une très faible portion de la surface terrestre. Du haut d'une mon-

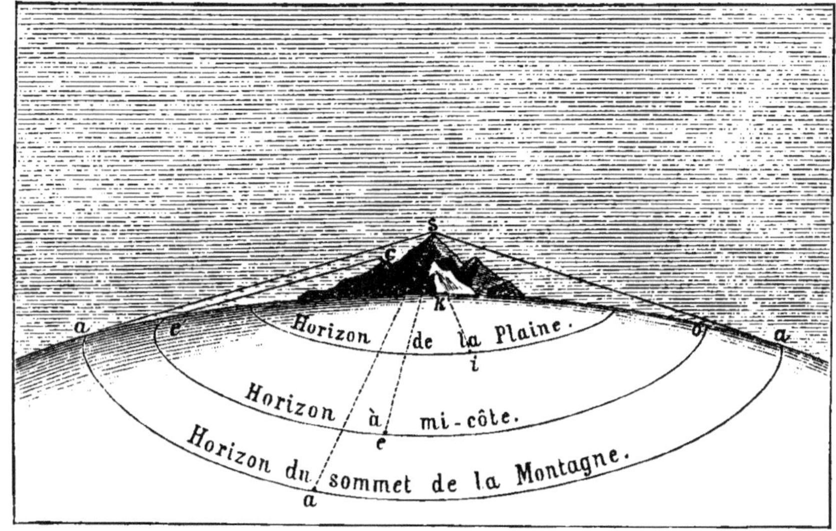

tagne élevée, on peut apercevoir à douze ou quinze lieues à la ronde, et l'étendue qu'on découvre semble considérable. Cependant, en deux jours, un bon marcheur atteindrait les lieux qui, du haut de la montagne, semblaient marquer la fin du monde. Mais si cet homme continuait à marcher en parcourant 40 kilomètres par jour, il faudrait près de trois années de marche pour faire le tour de la terre, en allant tout droit devant lui et en supposant que rien ne l'arrêtât sur sa route.

Mouvements de la Terre. — La Terre roule dans l'espace.

Elle est animée de deux mouvements, et tourne : 1° *sur elle-même*, en 24 heures; 2° *autour du Soleil*, en une année.

On nomme *axe* le pivot imaginaire, ou la ligne droite passant par le centre de la Terre, autour duquel notre planète semble tourner; — *pôles*, les deux points nord et sud où l'axe de la Terre en rencontre la surface : le pôle nord est encore appelé pôle arctique, et le pôle sud pôle antarctique.

On nomme *équateur* une ligne imaginaire qui fait le tour de la Terre à égale distance des deux pôles; — *hémisphères*, les deux moitiés de la sphère terrestre, ou *demi-sphères*, qui sont situées des deux côtés de l'équateur, l'hémisphère boréal, du côté du pôle nord, l'hémisphère austral, du côté du pôle sud.

Les saisons. — En tournant autour du Soleil, la Terre incline alternativement vers lui son pôle nord et son pôle sud. Comme c'est le Soleil qui réchauffe la Terre, chacun des deux hémisphères reçoit succes-

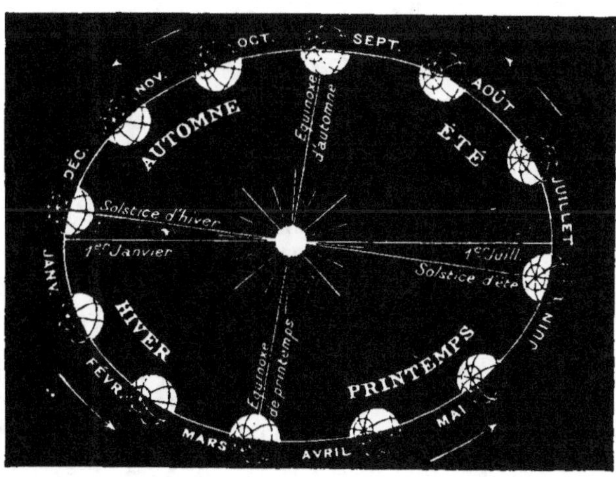

Saisons.

sivement une plus grande quantité de chaleur que l'autre. Ainsi s'explique le jeu des saisons, c'est-à-dire la succession régulière des mois chauds, tempérés et froids.

Du 21 mars au 23 Septembre, le Soleil éclaire surtout l'hémisphère boréal, qui a alors sa saison chaude, tandis que l'hémisphère austral traverse la saison froide.

Du 23 septembre au 21 mars, au contraire, l'hémisphère austral a sa saison chaude et l'hémisphère boréal sa saison froide.

Il y a quatre saisons dans l'année : une saison chaude, l'*été* ; une saison froide l'*hiver* ; deux saisons de transition ou tempérées, le *printemps* et l'*automne*. Ces différentes saisons sont naturellement inversées dans les deux hémisphères : à Madagascar, qui est dans l'hémisphère sud, l'été règne tandis que dans l'hémisphère nord, nous avons l'hiver ; au contraire, on y est en hiver pendant notre été.

Zones terrestres. — Par suite de la position de la Terre par rapport au Soleil, on distingue sur la Terre des points que le Soleil éclaire verticalement au moins un jour par année, des points où il n'est jamais

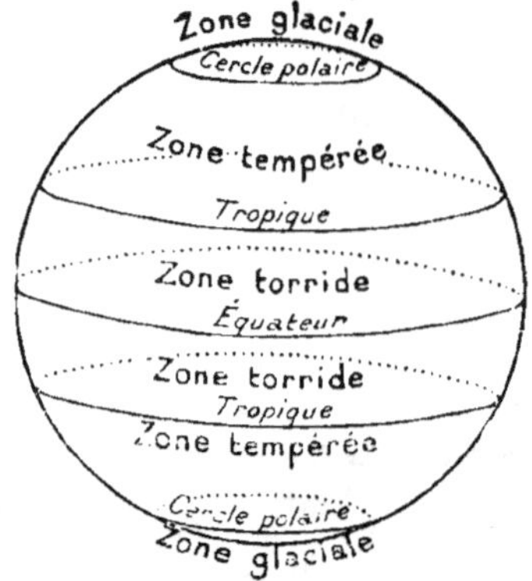

vertical, mais où on peut l'apercevoir chaque jour de l'année ; enfin des points où il peut s'écouler plus de vingt-quatre heures sans qu'il soit possible d'apercevoir le soleil. Ces différences ont permis de distinguer plusieurs zones à la surface de la Terre.

On distingue cinq grandes zones terrestres : *deux zones polaires*, au voisinage des deux pôles ; *deux tempérées*, à mi-chemin entre les pôles et l'équateur ; une *zone tropicale* ou *torride*, à cheval sur l'équateur.

1° Les **zones polaires** comprennent les régions voisines des pôles. Les rayons solaires y sont toujours très obliques. De plus, en hiver, selon qu'on est plus ou moins rapproché du pôle, il s'écoule plusieurs jours, plusieurs semaines ou plusieurs mois, sans que le Soleil paraisse au-dessus de l'horizon : par contre, en été, le Soleil luit sans interruption, pendant plusieurs jours, plusieurs semaines ou plusieurs mois. Aux pôles mêmes, pendant une moitié de l'année, il règne une nuit presque complète et ininterrompue, tandis que pendant l'autre moitié de l'année le Soleil ne se couche jamais : il y fait donc jour six mois de suite, et nuit six mois de suite.

Par suite de l'absence ou de l'extrême obliquité des rayons solaires, les zones polaires ont un climat très froid.

2° Les **zones tempérées** sont au nombre de deux. Il y a une *zone tempérée boréale et une zone tempérée australe*. Elles sont comprises entre les cercles polaires, au delà desquels cesse de se faire la succession régulière des jours et des nuits, et entre les tropiques, en dehors desquels le soleil ne luit jamais verticalement.

Le soleil n'envoie que des rayons obliques sur les zones tempérées, mais il y luit tous les jours de l'année quand sa lumière n'est pas obscurcie par des brouillards ou des nuages. Les deux zones tempérées ne sont ni glacées ni brûlantes. Ce sont celles dont le climat convient le mieux aux hommes, et où, par suite, se sont formés les plus grands États.

3° La **zone tropicale** ou **torride** est comprise entre les deux tropiques, des deux côtés de l'équateur. Le Soleil brille toujours verticalement sur un point quelconque de son étendue. Ses rayons, étant verticaux ou peu obliques, sont extrêmement chauds. Cette zone est la plus brûlante de la Terre.

Dimensions de la terre. — La Terre a 40 000 kilomètres de tour, ce qui correspond à un rayon moyen de 6 366 kilomètres. Sa superficie s'élève à 510 millions de kilomètres carrés, soit environ 1 000 fois la surface de la France.

Ces dimensions nous paraissent considérables. Toutefois il existe des mondes qui sont bien autrement volumineux que la Terre. Si on la compare aux autres planètes solaires, on voit que la Terre est plus grosse que trois d'entre elles, savoir : Mercure, Vénus et Mars ; par contre, elle est de beaucoup inférieure aux quatre autres, Jupiter, Saturne, Neptune et Uranus. Jupiter équivaut à 1 400 terres. Quant au Soleil, il est 1 280 000 fois plus volumineux que notre globe.

En résumé, la Terre n'est qu'un point dans le système solaire qui n'est lui-même qu'un point dans l'espace. On voit l'erreur de nos ancêtres qui faisaient naïvement de leur planète le centre du monde.

Points cardinaux et collatéraux. — Si peu de place que tienne la Terre dans l'ensemble des choses, elle n'en est pas moins considérable relativement à l'homme, et celui-ci, pour se diriger à sa surface, a dû y déterminer un certain nombre de points de repère qui lui servent à s'orienter. Ces points de repère sont les *points cardinaux* et les *points collatéraux*.

Il y a quatre **points cardinaux**, savoir : l'*Est*, le *Sud*, l'*Ouest* et le *Nord*.

Il y a quatre **points collatéraux**, savoir : le *Sud-Est*, entre le sud et l'est, le *Sud-Ouest*, le *Nord-Ouest*, le *Nord-Est*.

L'ensemble de ces divisions et subdivisions forme la *Rose des Vents*.

Manières de s'orienter. — On peut s'orienter de trois manières : à l'aide du *Soleil*, à l'aide de l'*étoile polaire*, à l'aide de la *boussole*.

1° **A l'aide du soleil**, le jour. Le Soleil se lève tous les matins dans la direction de l'est, qu'on nomme aussi pour cette raison *levant* ou *orient*. Il se couche tous les soirs dans la direction de l'ouest, qu'on nomme de même *couchant* ou *occident*. Le *sud* ou *midi* indique la direction du soleil vers le milieu du jour, dans l'hémisphère boréal. A l'opposé du midi est le *nord* ou *septentrion*.

2° **A l'aide de l'étoile polaire**, la nuit. Cette étoile est toujours placée dans la direction du nord.

3° **A l'aide de la boussole**, en tout temps. La boussole est un cadran au centre duquel est placée une aiguille aimantée et mobile, dont l'une des pointes indique toujours le nord.

Méridiens et parallèles. — Pour déterminer la position exacte d'un lieu sur la terre, on a imaginé des divisions appelées *méridiens* et *parallèles*, et divisées en 360 degrés.

1° Les **méridiens** sont des grands cercles qui font le tour de la terre en passant par les pôles. Tous les points placés sur le même méridien ont midi ou minuit au même instant.

On nomme *méridien d'origine* le méridien à partir duquel on convient de compter les distances. En France, on prend comme méridien

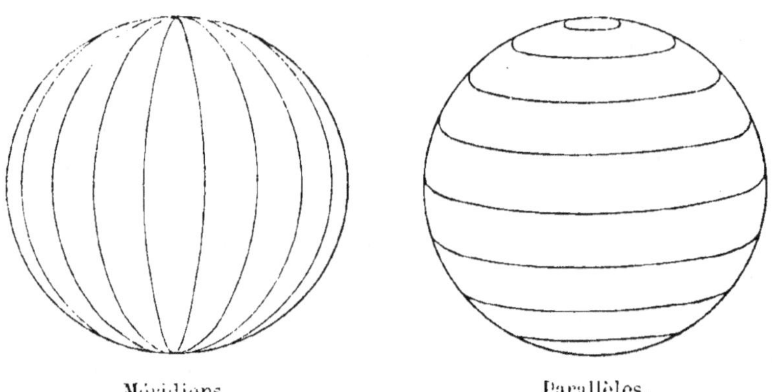

Méridiens.Parallèles.

d'origine celui qui passe par l'Observatoire de Paris ; en Angleterre, on prend celui qui passe par l'Observatoire de Greenwich. Il serait à souhaiter que tous les pays se missent d'accord pour l'adoption d'un méridien d'origine unique.

2° Les **parallèles** sont des cercles tracés parallèlement à l'équateur entre l'équateur et chacun des pôles.

Alors que tous les méridiens sont égaux, les parallèles diminuent graduellement de l'équateur aux pôles.

Latitude et longitude. — La position d'un lieu sur la terre est déterminée par sa latitude et sa longitude.

On nomme **latitude** d'un lieu la distance calculée en degrés de ce lieu à l'équateur, ou la longueur de méridien, exprimée en kilomètres, qui l'en sépare. Tous les méridiens étant égaux, un degré de latitude est égal à la circonférence terrestre (40 000 kilomètres) divisée par 360, c'est-à-dire à 111^{km},111.

On nomme **longitude** d'un lieu la distance qui le sépare du méridien d'origine. Cette longitude est dite longitude *ouest* ou longitude *est*, selon que ce lieu est à l'ouest ou à l'est du méridien d'origine.

Globes et cartes. — Pour représenter la Terre, on se sert soit de *globes*, ou sphères mobiles sur un pied, soit de *cartes* planes.

On dessine sur ces globes et ces cartes des faisceaux de méridiens et de parallèles, et on peut y reporter tous les points dont on connaît la latitude et la longitude.

RÉSUMÉ

I. — La Terre et le système solaire. — La Terre est une des planètes du système solaire. Elle est ronde, c'est une sphère, ainsi que le démontrent les voyages autour du monde. A cause de la rotondité de la terre, nous n'apercevons jamais qu'une faible portion de sa surface, toujours bornée par l'horizon.

II. — Mouvements de la Terre. — La Terre est animée d'un double mouvement. Elle tourne sur elle-même en 24 heures, autour d'un axe imaginaire qui passerait par les pôles. Elle tourne autour du soleil en une année, ce qui détermine la succession des saisons. Par suite de la position du soleil par rapport à la Terre, il est possible de distinguer sur la Terre cinq grandes zones : deux zones polaires, deux zones tempérées et une zone tropicale ou torride.

III. — Dimensions de la Terre. — La Terre a 40 000 kilomètres de tour et 510 millions de kilomètres carrés de superficie. C'est peu relativement au Soleil et à certaines planètes, comme Jupiter, mais c'est considérable relativement à l'homme, et celui-ci pour se reconnaître sur le globe, a dû chercher des points de repère (points cardinaux et points collatéraux), trouver le moyen de s'orienter à l'aide du soleil, des étoiles et de la boussole, imaginer des méridiens et des parallèles qui lui permettent de déterminer la latitude et la longitude d'un lieu et de construire des globes et des cartes.

2. — VUE GÉNÉRALE DU GLOBE

Origine de la terre. — D'après l'hypothèse émise, à la fin du xviii° siècle, par le savant français Laplace, la terre n'est qu'un fragment détaché du soleil. Elle aurait formé d'abord une masse entièrement gazeuse ; puis, avec le temps, elle se serait, par refroidissement, liquéfiée ou solidifiée, à l'exception de l'atmosphère, restée à l'état gazeux.

Il existe donc actuellement, à la surface du globe : 1° une partie solide, l'*écorce terrestre*; 2° une partie liquide, *les mers et les océans* qui recouvrent une partie de la terre, ne laissant émerger que les parties les plus saillantes de son écorce; 3° une partie gazeuse, l'*air* ou *atmosphère*, qui enveloppe la totalité des terres et des mers.

Continents et parties du monde. — Les terres émergées forment, au milieu des océans, trois masses continen-

HÉMISPHÈRE BORÉAL
Terres : 99.400.000   Mers : 155.500.000 kil car.

HÉMISPHÈRE AUSTRAL
Terres : 35.700.000   Mers : 219.300.000 kil. car

Superficie comparée des terres et des mers des deux hémisphères.

tales qu'on nomme *Ancien Continent*, *Nouveau Continent* et *Continent Austral*.

La surface de la terre mesurant 510 millions de kilomètres carrés, celle des terres émergées s'élève à 136 millions : autrement dit, les continents n'occupent qu'un quart environ

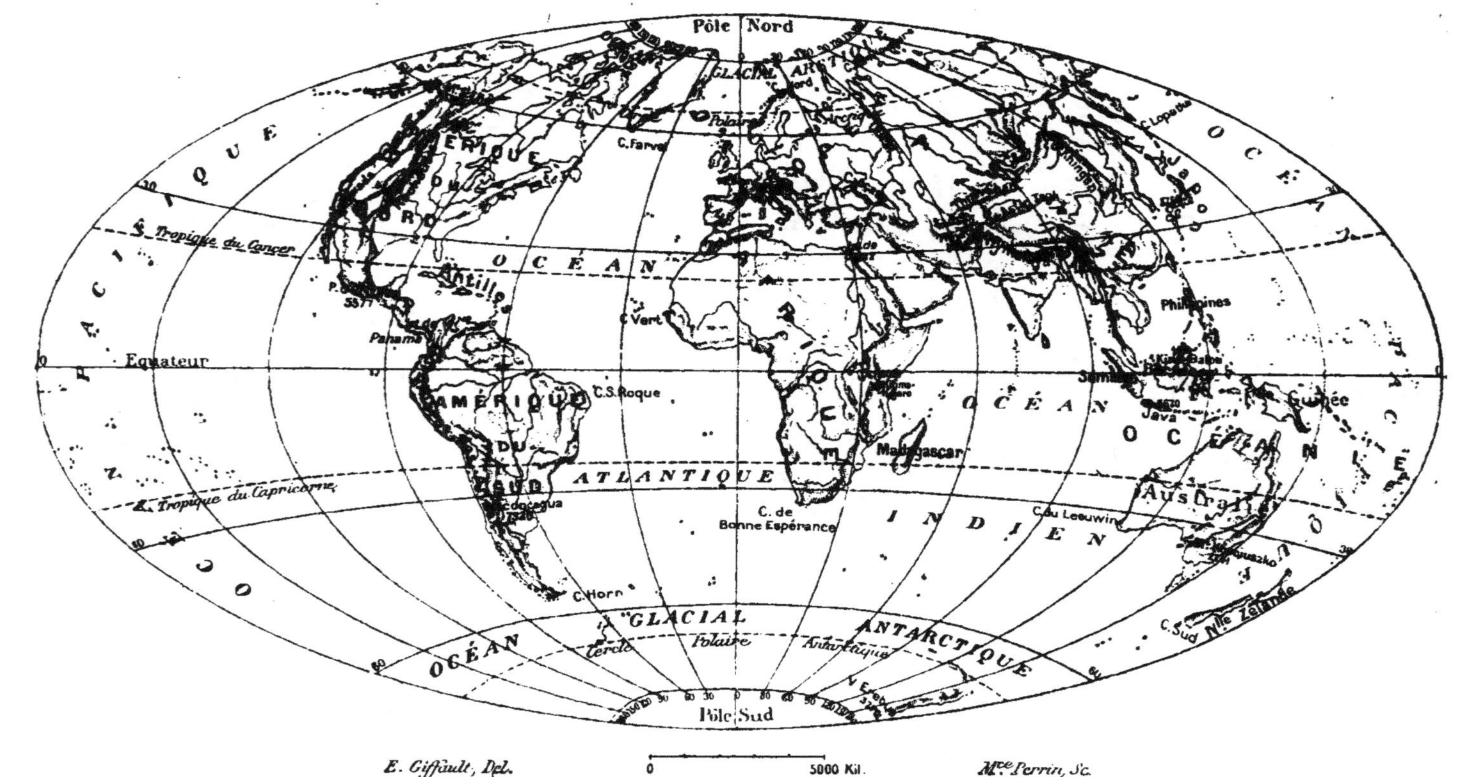

E. Giffault, Del.

0   5000 Kil.

Mlle Perrin, Sc.

Disposition et relief des continents.

de la surface terrestre. D'ailleurs, les continents occupent beaucoup plus de place dans l'hémisphère boréal que dans l'hémisphère austral : pour cette raison, on appelle parfois l'hémisphère boréal *hémisphère continental*, et l'hémisphère austral *hémisphère maritime*.

Chacun des trois continents se compose d'une ou de plusieurs parties du monde.

1° L'**Ancien Continent** est ainsi appelé parce qu'il est resté longtemps le seul connu des peuples dont nous descendons. C'est le plus considérable de tous ; il mesure 84 millions

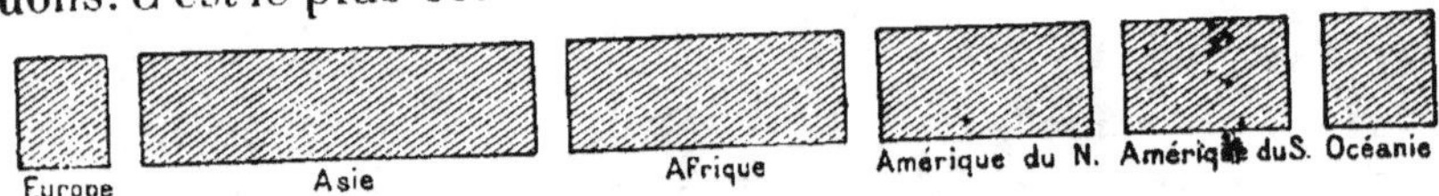

Superficies comparées des diverses parties du monde.

de kilomètres carrés. Il se développe surtout de l'ouest à l'est, et s'étend, pour les sept huitièmes, dans l'hémisphère boréal.

Il comprend trois Parties du monde :

A l'ouest, l'Europe	10 010 000 kil. carrés.
A l'est, l'Asie	44 500 000 —
Au sud-ouest, l'Afrique	29 800 000 —

L'*Europe* offre une configuration très découpée. Fort petite, par rapport à l'Asie à laquelle elle tient par son côté oriental, elle apparait sur la carte comme une péninsule de l'Asie.

L'*Asie*, beaucoup plus vaste et plus massive, n'a que peu de mers intérieures et de péninsules. On lui joint tous les archipels du Pacifique qui l'avoisinent, comme le Japon, les Philippines et la Malaisie ; si ces deux derniers archipels étaient rattachés à l'Océanie, la superficie de l'Asie ne serait que de 42 500 000 kilomètres carrés.

L'*Afrique*, plus massive encore que l'Asie, forme une véritable île, presque entièrement détachée de l'Ancien Continent auquel elle ne tient que par l'isthme de Suez, aujourd'hui percé d'un canal.

2° Le **Nouveau Continent** est ainsi appelé parce que

sa découverte par les Européens est assez récente (1492). Il s'étend surtout du nord au sud et est situé, pour les deux tiers, dans l'hémisphère boréal. Il comprend :

L'Amérique du Nord. . . . . . 25 000 000 kil. carrés.
L'Amérique du Sud . . . . . . 17 800 000 —

En tout, 40 800 000 kilomètres carrés.

L'Amérique du Nord et l'Amérique du Sud ont la forme de deux triangles, aux contours peu découpés, ayant la pointe tournée vers le sud.

Elles sont séparées par deux grandes mers, le golfe du Mexique et la mer des Antilles, et reliées l'une à l'autre, à l'ouest, par une suite d'isthmes dont le plus connu est l'isthme de Panama; à l'est, par une traînée d'îles, les Antilles, parallèle à l'Amérique centrale.

3° Le **Continent Austral** s'étend tout entier dans l'hémisphère austral. Sa découverte, toute récente, ne date que des xviie et xviiie siècles.

Il comprend une infinité d'îles qui forment la partie du monde nommée *Océanie*. Son étendue égale 9 millions de kilomètres carrés; à elle seule l'Australie couvre 7 600 000 kilomètres carrés.

On suppose aussi qu'un continent assez vaste occupe le pôle sud, mais les glaces qui l'entourent et le couvrent ont empêché jusqu'à ce jour de le reconnaître.

Océans. — Les eaux recouvrent la surface de la terre sur une étendue de 374 millions de kilomètres carrés,

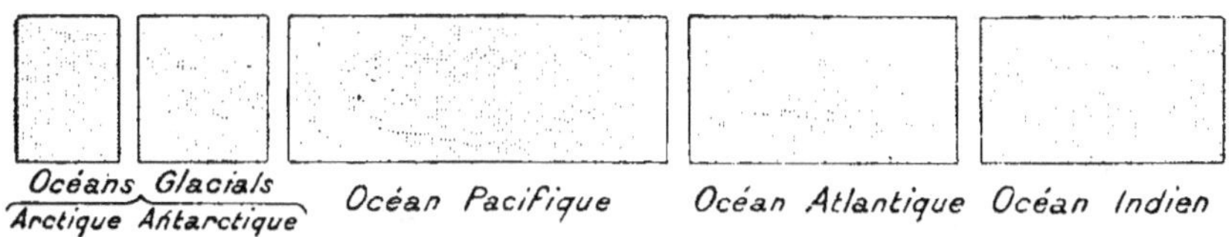

Étendue comparée des océans.

c'est-à-dire sur les trois quarts environ de sa superficie.

Ces eaux ne forment qu'une seule étendue liquide, au

milieu de laquelle les continents apparaissent comme des îles. Mais, pour la commodité de l'étude, on divise cette étendue unique en cinq océans, qui sont :

L'océan Glacial Arctique. . . .	15 200 000	kil. carrés.
L'océan Glacial Antarctique. . .	20 500 000	—
L'océan Atlantique	88 600 000	—
L'océan Pacifique	175 600 000	—
L'océan Indien	74 000 000	—

1° **L'océan Glacial Arctique** et l'océan **Glacial Antarctique** sont situés, le premier autour du pôle nord, le second autour du pôle sud. Ils sont presque toujours gelés ou embarrassés de masses de glaces flottantes appelées *banquises*. Ni l'un ni l'autre n'a été entièrement exploré.

L'océan Glacial Arctique est limité au sud par les côtes septentrionales d'Europe, d'Asie et d'Amérique. Il communique avec les autres océans par le détroit de Béring, le détroit de Davis et le passage plus large compris entre le Groenland et la Norvège.

L'océan glacial Antarctique n'a pas de limites véritables et communique largement avec les autres océans.

2° **L'océan Atlantique** s'étend du nord au sud entre l'Europe, l'Afrique et l'Amérique.

Il renferme peu d'îles (Antilles, Islande, Îles Britanniques), mais il forme d'importantes mers secondaires (mers Baltique et du Nord, Manche, Méditerranée, golfe du Mexique, mer des Antilles).

3° **L'océan Pacifique**, ou *Grand Océan*, s'étend entre l'Amérique, l'Asie et l'Australie. C'est le plus vaste des océans ; il couvre le tiers de la surface de la terre. Il doit son nom de Pacifique à la rareté de ses tempêtes.

Il renferme des terres peu étendues et assez peu nombreuses et forme quelques mers intérieures (mers de Béring, d'Okhotsk, du Japon, de Chine, etc.).

4° **L'océan Indien** est compris entre l'Afrique, l'Asie et l'Australie.

Il renferme deux grandes îles (Ceylan et Madagascar) et forme la mer Rouge, la mer d'Oman et le golfe du Bengale. Il est sujet à de violentes tempêtes.

Atmosphère. — L'atmosphère enveloppe le globe tout entier. Elle est composée d'air et de vapeurs.

On ignore l'épaisseur de cette couche gazeuse, qui est indispensable à la vie. On a essayé de la déterminer par des calculs et des expériences qui ont donné comme résultat des épaisseurs variant de 42 000 à 75 kilomètres. Ces chiffres sont trop dissemblables pour qu'on puisse même songer à prendre une moyenne.

Un fait certain, c'est qu'au delà de 10 000 à 11 000 mètres d'altitude au-dessus du niveau de la mer, l'air est tellement raréfié que l'homme ne peut y subsister.

RÉSUMÉ

I. Origine de la Terre. — D'après l'hypothèse de Laplace, la Terre est un fragment détaché du Soleil. On y trouve trois parties principales : une partie solide (écorce terrestre), une partie liquide (mers et océans), une partie gazeuse (atmosphère).

II. Continents et parties du monde. — Les continents couvrent un quart de la surface du globe (136 millions de kil. carrés); on les trouve surtout dans l'hémisphère boréal. On distingue trois continents et cinq parties du monde :

    1° Ancien Continent (Europe, Asie, Afrique);

    2° Nouveau Continent (Amérique du Nord et du Sud);

    3° Continent Austral (Océanie).

L'Ancien Continent (84 millions de kil. carrés) est le plus vaste des trois; l'Asie (44 500 000 kil. carrés) est la plus étendue des parties du monde.

III. Océans. — Les océans recouvrent trois quarts de la surface du globe (374 millions de kil. carrés). On en distingue cinq principaux : océan Glacial Arctique, océan Glacial Antarctique, océan Pacifique ou Grand Océan, océan Atlantique, océan Indien.

L'océan Pacifique (175 millions de kil. carrés) est le plus vaste.

IV. Atmosphère. — L'atmosphère enveloppe la terre et les océans sur une épaisseur inconnue. Au delà de 10 000 ou 11 000 mètres, l'air est trop raréfié pour que l'homme puisse y vivre.

3. — LE RELIEF

Le relief terrestre. — La surface de la terre est loin d'être unie. On y trouve de vastes étendues horizontales ou peu ondulées. Mais, le plus souvent, cette surface est tourmentée, coupée par des vallonnements ou des escarpements de terrain, hérissée d'entassements énormes de terres et de roches.

Ces inégalités constituent le relief terrestre.

On distingue trois formes principales de relief, la *montagne*, le *plateau*, la *plaine*.

Mesure du relief. — On évalue l'importance des inégalités du relief par rapport au niveau de la mer, qu'on peut regarder comme uniforme. On dit qu'un lieu est à 592 mètres d'altitude, quand il est situé à 592 mètres de hauteur verticale au-dessus du niveau de la mer.

L'altitude d'un lieu se détermine à l'aide du baromètre, ou par le nivellement et la triangulation.

Le *baromètre* sert à déterminer l'altitude. On sait que la pression atmosphérique diminue graduellement à mesure qu'on s'élève. Le baromètre, indiquant le degré de pression, mesure ainsi l'altitude. Toutefois, les estimations obtenues à l'aide du baromètre ne sont qu'approximatives, parce qu'en un même lieu, la pression atmosphérique varie légèrement d'un jour à l'autre suivant l'état de l'atmosphère.

Le nivellement et la triangulation donnent des résultats d'une certitude plus rigoureuse.

Le *nivellement* permet de déterminer par des mesures et des comparaisons la hauteur exacte d'un point par rapport au niveau de la mer.

La *triangulation* permet de déterminer par le calcul la situation et l'altitude d'un point, même inaccessible, par rapport à un autre point, et, ainsi de suite, jusqu'à la mer.

Origine du relief terrestre. — Les inégalités de la surface terrestre proviennent d'une double série d'actions internes et d'actions externes qui s'exercent continuellement et simultanément sur elle.

Les *actions internes* amènent la formation des montagnes et des collines.

La terre se refroidit très lentement mais d'une façon continue. En se refroidissant, l'écorce terrestre se contracte et se ride, comme une pomme qui se dessèche. Ainsi se forment des inégalités de terrains plus ou moins marquées.

Les *actions externes*, chaleur, gelée, humidité, ont, au contraire, pour effet de niveler la terre. La chaleur et la gelée font éclater les pierres, l'humidité les décompose. Attaqués sans cesse par les agents atmosphériques, les blocs rocheux

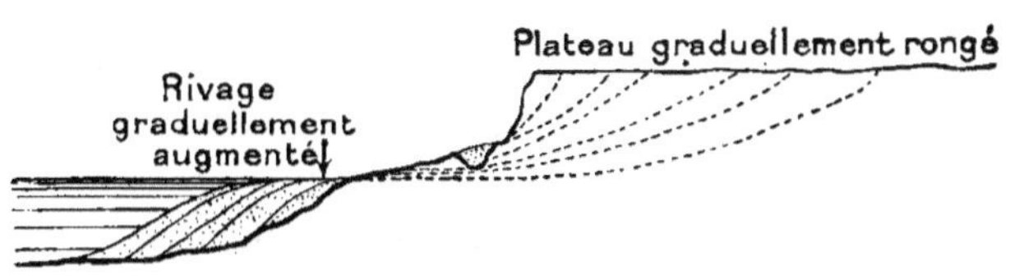

Profil théorique du travail des eaux dans le relief.

qui forment les montagnes se désagrègent, se fragmentent, s'émiettent. Ainsi se forment des débris, des poussières, que le vent, les eaux courantes, et, d'une manière générale, la pesanteur, entraînent vers les bas-fonds où ils se déposent en les exhaussant.

En résumé, les actions internes plissent la terre, et les actions externes tendent à ramener sa surface à un niveau horizontal, puisqu'elles abaissent les sommets et comblent les creux. Ces changements s'opèrent du reste très lentement. et il faut des siècles pour qu'ils deviennent appréciables.

Variété des terrains. — Par suite de la diversité de leur origine, les terrains qui forment la croûte terrestre sont très différents les uns des autres. On les classe, suivant leur âge, en *terrains primaires, terrains secondaires, terrains tertiaires* et *terrains quaternaires*.

Les **terrains primaires** les plus connus sont les *schistes*, roches feuilletées dont une variété, l'ardoise, sert à couvrir les maisons; les *granits*, roches dures, formées de cristaux agglomérés et servant à la construction; la *houille*, roche noire formée de débris végétaux carbonisés et serrés en une masse dure.

Les **terrains secondaires** comprennent les roches calcaires et crayeuses, comme la *pierre de taille* et la *pierre à chaux*.

Les **terrains tertiaires** principaux sont les *sables*; les *argiles*, qui servent à la poterie; les *marnes*, sortes d'argiles blanchâtres; les *moellons*, pierres légères de construction.

Les **terrains quaternaires** les plus connus sont les *limons* et les *boues*, que roulent les fleuves ; et les *laves*, pierres poreuses que rejettent les volcans en activité.

Ces terrains possèdent des propriétés très différentes. Les uns sont perméables (sables, calcaires), les autres sont imperméables ou difficilement perméables (argiles, schistes, granits). Les uns conviennent mieux à l'agriculture parce qu'ils donnent des terres chaudes ou légères (calcaires, sables), les autres lui conviennent peu parce qu'ils donnent des terres froides ou lourdes (argiles) : les premiers ont surtout des champs, et les seconds surtout des prairies.

Montagnes, plateaux, plaines. — Il y a trois formes principales de relief : les montagnes, les plateaux, les plaines.

1° Les **montagnes** sont des amoncellements de roches et de terres qui se forment quand l'écorce terrestre subit

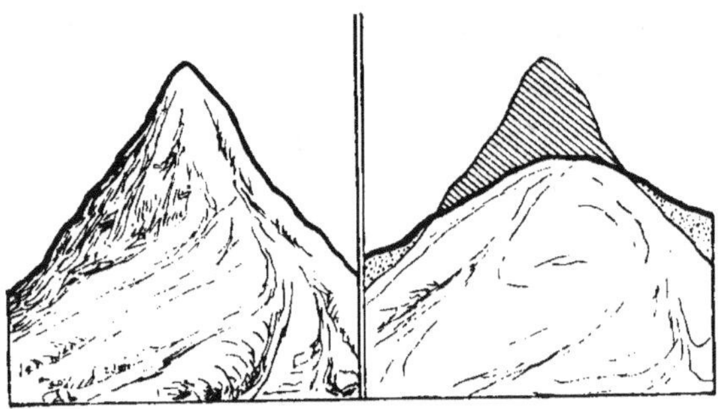

Érosion des montagnes, profil théorique.

des plissements considérables. Des montagnes se sont formées dès les époques primitives du globe, tandis qu'il en est d'autres qui datent des époques récentes. Il existe ainsi des montagnes vieilles et des montagnes jeunes, et de ces différences d'âge résultent des différences d'aspect importantes.

Les *montagnes vieilles*, soumises, depuis des milliers de siècles, aux attaques de l'eau et de l'atmosphère, ne sont plus qu'un reste de ce qu'elles furent ; les débris de leurs sommets longtemps usés se sont déposés à leur pied, et ont élargi leur base. Par suite, ces montagnes affectent en général l'apparence de bombements, de croupes largement étalées. En France, les monts de Bretagne et du Limousin sont des montagnes vieilles.

Les *montagnes jeunes*, usées depuis moins longtemps, conservent des formes plus élancées, des versants plus raides. Leurs sommets, proéminents et dégagés, dessinent des pointes, des pics, des cornes, des dents. En France, les Alpes (4800 m.) sont des montagnes jeunes. D'une manière générale, les plus hautes chaînes du globe, l'Himalaya (8840 m.), la Cordillère des Andes (7520 m.), sont parmi les montagnes jeunes.

On nomme *collines*, *coteaux*, les élévations de terrain trop peu considérables pour porter le nom de montagnes.

2° Les **plateaux** sont des masses montagneuses que les eaux n'ont pas encore découpées et qui ont ainsi gardé leur apparence compacte. Quelques-uns ont l'aspect de tables d'une horizontalité presque parfaite.

L'Europe ne renferme qu'un grand plateau, celui des Castilles, en Espagne. L'Amérique possède les plateaux du Mexique et de Bolivie, qui sont enserrés entre les hauts soulèvements des montagnes Rocheuses et des Andes. L'Asie est la région par excellence des plateaux : le Thibet, le Gobi, la Mongolie, le Pamir, l'Iran, l'Asie Mineure sont des plateaux.

3° Les **plaines** sont les grandes étendues plates où la surface terrestre n'a pas été plissée, ou bien qui ont été remblayées à la longue par les débris enlevés aux montagnes. Bien peu apparaissent tout à fait horizontales ; la plupart sont ondulées avec de légers renflements et des vallées peu profondes où coulent les rivières.

L'Europe possède une vaste plaine qui va sans interruption de la mer du Nord à l'Oural. L'Amérique en a deux plus étendues encore : l'une s'étend de l'océan Glacial au golfe du Mexique, l'autre, de la mer des Antilles à la Terre de Feu.

Description d'une montagne. — Si, en quittant une plaine, on commence l'ascension d'une haute montagne, on ne tarde pas à remarquer que tout change, l'aspect général, le climat et la végétation.

1° *La montagne est bien plus accidentée d'aspect.* — Par définition, la plaine est plate ou peu ondulée ; les pentes y sont faibles ; les routes y sont unies ; les cours d'eau courent à fleur de terre, avec lenteur, dans un lit large et peu incliné.

Au contraire, la montagne a des pentes rapides. Les cours d'eau qui en descendent sont des torrents ; ils coulent au fond de vallées creuses et étroites, ou de gorges; leur cours rapide est souvent coupé de chutes ou même de cascades. De même, les chemins sont très inclinés, bien qu'au lieu d'escalader les flancs de la montagne, droits devant eux, ils soient construits en lacets qui serpentent.

Les routes et les chemins de fer sont d'ailleurs beaucoup plus difficiles à établir dans les montagnes que dans les plaines. Pour construire une route ou une voie ferrée dans un pays montagneux, on est obligé de faire sauter des roches, d'établir des remblais en maçonnerie, de jeter à grands frais des ponts et des viaducs par-dessus les gorges

Montagnes avec glace. — La Meije (Alpes françaises).

profondes, de percer des tunnels. Tous ces travaux sont longs et coûteux. Aussi trouve-t-on beaucoup moins de routes et de voies ferrées dans les montagnes que dans les plaines.

2° *La montagne a un climat plus froid.* — Dans une grande plaine, large de 200 ou 300 kilomètres, le climat ne varie pas beaucoup d'un point à un autre. Au contraire, si l'on gravit une montagne, on constate vite que l'air devient plus frais à mesure qu'on monte.

En juillet, au pied de nos montagnes d'Europe, il fait une chaleur d'été. Sur les versants, à 1000 ou 1200 mètres d'altitude, les rayons du soleil sont déjà moins chauds, bien qu'il brille de tout son éclat, et l'on croirait être au printemps. Enfin, quand on arrive vers 2500 mètres, le froid devient si vif qu'on se croirait en hiver.

Cet abaissement graduel de la température explique qu'il y ait sur les très hautes montagnes des neiges et des glaces qui ne disparaissent jamais, tout comme dans les régions polaires. Et cela, même sur les montagnes de la zone torride. Seulement il faut s'élever à plus de 5000 mètres sous l'équateur pour trouver des neiges éternelles, tandis que dans les Alpes on les rencontre dès 2700 mètres, et, en Norvège, dès 1500 ou 1800 mètres.

La présence de neiges persistantes et de glaciers sur une montagne suffit pour changer complètement son aspect. Les montagnes moyennes, qui ne conservent de la neige qu'une partie de l'année, sont, en été, couvertes de forêts et de prairies qui leur donnent un air pastoral; on y voyage facilement, sauf en hiver. Au contraire, il est très difficile de franchir les très hautes montagnes qui ont des neiges éternelles et des glaciers. Il y a toujours danger à s'aventurer parmi des glaciers, qui

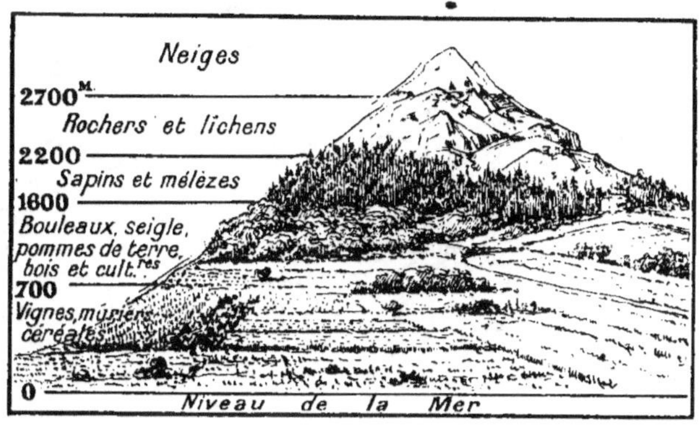

Étagement des zones de végétation sur une montagne.

sont souvent coupés de larges et profondes crevasses, et on ne peut s'y avancer qu'en prenant les plus grandes précautions.

3° *La montagne a une végétation très variée.* — C'est la conséquence même de l'abaissement de la température à mesure qu'on s'élève. De même que, du pied de la montagne au sommet, on peut passer du climat équatorial au climat polaire, de même on traverse toute l'échelle des zones de végétation.

Si l'on fait l'ascension des Alpes, on trouve d'abord des vignobles et des champs de blé qui disparaissent à partir de l'altitude de 700 mètres. Au delà, jusque vers 1600 mètres, on trouve encore quelques cultures, des champs d'orge, de seigle et de pommes de terre, mais on rencontre surtout des forêts de bouleaux et de sapins, ainsi que des pâturages et des forêts de plus en plus clairsemées de pins et de mélèzes, arbres de la Russie septentrionale. Après 2200 mètres, il n'y a plus que des rochers et des lichens, puis des neiges persistantes. En quelques heures, on passe ainsi de la végétation de la Provence ou de la Suisse à celle du Spitzberg ou de l'Islande.

Volcans. — Les volcans sont des déchirures du sol, temporaires ou permanentes, par lesquelles s'épanchent à la surface de la terre des laves en fusion ou des matières boueuses. Les ouvertures des volcans s'appellent *cratères*.

On compte sur la terre environ 350 volcans en activité; il en existe un plus grand nombre qui sont éteints. Presque tous les volcans se trouvent au voisinage des mers. En par-

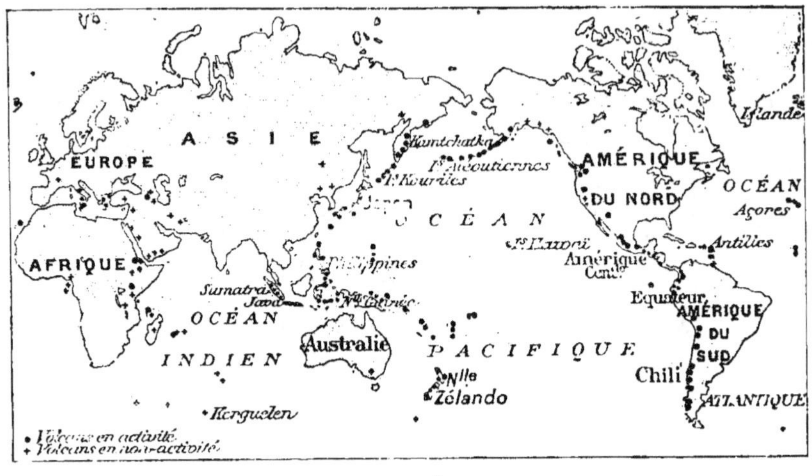

Volcans.

ticulier, le Pacifique est entouré par une immense ceinture de volcans, qu'on nomme le *cercle de feu du Pacifique.*

Les volcans ne sont pas nécessairement des montagnes; quelques-uns s'ouvrent au milieu d'une plaine. Toutefois ils présentent en général l'apparence de sommets coniques, qui ont été formés par l'accumulation des débris vomis par le volcan. Chaque éruption modifie plus ou moins l'aspect et la forme des montagnes volcaniques, de sorte que tantôt elle s'élève par des dépôts nouveaux et que tantôt elle s'abaisse quand la force de l'explosion détruit le sommet.

Les volcans et les éruptions volcaniques. — Parmi les phénomènes terrestres, il en est peu qui produisent des effets plus effrayants que les volcans. Souvent leur activité ne se trahit que par des émissions de vapeurs légères ou par des fumées qui sortent de leur cratère à intervalles irréguliers. Mais parfois ils ont des réveils terribles, lais-

Saint-Pierre avant l'éruption.

Saint-Pierre après l'éruption.

sent échapper de grandes coulées de lave brûlante qui se répandent sur leurs flancs en brûlant tout sur leur passage ; ils lancent des cendres et de grosses pierres. Ces éruptions sont généralement accompagnées de tremblements de terre et de phénomènes électriques terrifiants.

On signale ainsi de nombreuses éruptions qui firent un grand nombre de victimes.

Dans l'antiquité, l'éruption la plus fameuse est celle du *Vésuve* qui, en l'an 79 de notre ère, engloutit les deux villes d'Herculanum et de Pompéi, près de Naples, en Italie.

En 1883, dans les îles de la Sonde, se réveilla le volcan de *Krakatau*, éteint depuis 1680. Pendant trois mois se succédèrent des détonations, des explosions de fumée et de cendres, sans qu'il fût possible d'aborder dans l'île. Des cendres furent projetées en nuages jusqu'à 30 kilomètres de hauteur, et on en retrouva dans les îles Keeling, à 1200 kilomètres au sud-ouest. Quand on put approcher sans danger du lieu de l'éruption, on constata que l'aspect en était complètement modifié. « De l'île de Krakatau, raconte un voyageur, il ne restait que la partie méridionale ; toutes les hauteurs du nord, soit les deux tiers de l'île, d'une surface de 20 kilomètres carrés environ, avaient été emportées, et à leur place s'ouvrait un gouffre dont une sonde de 300 mètres ne touchait pas le fond. »

L'éruption moderne qui a causé l'impression la plus douloureuse est celle qui bouleversa le nord de l'île de la Martinique, dans les Antilles, et détruisit la ville de Saint-Pierre, au mois de mai 1902. Le volcan de la Montagne Pelée, endormi depuis 1851, se réveilla brusquement ; il inonda de laves, de pierres et de cendres tout le pays avoisinant sur un rayon de plus de 10 kilomètres, modifiant complètement la forme du pays et faisant plus de 40 000 victimes.

Importance du relief. — Le relief du sol exerce une très grande influence sur la vie à la surface de notre planète.

1° Le relief agit sur la marche des vents, sur la distribution des pluies, des climats et des végétaux, en même temps que sur les mouvements des peuples et des races humaines.

La plaine unit, la montagne sépare. La plaine ouvre un libre passage aux vents et aux hommes ; les montagnes et les hauts plateaux arrêtent les vents, les nuages, les migrations humaines, ou les font dévier de leur direction première : ce sont comme des murs difficiles à franchir et qu'il faut contourner. Pour cette raison, les monts séparent souvent deux mondes absolument différents par leur climat, leur végétation, la race et les mœurs des hommes qui les habitent. Tel est, en particulier, le cas des Pyrénées.

Montagne sans glace. — Gorges de Queyras (Alpes françaises).

2° Les différentes formes de relief ne conviennent pas également à l'homme pour y vivre et y former des États prospères.

Les montagnes et les hauts plateaux offrent beaucoup moins de ressources et de commodités que les plaines. Ils sont, en général, faiblement peuplés, tandis que les plaines renferment presque toujours les villes les plus nombreuses et les plus florissantes. Pour cette raison, on dit que les montagnes sont des *régions de dispersion* et les plaines des *régions de concentration*. Au reste, ces règles générales ne vont pas sans exception.

La vie dans les montagnes. — La montagne est pittoresque et elle est salubre. C'est pour cela que, l'été venu, on quitte souvent les villes de la plaine et on se rend dans la montagne pour y reprendre des forces dans un air vivifiant.

Le montagnard a la vie dure sur la montagne. L'hiver, il est souvent bloqué par les neiges dans sa cabane; il a alors de longs jours d'isolement et met à profit son inactivité forcée en confectionnant de petits ouvrages; il est tourneur, horloger: il fabrique des objets en bois découpés, il tresse des chapeaux de paille. Avec le printemps, les neiges fondent et la réclusion cesse. Le montagnard ensemence son champ, conduit son troupeau dans les pâturages émaillés de fleurs.

La montagne n'offre que de faibles ressources. Quelques industries, des scieries, des tissages, des papeteries, sont établies çà et là à proximité d'une cascade, qui fait tourner la machine, ou sur le bord d'un ruisseau aux eaux claires ; mais l'industrie est peu développée en général dans la montagne. L'agriculture y est difficile; les gelées d'arrière-saison sont trop fréquentes, l'été trop court, la terre végétale trop maigre sur les pentes. Sans les troupeaux qui fournissent amplement le lait, le beurre et le fromage, le montagnard aurait peine à se nourrir.

Aussi le montagnard quitte-t-il souvent la montagne pour s'en aller gagner sa vie dans les plaines voisines. L'Auvergne, le Limousin, les Alpes, les Pyrénées envoient chaque année dans nos grandes villes des bataillons de travailleurs robustes et économes, qui, quelque jour, ayant ramassé une petite fortune, retourneront finir leur vie sur la montagne où ils naquirent. Beaucoup descendent de la montagne à chaque printemps, et travaillent tout l'été dans la plaine, tandis que leurs femmes cultivent le champ et font la récolte ; puis ils remontent vers la montagne à l'automne, afin de passer dans leur famille la saison d'hiver pendant laquelle le froid amène la cessation du travail.

Avantages des plaines. — Toutes les plaines ne sont pas très peuplées. Il en est de marécageuses qu'on fuit pour leur insalubrité : ainsi, en France, la Sologne, la Dombes. Il en est aussi de pauvres et de stériles comme les déserts brûlants et secs. Mais, en général, c'est dans les plaines que la vie se concentre.

Les raisons de cette concentration sont multiples : climat plus tiède, sol plus facile à travailler et plus naturellement fécond, fleuves plus lents, plus larges, plus profonds et plus navigables. L'agriculture, l'industrie et le commerce y trouvent de multiples facilités.

Aux époques troublées d'autrefois, les hommes ont pu s'établir de préférence sur les hauteurs, parce qu'ils pouvaient mieux s'y défendre. Aujourd'hui ils recherchent plutôt la vallée, la proximité du fleuve qui y coule, de la route et de la voie ferrée qui longent le fleuve. Beaucoup de nos villes sont ainsi formées de deux agglomérations juxtaposées : la ville ancienne, perchée sur une colline autour des ruines d'un vieux château, et la ville moderne, située au pied de l'ancienne, le long de la rivière, et comprenant les usines, les entrepôts et la gare.

RÉSUMÉ

I. Le relief terrestre. — La surface de la terre n'est pas unie ; elle est couverte de montagnes, de plateaux et de plaines. On détermine l'altitude d'un lieu au-dessus de la mer, à l'aide du baromètre, ou mieux par le nivellement et la triangulation.

II. Origine du relief terrestre. — Les inégalités du relief terrestre proviennent de deux séries d'actions qui agissent en sens inverse : 1° des actions internes qui tendent à plisser la terre ; 2° des actions externes, chaleur, gelée, humidité, eaux courantes, qui tendent à la ramener au niveau primitif. Ainsi le relief n'est jamais immuable ; toutefois les changements s'opèrent avec une grande lenteur.

III. Principales formes du relief. — Il y a trois formes principales de relief : 1° la montagne, amoncellement de roches et de terres très accidenté, avec un climat plus froid que celui de la plaine et une végétation très variée ; on distingue les montagnes vieilles, qui sont plus aplaties et plus massives, des montagnes jeunes, qui conservent en général des versants plus raides et des formes plus élancées ; 2° le plateau, masse d'apparence peu découpée, compacte ; 3° la plaine, formée de grandes étendues horizontales, plates ou peu ondulées.

Les plus hautes montagnes du globe sont l'Himalaya (8 840 m.) en Asie, et la Cordillère des Andes en Amérique. C'est l'Asie qui renferme les plateaux les plus étendus et les plus élevés. C'est l'Amérique qui a les plaines les plus vastes.

VI. Volcans. — Les volcans sont des ouvertures par où s'épanchent à la surface de la terre des laves en fusion, des cendres, des vapeurs et des fumées. Presque tous les volcans se trouvent au voisinage d'une mer; il y en a tout autour du Pacifique. Les volcans ont parfois des éruptions terrifiantes; on peut citer celles du Vésuve, en 79, du Krakatau, en 1883, et de la Montagne Pelée (Martinique), en 1902.

V. Importance du relief. — Le relief exerce une très grande influence sur la vie à la surface de la terre. D'une part, il agit sur la disposition des climats, des végétaux et des races humaines : la plaine rapproche, la montagne sépare. D'autre part, certaines formes conviennent mieux à l'homme pour y vivre : en général, les montagnes sont des régions de dispersion et les plaines des régions de concentration.

4. — LA MER

Les mers et les océans. — La distribution des mers et océans à la surface du globe est la conséquence des inégalités de relief de l'écorce terrestre.

Si la terre était une sphère parfaitement ronde, les eaux seraient répandues sur toute sa surface qu'elles recouvriraient partout d'une épaisseur uniforme. Mais, comme il n'en est pas ainsi, les eaux qui existaient sur le globe se sont trouvées entraînées par la pesanteur vers les parties les plus déprimées de l'écorce terrestre ; elles s'y sont amassées et les ont remplies, ne laissant émerger que les parties les plus saillantes.

On a vu que les océans recouvrent ainsi près des trois quarts de la surface du globe.

Le relief sous-marin. — Le fond des mers n'est pas plat. Comme les parties émergées du relief terrestre, les parties immergées présentent des inégalités très marquées. Si elles n'étaient pas voilées sous l'épaisseur des eaux, on y verrait des vallées et des plaines, des plateaux, des massifs et des chaînes de montagnes. Les îles ne sont que les points culminants de plateaux ou de montagnes dont le pied et les sommets secondaires n'arrivent pas à dépasser le niveau des eaux.

Certaines mers recouvrent de vastes plaines dont le niveau est très proche de la surface marine. C'est le cas, en particulier, de la plupart des mers du nord-ouest de l'Europe, de la mer Baltique, de la mer du

Nord, de la Manche, dont les parties les plus creuses ne descendent guère à plus de 200 mètres au-dessous de la surface de la mer.

Le fond de certaines autres mers s'abaisse, au contraire, à de très grandes profondeurs, et l'on ne connaît probablement pas encore, malgré le nombre des sondages exécutés, les abîmes les plus considérables qui existent sur le globe. Dans la Méditerranée, il existe des profondeurs de plus de 4400 mètres au sud-ouest de la presqu'île de Morée. On a reconnu dans l'océan Atlantique une fosse de 8 341 mètres,

Mer sauvage. — Côte de Bretagne.

près des Antilles. Les plus grandes profondeurs actuellement connues ont été trouvées dans l'océan Pacifique : 8 606 mètres dans la fosse du Tuscarora, à l'est des îles Kouriles ; 9 427 mètres au nord-est de la Nouvelle-Zélande ; 9 636 mètres entre les Mariannes et les Philippines. La plus haute montagne, mesurée ayant 8 840 mètres d'altitude, il existe environ 18 kilomètres et demi d'écart en hauteur entre le point le plus bas et le point le plus élevé du globe.

L'eau de mer. — L'eau des mers est très transparente, et, vue en grande masse, elle présente une couleur variant du bleu intense au bleu clair ou au vert pâle. L'océan Atlantique, la Manche et la mer du Nord sont le plus souvent vert foncé ; la Méditerranée est presque toujours d'un bleu intense. Certaines mers doivent la coloration particulière, jaune ou rouge, de leurs eaux aux matières étrangères qu'elles tiennent en suspens : ainsi la mer Jaune doit son nom aux limons jaunâtres qu'y verse le Hoang-Ho.

L'eau des mers contient en dissolution la plupart des minéraux, presque tous, d'ailleurs, en quantités infinitésimales; mais elle renferme des sels, en particulier du chlorure de sodium ou sel marin, qui lui donnent sa saveur particulière.

Le degré de salinité de l'eau de mer varie d'une mer à l'autre. Il augmente avec l'intensité de l'évaporation, et diminue avec l'importance des affluents qui s'y jettent. La salure la plus forte se trouve dans la mer Rouge, qui est sujette à une très forte évaporation et ne reçoit par des tributaires aucun apport d'eau douce. La mer la moins salée du globe est la mer Baltique, qui est sujette à une évaporation très faible et reçoit de nombreux fleuves qui lui envoient des masses considérables d'eau douce. La salinité de la mer étant en moyenne d'environ 35 millièmes, celle de la mer Rouge s'élève à 43 millièmes et celle de la Baltique descend à 5 millièmes : la mer Rouge est donc presque neuf fois plus salée que la mer Baltique.

La température des eaux marines diminue généralement à mesure que la profondeur augmente. Elle est à peu près constante, aux environs de 4 degrés, vers 700 à 1 100 mètres. Dans les régions polaires, elle descend jusqu'à — 2° 5′; dans les grandes profondeurs de l'Atlantique et du Pacifique, elle descend jusqu'à 0 degré.

Les mouvements de la mer. — La mer est rarement calme, du moins à la surface. Trois causes y entretiennent une perpétuelle mobilité : les *vagues*, les *marées*, les *courants*.

1° Les **vagues** sont soulevées par les vents, souvent déchaînés en tempêtes. Leur élévation varie d'une mer à l'autre; elle est d'autant plus grande que la mer est plus profonde et que sa surface est plus librement parcourue par les vents. Les vagues peuvent atteindre 15 à 20 mètres de hauteur.

2° Les **marées** sont dues à l'attraction du Soleil et surtout à celle de la Lune. Deux fois par jour, ou plus exactement en 24 heures 50 minutes, la mer se soulève, c'est le *flux*; deux fois par jour, elle s'abaisse après s'être soulevée, c'est le *reflux*. Chaque période de flux et chaque période de reflux dure un peu plus de six heures.

Au moment du flux, la mer s'enfle et semble s'avancer à l'assaut du continent. Au moment du reflux, la mer se retire au loin, parfois à perte de vue, laissant à découvert de vastes étendues de rochers, de sables ou d'herbes marines. Dans la Manche, les marées élèvent parfois le niveau de la

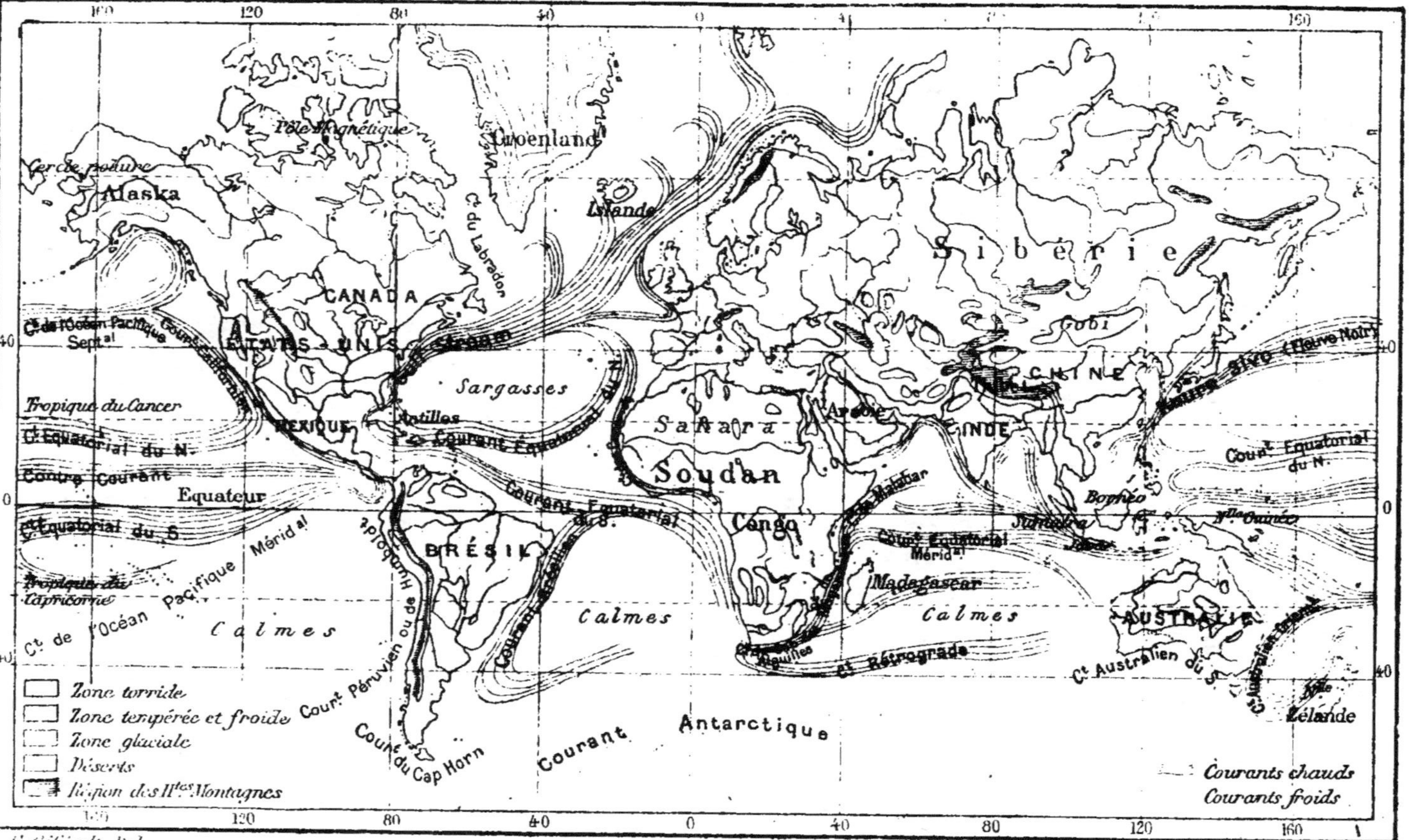

Courants marins

haute mer de 10 mètres au-dessus de celui de la basse mer; aussi, au moment du flux, la mer monte-t-elle très vite. Les mers fermées ou à peine ouvertes, comme la Méditerranée et la Baltique, n'ont que des marées insensibles.

Les plus fortes marées se produisent à la pleine lune et à la nouvelle lune.

3° Les **courants marins** forment comme des fleuves qui traversent les océans, les uns à la surface, les autres dans les profondeurs de la mer. Ces courants transportent sans cesse les eaux chaudes de l'équateur vers les pôles ou les eaux froides du pôle vers l'équateur. Suivant les cas, ils réchauffent ou ils refroidissent les pays qu'ils baignent.

Les courants ont joué un rôle important dans l'histoire des hommes et dans les migrations des peuples. Ce sont les courants de l'océan Indien qui ont amené les Hovas, peuple d'origine malaise, dans l'île de Madagascar. C'est le *Gulf-Stream*, sorti du golfe du Mexique, qui adoucit le climat de l'Europe, etc.

Les courants marins les plus connus sont le *Gulf-Stream*, ou courant du golfe, dans l'océan Atlantique; le *courant de Moçambique*, dans l'océan Indien, et le *Kouro-Sivo*, ou courant noir, dans l'océan Pacifique.

Le Gulf-Stream. — Le Gulf-Stream est formé par les eaux tropicales, que les vents chassent de l'est à l'ouest à travers l'Atlantique; il se divise au cap San-Roque (Brésil) en deux branches, dont la plus septentrionale, qui est aussi la plus importante, remonte au nord-ouest en longeant la Guyane, arrive dans les parages peu profonds des Antilles, puis dans le golfe du Mexique, où ses eaux s'échauffent encore, et en sort par le canal de la Floride. A sa sortie, il se transporte à la surface de l'Atlantique sur une largeur de 50 kilomètres et une profondeur de 400 mètres; sa vitesse est de 2^m,57 par seconde, sa température d'environ 30 degrés. Il prend alors la direction du nord-est et traverse l'Atlantique en écharpe; au fur et à mesure qu'il avance, sa profondeur et sa vitesse diminuent; mais sa largeur augmente. On le retrouve entre les îles Britanniques et l'Islande, ainsi que sur les côtes de la Norvège. Il entraîne jusque dans ces régions des bois flottés des régions tropicales; on a même trouvé sur les plages du Spitzberg des graines de plantes des Antilles qui avaient été amenées là par le Gulf-Stream.

Le géographe Maury décrit ainsi le Gulf-Stream : « Il est un fleuve dans l'océan; dans les plus grandes sécheresses, jamais il ne tarit; dans les plus grandes crues, jamais il ne déborde. Ses rives et son lit sont des couches d'eau froide, entre lesquelles coulent à flots pressés des eaux tièdes et bleues. Nulle part sur le globe il n'existe un courant aussi majestueux. Il est plus rapide que l'Amazone, plus impétueux que le Mississippi, et la masse de ces deux fleuves ne représente pas la millième partie du volume d'eau qu'il déplace. »

Le Gulf-Stream est un bienfait pour l'Europe occidentale qui, grâce à lui, reçoit beaucoup de chaleur et jouit d'une température plus élevée que les régions de l'Amérique placées sous la même latitude. C'est lui qui fait que les îles Færœr ne gèlent jamais, que le port d'Hammerfest, situé en Norvège, au delà du cercle polaire, est toujours libre de glaces, que la culture des céréales, bornée en Amérique au 60ᵉ ou 62ᵉ degré, s'avance en Europe jusqu'au 70ᵉ degré.

La vie dans les mers.—L'homme ne peut pas vivre dans la mer; mais on y trouve des végétaux, des animaux, et c'est à tort qu'Homère accolait aux flots l'épithète « d'infertiles ».

La *flore marine* n'est pas très variée comme espèces; elle ne se compose que d'algues et de quelques autres plantes aquatiques. De plus, les algues, ayant besoin de lumière pour croître, ne vivent pas au-dessous d'une certaine profondeur: elles sont rares déjà à 100 mètres; on n'en trouve plus, pour ainsi dire, au-dessous de 400 mètres.

La mer, en se retirant, laisse apercevoir sur nos côtes de véritables prairies composées de végétaux aux longues feuilles étroites et rubanées. Sur les rochers croissent des goémons et des herbes variées. Des champs de *sargasses* couvrent dans la mer des Indes, dans le Pacifique et dans l'Atlantique d'immenses espaces (4 millions de kilomètres carrés dans l'Atlantique boréal) : quand ils traversèrent ces espaces, les compagnons de Christophe Colomb furent, raconte-t-on, très effrayés à l'aspect de ces longues traînées d'herbes flottantes qui retardaient la marche du navire et faisaient ressembler la mer à un marécage sans fin.

Quant à la *faune marine*, elle est d'une variété et d'une puissance remarquables. On croyait, autrefois, que l'abaissement de la température, le manque de lumière et l'énorme pression des masses liquides rendaient la vie animale impossible à certaines profondeurs. Il n'en est rien. Les explorations océanographiques ont révélé l'existence, jusqu'au fond des abîmes les plus creux de la mer, d'une faune marine nombreuse et variée qui ne diffère de la faune de surface que par la disparition fréquente du sens de la vue, conséquence de l'obscurité des grands fonds.

C'est la faune marine qui renferme les animaux les plus gros de la terre. On a mesuré des baleines ayant 50 mètres de long, 20 mètres de circonférence et pesant près de 200 tonnes, c'est-à-dire le poids d'une armée de 3 000 hommes. Scoresby a vu un rorqual qui mesurait 56 mètres de la tête à la queue.

Toutefois, ce qui est extraordinaire dans la faune marine, c'est peut-être moins la taille et la force de certains animaux que la prodigieuse multitude des êtres qui vivent dans les eaux, s'y agglomèrent en traînées, s'y entassent en bancs, y pullulent en couches innombrables. La fécondité de quelques espèces est telle qu'une seule femelle peut produire plus de 10 millions d'œufs. La mer ne tarderait pas à se combler sans l'avidité des gros cétacés qui accompagnent les bancs de poissons et en dévorent d'énormes quantités.

En résumé, la vie végétale est beaucoup moins développée dans les mers que sur les continents. Mais, pour le nombre et pour la grosseur des êtres qui y vivent, les continents ne sont pas comparables aux mers.

Fonction des mers sur le globe. — La mer joue un rôle considérable dans l'histoire et dans la vie de notre planète.

C'est dans ses eaux que s'alimentent les brouillards, les vapeurs, les nuées que le vent transporte à travers l'espace, qui se résolvent en pluie ou en neige, et sans lesquels les continents, arides et desséchés, n'offriraient aucun point habitable.

En outre, la mer facilite les relations humaines. Au premier abord, on pourrait être tenté de croire que les grandes découvertes se sont faites par terre plus que par mer. La mer effraie d'abord par son immensité, ses vagues, ses tempêtes, périls qu'une terreur déraisonnable grossit aux yeux des timides. Mais, sur les continents, les voyages sont contrariés par les hautes montagnes, les fleuves, les déserts, les forêts peuplées de bêtes redoutables, les populations sauvages, hostiles à l'étranger. Sur la mer, au contraire, toutes les directions sont ouvertes au navigateur. En somme, l'histoire montre que c'est par mer que se sont faites les grandes découvertes ; les relations avec la Chine, très rares tant qu'on ne connut que la voie de terre, sont devenues bien plus fréquentes à partir du moment où la route maritime des Indes a été découverte par Vasco de Gama.

La mer est donc le véhicule principal de la civilisation, et c'est un grand avantage pour un pays que d'être baigné par la mer. Toute l'histoire prouve qu'une situation maritime vaut beaucoup mieux qu'une situation exclusivement continentale.

RÉSUMÉ

I. Les mers et les océans. — Les mers occupent les cavités les plus déprimées de l'écorce terrestre. Certaines sont peu profondes (Baltique, mer du Nord, Manche); d'autres sont très profondes, la Méditerranée a plus de 4 000 mètres, l'Atlantique plus de 8 000, le Pacifique plus de 9 000 mètres. L'eau de mer est salée ; la mer Rouge est celle dont les eaux sont le plus salées.

II. Mouvements des mers. — La mer est perpétuellement agitée par les vagues, par les marées et par les courants. Le courant le plus connu est le Gulf-Stream qui traverse tout l'Atlantique, du golfe du Mexique jusqu'à la côte occidentale de l'Europe qu'il réchauffe.

III. La vie dans les mers. — La mer renferme une flore importante, composée surtout d'algues (mer des Sargasses), et surtout une faune extrêmement puissante, tant par la quantité des espèces que par les dimensions parfois colossales des individus.

IV. Fonction des mers sur le globe. — Les mers sont la source de toute humidité ; elles adoucissent les climats ; enfin, elles rapprochent les hommes bien plus qu'elles ne les séparent. C'est par mer bien plus que par terre que se sont établies les relations humaines entre les continents.

5. — LE CLIMAT

Le climat d'un pays est déterminé par trois éléments qui sont : la température, les vents, les pluies.

Température. — La température d'un pays dépend de plusieurs causes principales, qui sont : la latitude, l'altitude, l'orientation, la situation relativement à la mer.

1° La *latitude* est la première cause qui influe sur la température d'un pays. Plus les rayons du soleil sont verti-

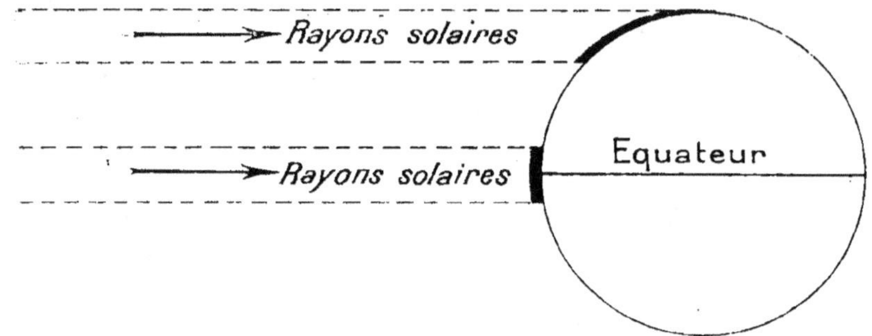

Échauffement variable par les rayons solaires.

caux, et plus ils versent de chaleur sur une même surface.

La chaleur est naturellement plus grande dans les pays où les rayons solaires arrivent perpendiculairement au sol ; d'abord parce qu'ils traversent plus aisément l'atmosphère, mais surtout parce que la même quantité de chaleur solaire se concentre sur un espace d'autant moins étendu que les rayons sont moins obliques. La zone la plus chaude du globe est donc la zone équatoriale.

A mesure qu'on gagne en latitude vers les deux pôles, les rayons du soleil deviennent plus obliques ; ils répandent ainsi la même quantité de chaleur sur un espace plus étendu, de sorte que l'échauffement diminue.

2° L'*altitude* peut modifier l'effet de la latitude. Plus on s'élève sur une montagne, plus il fait froid. L'air, en contact moins intime avec la surface échauffée du sol, moins protégé par une faible épaisseur de vapeurs contre le rayonnement dans l'espace, se refroidit. On a calculé que, dans les Alpes, la température s'abaisse d'un degré centigrade en moyenne à mesure qu'on s'élève de 210 mètres d'altitude : s'élever de 210 mètres au-dessus du niveau de la mer équivaut à s'avancer de 220 kilomètres vers le pôle.

Le Thibet, où le mercure gèle en hiver, est situé sous la même latitude que la chaude Égypte, mais il est élevé de 4 000 mètres au-dessus de la mer.

3° L'*orientation* exerce également une influence. Un pays placé au pied d'un rempart de montagnes qui le protègent contre les vents polaires aura une température plus chaude qu'un pays situé sous la même latitude, mais exposé à des vents glacés.

C'est la raison qui fait que les hivers sont si tièdes sur le littoral provençal, près de Nice, au pied des Alpes.

4° La **situation par rapport à la mer** influe beaucoup sur le climat d'un pays. En effet, les courants marins, chauds ou froids, réchauffent ou refroidissent les côtes qu'elles baignent. En outre, les vents marins apportent des vapeurs, une humidité, qui tempèrent la chaleur des jours et modèrent l'intensité du rayonnement nocturne : il en résulte par suite une certaine égalisation de climat.

Les pays soumis aux influences marines, ou pays à *climat maritime*, comme l'Europe occidentale, ont un climat relativement égal, hivers doux, étés tièdes. Les pays qui ne ressentent pas les influences marines, ou pays à *climat continental*, Russie, Turkestan, ont un climat extrême, c'est-à-dire soumis à de grandes et brusques variations, hivers très rudes, étés brûlants, saisons intermédiaires très courtes, nuits glacées, jours très chauds.

Thermomètre et lignes isothermes. — Le *thermomètre* est l'instrument qui sert à étudier les températures.

En prenant la température d'un même lieu, heure par heure, pendant plusieurs années, on arrive à déterminer successivement : 1° la température moyenne quotidienne de ce lieu; 2° sa température moyenne pendant l'année entière; 3° sa température moyenne pendant l'hiver et pendant l'été.

Si, sur une carte, on joint d'un trait continu tous les lieux du globe qui présentent la même température annuelle en moyenne, on obtient ainsi des courbes qu'on appelle *lignes isothermes*, ou d'égale chaleur. L'inspection des lignes isothermes met en lumière un fait important, à savoir que l'hémisphère nord est plus chaud que l'hémisphère sud.

Si l'on joint de même tous les lieux du globe qui possèdent la même température moyenne d'été, on obtient les *lignes isothères*, ou d'égale chaleur estivale. Si l'on joint les lieux du globe qui ont la même température moyenne d'hiver, on obtient les *lignes isochimènes*, ou d'égale chaleur hivernale.

L'inspection des lignes isothères et isochimènes du globe fait ressortir l'influence que la disposition des mers sur le globe exerce sur la distribution de la chaleur. En été, alors que l'hémisphère boréal est incliné vers le soleil et reçoit la plus grande quantité de chaleur, les contrées situées à l'intérieur des continents du nord sont beaucoup plus échauffées que les pays riverains de la mer. Pendant la saison opposée, le contraire se produit : l'intérieur des continents subit des températures glaciales, tandis que les régions voisines de la mer gardent une température relativement tempérée.

Climats maritimes et climats continentaux. — Pour saisir la différence qui existe entre le climat des pays maritimes et celui des

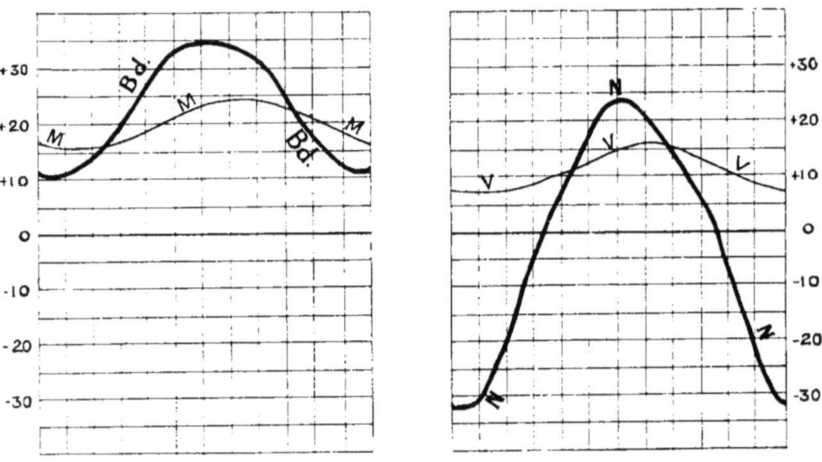

Exemples de climats maritimes et continentaux.

Climats continentaux : Bd (Bagdad), N (Nertchinsk, Sibérie).
Climats maritimes : M (île Madère), V (Valentia, Irlande)

pays continentaux, il suffit de comparer le climat de la France avec celui de quelques pays situés à peu près sous la même latitude.

En *France*, le climat est maritime. Année moyenne, le thermomètre ne varie guère qu'entre 5 ou 6 degrés au-dessous de zéro et 25 à 30 au-dessus, soit un écart maximum de 35 degrés environ.

Dans les hivers que nous appelons rigoureux, le thermomètre descend rarement au-dessous de — 15°, et presque toujours les grands froids ne durent que peu de jours. Dans les étés que nous trouvons très chauds, le thermomètre ne monte guère au-dessus de + 35°, et, toujours exceptionnellement, pendant quelques jours au plus.

Voilà le type d'un climat maritime. Voici maintenant des types de climats continentaux.

En *Russie*, sur les bords de la mer Noire, où le thermomètre marque chaque année plus de 40 degrés en été, le froid est si rigoureux en hiver que la mer Noire gèle en moyenne deux mois par an et qu'il faut enterrer la vigne sous une épaisseur de terre de 1 mètre pour l'empêcher de geler. Il faut noter que la Russie méridionale est sous la latitude de Bordeaux.

Dans le Turkestan russe, à l'est de la mer Caspienne (Asie centrale), une expédition russe fut arrêtée, au cours de l'hiver de 1839, par un froid qui gelait le vin et même l'alcool qu'emportaient les soldats, ce qui suppose un froid d'au moins — 40 degrés. En revanche, pendant l'été, la température est telle que les sables deviennent brûlants et que les voyageurs, raconte l'un d'eux, y placent des œufs pour les faire cuire.

A Pékin (latitude de Naples), le thermomètre s'élève annuellement au-dessus de 40 degrés en été. Mais les rivières y restent souvent glacées pendant près de six mois, de novembre à avril. Pékin est pourtant situé près de la mer Jaune; mais, en Asie, pendant l'hiver surtout, les vents soufflent presque sans interruption de l'intérieur du continent vers la mer, faisant prédominer partout les influences continentales.

Dans le Canada, à Montréal (latitude de Tours), le fleuve Saint-Laurent reste gelé en moyenne 120 jours par an; *dans les Etats-Unis*, à New-York (latitude de Naples), où prédominent comme à Pékin les influences continentales, le fleuve Hudson est gelé en moyenne trois mois par an. Que dirait-on en France d'un hiver qui gèlerait le Rhône, la Garonne, la Seine et la Loire, pendant trois ou quatre mois consécutifs?

Les vents. — L'atmosphère est sans cesse en mouvement : les vents sont les courants dont elle est agitée. Ils sont dus aux différences des pressions atmosphériques sur les différents points du globe. On distingue les *vents réguliers*, les *vents périodiques* et les *vents variables*.

1° Les **vents réguliers** les plus connus sont l'*alizé* et le *contre-alizé*.

A l'équateur, l'air surchargé par les rayons ardents du soleil se dilate, se bombe, pour ainsi dire, par le haut. L'équilibre avec les parties voisines se trouve dès lors rompu et il se produit un double mouvement d'écoulement : d'une part, l'air dilaté se déverse par en haut de l'équateur vers les pôles, c'est le vent *contre-alizé*; de l'autre, l'air des pôles, où la pression de l'atmosphère est plus forte, afflue par en bas vers l'équateur, c'est le vent *alizé*.

La superposition de ces deux courants inverses est facile à constater sur les montagnes de la zone torride, et par exemple, sur le fameux pic de Ténérife, situé dans l'archipel des Canaries et haut de 3 720 mètres. A la base de la montagne les vents soufflent presque toujours du nord-est, tandis que les nuages qui enveloppent le sommet se dirigent dans le sens opposé.

2° Les **vents périodiques** sont dus à des causes analogues qui, au lieu d'agir continuellement comme pour les vents réguliers, se reproduisent dans quelques pays à une saison donnée ou à certaines heures du jour. On peut citer comme tels les *moussons*, les *vents étésiens*, les *brises de terre et de mer*, etc.

Les *moussons* s'observent dans les mers tropicales, en particulier dans l'océan Indien. Ce sont des vents qui, pendant l'été, soufflent de la mer vers la terre surchauffée en y amenant des pluies abondantes et torrentielles, et, pendant l'hiver, soufflent de la terre refroidie vers la mer plus tiède.

Les *vents étésiens* soufflent sur la Méditerranée du nord au sud, pendant toute la saison chaude. Ils ont courbé vers le sud les arbres de Provence et des Baléares. Naguère, quand la navigation se faisait par voiliers, la traversée de France en Algérie était d'un quart moins longue que celle d'Algérie en France.

Les *brises de terre et de mer* se font sentir sur nos côtes pendant l'été. Tous les matins, vers dix heures, le vent s'élève de la mer et souffle vers la terre : c'est la brise de mer. A la nuit, le vent souffle de la terre vers la mer.

3° Les **vents variables** soufflent dans presque toute la région tempérée, et d'une manière générale, dans toute la partie de l'hémisphère boréal où la prédominance des terres enlève aux mouvements atmosphériques toute régularité apparente.

Fonction des vents. — Les vents exercent une grande influence sur les climats. Selon qu'ils viennent des pôles ou de l'équateur, ils amènent des vagues d'air glacées ou chaudes. Selon qu'ils soufflent de la mer ou de l'intérieur des continents, ils sont humides ou secs.

C'est à la fréquence des vents du sud-ouest que l'Europe occidentale doit la tiédeur de ses hivers. C'est la mousson d'été qui jette sur l'Inde ces pluies chaudes qui font jaillir du sol une végétation d'une exubérance incomparable.

Tout au contraire, les vents continentaux et desséchants de l'Asie centrale ont bu les vastes étendues d'eau qui recouvrirent autrefois les vastes plaines du Turkestan et de la Sibérie, du Pont-Euxin à la Caspienne, et de la mer d'Aral au golfe de l'Ob, et n'ont laissé dans les creux les plus déprimés que des nappes d'eau sans profondeur ou des amas de sel.

La pluie. — La pluie est le résultat de la condensation en nuages et en gouttelettes de la vapeur d'eau contenue dans

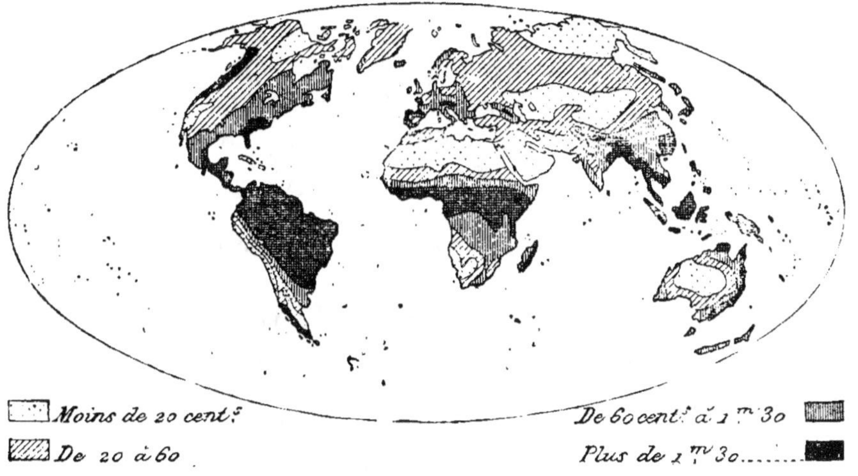

Répartition des pluies sur la terre.

l'atmosphère : cette condensation est provoquée par le refroidissement ou par la saturation de la masse atmosphérique. Selon les conditions de température où se produit la condensation, il tombe du brouillard, de la neige ou de la grêle.

L'importance des pluies varie d'après la température, d'après les vents, d'après la situation par rapport à la mer, d'après le relief.

1° *D'après la température* : plus la chaleur est forte,

plus s'accroissent l'évaporation et l'abondance de la condensation, plus la pluie est importante.

Les régions du globe qui reçoivent le plus de pluie sont celles qui se trouvent au voisinage immédiat de l'équateur : ainsi, le Soudan, l'Inde, les îles Malaises, la région de l'Amazone. On évalue à 12 mètres la hauteur de pluie qui tombe annuellement sur le district de Tcherra-Poundji, au nord-est de l'Inde. Les orages, qui pendant la saison des moussons éclatent chaque après-midi sur certains points des côtes de l'Inde, versent une telle quantité d'eau sur les montagnes littorales, qu'une heure après le commencement de la pluie les navires mouillés au large voient arriver une large nappe d'eau vaseuse qui recouvre la mer dans toute son étendue.

2° *D'après les vents* : ils amènent la pluie ou l'éloignent, selon qu'ils soufflent de la mer ou de la terre.

Dans l'Inde, il pleut beaucoup d'avril à octobre, parce qu'alors les vents viennent de l'océan Indien ; au contraire, il ne pleut presque pas d'octobre à avril, parce qu'alors les vents soufflent de l'intérieur.

3° *D'après la situation par rapport à la mer* : les côtes sont en général plus arrosées que l'intérieur du continent auquel elles servent de bordure.

Ainsi, il tombe 1ᵐ,50 de pluie à Porto, sur la côte du Portugal ; 49 centimètres à Kiev, en Russie ; 12 centimètres à Astrakhan, sur les confins de l'Asie. Il pleut plus à Brest, au Havre, à Nantes, à Bordeaux qu'à Paris. Les archipels, comme les Îles Britanniques, ont presque tous un climat très humide.

Quelques côtes sont pourtant absolument privées d'eau : ainsi, les côtes du Pérou, de la Patagonie orientale, du Sahara, etc. C'est qu'elles sont exposées, non à des vents marins, mais à des vents continentaux et desséchants.

4° *D'après le relief* : les montagnes, étant plus froides, condensent et reçoivent plus de pluie que les plaines voisines.

En France, les Alpes et les Pyrénées reçoivent 2 ou 3 mètres de pluie chaque année ; le Massif central en reçoit environ 1ᵐ,50 ; les plaines de la Loire et de la Seine 40 à 60 centimètres seulement.

Au reste, il est facile de comprendre que les montagnes ont un versant plus arrosé, qui est le versant exposé aux vents pluvieux dominants, et un versant plus sec, qui est le versant opposé. Bergen, située sur le versant maritime des Alpes Scandinaves, reçoit annuellement 1^m,84 de pluie, tandis qu'Upsala, bâtie sur le versant continental des mêmes montagnes, n'en reçoit que 56 centimètres.

Importance des pluies. — La pluie est un des facteurs les plus considérables de la vie sur le globe.

Les pays qui reçoivent beaucoup de pluie sont couverts de la végétation la plus luxuriante si la chaleur y égale l'humidité, tandis qu'ils sont couverts de marécages s'ils ont un climat froid où l'évaporation reste faible (Irlande).

Les pays qui reçoivent trop peu de pluie n'ont que peu de végétation et l'homme n'y peut vivre : tels sont les déserts. Pour qu'un pays ne soit pas désert, on compte qu'il faut qu'il reçoive au minimum environ 20 centimètres de pluie annuelle.

Zones de climat. — Les différences qui existent dans la répartition de la chaleur, des vents et de la pluie sur la terre,

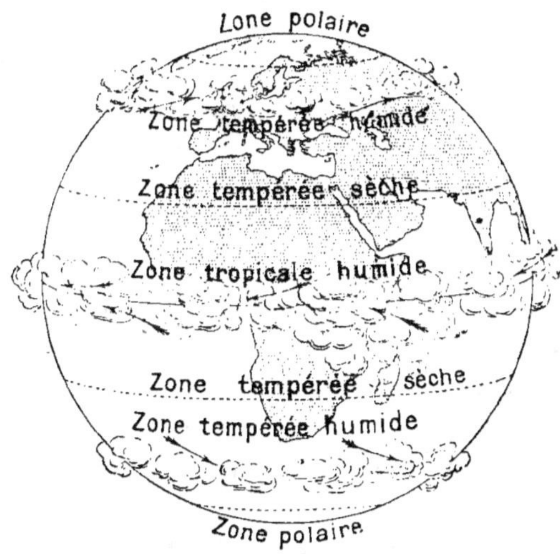

Zones de climats.

amènent à distinguer plusieurs zones principales de climat. Ce sont, en allant de l'équateur à chacun des pôles :

1° *Une zone équatoriale chaude et humide,* près de

l'équateur, jusque vers 15 ou 18 degrés de latitude. Les rayons verticaux du soleil y occasionnent une évaporation considérable et des pluies très abondantes ; pendant une grande partie de l'année, des pluies abondantes et chaudes y ruissellent presque chaque jour. En raison de cette grande humidité, la chaleur reste presque toujours la même et ne varie guère qu'entre 25 et 30 degrés : c'est une température d'étuve. En un mot, cette zone équatoriale est chaude, d'une chaleur continue et humide.

2° *Une zone tropicale, chaude et sèche*, comprise à peu près entre 15 et 30 degrés de latitude. Il n'y pleut presque jamais, le ciel reste sans nuage. Aussi la chaleur est-elle très variable : le jour, le soleil, dont aucune vapeur n'adoucit les rayons, échauffe l'air considérablement ; les nuits, par contre, sont souvent glacées ; en 24 heures, le thermomètre peut varier du point de glace à 40 ou 50 degrés à l'ombre. Tel est le climat du Sahara, de l'Arabie, des déserts, où les vents marins n'arrivent presque jamais.

3° *Une zone tempérée peu humide*, allant, en moyenne, du 30ᵉ au 40ᵉ degré de latitude. La température y est modérée, mais plutôt chaude ; les pluies sont peu abondantes et limitées à l'hiver. C'est le climat des régions méditerranéennes, de la Californie, de la colonie du Cap, etc.

4° *Une zone tempérée humide*, allant du 45ᵉ au 60ᵉ degré de latitude. La température y est modérée, mais plutôt froide ; les pluies sont assez abondantes et tombent en toutes saisons. On distingue dans cette zone les pays maritimes, France, Angleterre, Norvège, et les pays continentaux, Russie, Sibérie, Canada.

5° *Une zone glaciale*, située au delà du 60ᵉ degré jusque vers les pôles. Cette zone a des hivers longs et affreux, des étés courts et sans chaleur ; l'inégalité des jours et des nuits au cours des différentes saisons s'accroît de l'équateur aux pôles ; au pôle même, le soleil reste pendant six mois consécutifs au-dessus de l'horizon et s'abaisse pendant les six autres mois au-dessous de l'horizon.

RÉSUMÉ

I. La température. — La température d'un pays dépend avant tout de sa latitude : plus un pays est voisin de l'équateur et plus il y fait chaud. Elle peut être modifiée toutefois par l'altitude, l'orientation et la situation relativement à la mer. Les pays à climat maritime ont une température beaucoup plus égale que les pays à climat continental dont la température est extrême : c'est ce qu'on voit par la comparaison du climat français et du climat russe, par exemple.

II. Les vents. — L'atmosphère est sans cesse brassée par les vents. On distingue : 1° les vents réguliers (alizé et contre-alizé); 2° les vents périodiques (moussons de l'océan Indien, vents étésiens de la Méditerranée, brises de terre et de mer). Dans nos régions tempérées, les vents sont variables et soufflent de toutes les directions. — Les vents influent grandement sur le climat qu'ils réchauffent ou refroidissent, rendent humide ou desséchant.

III. Les pluies. — L'importance des pluies dépend de la température, des vents, de la situation par rapport à la mer et du relief. Les régions les plus arrosées sont la zone équatoriale, et, d'une manière générale, les régions littorales et les montagnes. — Les pluies sont un des facteurs les plus considérables de la vie du globe : où elles manquent, on ne trouve que déserts.

IV. Principales zones de climat. — On distingue successivement, de l'équateur à chacun des deux pôles : la zone équatoriale, chaude et humide; une zone tropicale, chaude et sèche (Sahara); une zone tempérée peu humide (pays méditerranéens); une zone tempérée humide (Europe centrale et septentrionale); une zone glaciale (régions polaires au delà du 60° degré de latitude).

6. — LES COURS D'EAU

Cours d'eau. — La surface du globe est sillonnée de cours d'eau plus ou moins longs, plus ou moins larges, plus ou moins profonds, plus ou moins rapides, qui s'écoulent des parties hautes vers les parties basses pour aboutir à la mer.

On nomme ces cours d'eau, suivant leur importance, *ruis-seaux*, *rivières* et *fleuves*.

Il faut remarquer que l'eau que les fleuves jettent à la mer vient de la mer elle-même. En effet, les eaux de la mer s'évaporent continuellement sous l'action du soleil; elles forment les nuages qui flottent dans l'atmosphère; les vents charrient ces nuages qui, arrivant dans un milieu plus froid, se condensent et se précipitent sur le sol sous forme de neige, de grêle ou de pluie, qui alimentent les cours d'eau.

Origine des cours d'eau. — Les cours d'eau proviennent de trois origines : 1° de la fonte des neiges et des glaciers qui recouvrent les hautes montagnes; 2° de la réapparition par les sources des eaux souterraines qui circulent dans l'intérieur de la terre; 3° des eaux de pluie qui ruissellent sur le sol.

1° Les **neiges** et **glaciers** se forment sur les grandes montagnes. La neige qui tombe sur les hauts sommets n'y fond qu'à la longue, après avoir été recouverte par d'autres chutes de neige. A partir d'une certaine altitude, variable suivant les pays (5 000 mètres sous les tropiques, 2 700 à 2 800 mètres dans les Alpes, 1 500 à 1 600 mètres en Norvège), les grandes montagnes apparaissent ainsi couvertes toujours de neiges qu'on nomme persistantes (voir gravure, p. 22).

Une partie des neiges tassées sur les sommets se fond en eau qui ruisselle sur les pentes. Une autre partie s'écroule quelquefois dans les vallées sous forme de grandes chutes qu'on nomme *avalanches*. Enfin, une troisième partie de ces neiges, sous la pression des neiges nouvelles qui les recouvrent, se fondent le jour pour regeler la nuit. Ces alternatives de dégel et de regel transforment graduellement la masse des neiges en une matière solide, d'abord granuleuse, ou *néré*, puis compacte, ou *glacier*.

Les glaciers sont de vrais fleuves d'eau solidifiée. Ils glissent sur les pentes des montagnes en usant les bords et le fond de leur lit, et en entraînant des débris provenant de la dégradation des hauts sommets. Les glaciers offrent à la fusion une résistance plus grande que les neiges, en raison de leur masse et de leur compacité. Quelques-uns d'entre eux descendent dans nos régions jusqu'à 1 200 ou même 1 100 mètres. Le glacier de Grindelwald, dans les Alpes, a son extrémité inférieure à 985 mètres seulement d'altitude.

En fondant, les glaciers donnent naissance à des cours

Le glacier de Blumlisalp en Suisse.

d'eau permanents chargés de boues et de débris : c'est ainsi que le Rhône sort du glacier de la Furka, en Suisse.

2° Les **sources** se rencontrent surtout dans les régions formées de terrains perméables.

Les pluies qui tombent sur les sols perméables et sans grande pente s'infiltrent en partie dans l'intérieur ; elles y traversent les couches perméables jusqu'à ce qu'une couche imperméable les arrête ; elles forment alors, au contact de ces couches imperméables, de vastes nappes souterraines. Ce sont les eaux de ces nappes qui reparaissent à la surface par des sources, au point d'affleurement de ces couches imperméables. La longueur du temps qui s'écoule entre le moment où la pluie est tombée et sa réapparition à la source varie plus ou moins suivant la longueur du trajet effectué.

Une rivière souterraine. — La rivière de Padirac (Lot).

En circulant ainsi dans l'intérieur du sol, les eaux y produisent des érosions considérables, principalement dans les pays formés de roches peu compactes, comme les calcaires. Elles y forment des grottes, des cours d'eau souterrains, des lacs, des cascades. La région française des Causses, au sud du Massif central, renferme un grand nombre de curiosités de ce genre.

En outre, dans ces trajets souterrains, les eaux dissolvent les éléments solubles des roches avec lesquelles elles se trouvent en contact et elles se chargent de sels qui leur communiquent parfois des propriétés nouvelles. Les unes se chargent de calcaire qui se dépose sur les objets qu'on place dans leur sein : ainsi se forment les *sources incrustantes*. D'autres se chargent de sels de fer, de soufre ou de sels alcalins, qui leur communiquent des propriétés curatives : ce sont les *sources médicinales* (ferrugineuses, sulfureuses, alcalines, etc.). D'autres, surtout dans les pays volcaniques, sortent de terre à une température élevée ; ce sont les *sources thermales* ; dans les Pyrénées françaises, les eaux de Luchon sortent de terre à 58 degrés et celles d'Ax à 78 degrés.

3° Les **eaux de ruissellement** sont celles qui s'écoulent sur la surface du sol. Entraînées par leur pesanteur, elles coulent d'amont en aval, en profitant des plis en creux qui existent dans le relief de l'écorce terrestre, et, en contournant les obstacles qu'elles n'ont pas la force de renverser ou de traverser.

Dans cette descente plus ou moins rapide, les eaux de ruissellement attaquent leurs rives et usent le fond de leur lit, qu'elles creusent. Elles se chargent ainsi de dépôts, de sables et de boue qu'elles entraînent.

Les glaciers. — Les glaciers se rencontrent sur les flancs de toutes les montagnes assez élevées pour avoir des neiges persistantes. Ils forment comme une carapace de glace d'où émergent des masses et des pointes de rochers. Le plus long glacier de l'Europe, le *glacier d'Aletsch*, dans les Alpes suisses, mesure 25 kilomètres de longueur.

La surface des glaciers est loin d'être unie. Elle est rugueuse et coupée de crevasses profondes qui se forment parfois avec un bruit qui ressemble à une détonation et qui s'élargissent peu à peu. Elle est, de plus, couverte de débris de roches ou de tas de neiges qui tombent du haut de la montagne et que le glacier charrie dans sa marche.

La vitesse de marche des glaciers varie d'un glacier à l'autre. Elle dépend de la longueur et de l'épaisseur du glacier, de l'inclinaison des pentes ; elle est plus grande en été qu'en hiver. Les premières constatations sur la vitesse des glaciers remontent au second quart du dix-neuvième siècle. En 1827, l'explorateur suisse Hugi construisit une hutte de pierres sur le glacier de l'Aar ; en 1830, elle se trouvait déjà à 100 mètres plus bas ; en 1856, elle avait descendu de 714 mètres, et en 1840 de 1428 mètres. La vitesse moyenne de ce glacier était donc d'environ 110 mètres par an, et cette vitesse augmentait à mesure que le glacier descendait.

Les sources et les grottes souterraines. — C'est dans les régions formées de roches calcaires qu'on trouve les sources les plus abondantes et les grottes souterraines les plus remarquables.

Les cavernes souterraines les plus fameuses du monde entier sont : la *grotte du Mammouth*, dans le Kentucky (États-Unis) : elle se com-

Source du Lison (Jura français).

pose de 225 couloirs mesurant un développement total de 240 kilomètres, et présente une succession de salles, avec des lacs, des cascades, des rivières, où vivent des animaux étranges, sans yeux, l'organe de la vue s'étant atrophié faute d'usage ; la *grotte d'Adelsberg*, située dans les Alpes autrichiennes, en Carniole ; la *grotte de Han*, en Belgique, où s'engouffre la Lesse, un des affluents de la Meuse.

Ces cavernes et grottes souterraines sont très pittoresques à visiter. Le suintement des gouttes d'eau chargées de calcaire y amène la formation de concrétions qui tantôt s'y déroulent en magnifiques draperies, tantôt pendent de la voûte en longues aiguilles nommées *stalactites*, ou se dressent sur le sol en colonnes nommées *stalagmites*. La caverne de Dargilan (Lozère), découverte en France dans la région des Causses en 1880, est un des plus beaux spécimens de ces excavations souterraines : « C'est, dit un voyageur, une succession de vastes salles dont la plus grande mesure 30 à 40 mètres de hauteur sur 100 de diamètre. De frêles colonnes de stalagmites et des aiguilles de stalactites y étincellent à la clarté des torches, et de grandes draperies cristallisées y étalent leurs reflets métalliques. »

Caractères des cours d'eau. — Trois choses caractérisent un cours d'eau : sa *pente*, son *volume*, son *régime*.

1° La **pente** est forte ou faible. La pente est faible quand le fleuve descend de moins de 12 ou 15 centimètres par kilomètre ; elle est déjà sensible quand elle dépasse 15 centimètres ; elle est très forte, et le cours d'eau prend des allures torrentielles quand elle dépasse 1 mètre. Plus la pente est forte et plus le courant est rapide : plus alors il devient dangereux de descendre le fleuve en bateau et moins il devient possible de le remonter.

La pente d'un fleuve dépend du relief du pays traversé. La pente est forte dans les pays accidentés aux versants raides ; elle est faible dans les pays plats.

2° Le **volume** est abondant ou maigre. Certains cours d'eau coulent à pleins bords entre leurs rives ; d'autres ne roulent qu'une faible quantité d'eau, insuffisante parfois pour recouvrir tout leur lit.

Le volume d'un cours d'eau dépend de la quantité d'humidité que reçoit le bassin. S'il y pleut beaucoup, le fleuve roule beaucoup d'eau ; s'il y pleut peu, le fleuve a peu d'eau. Le volume d'un cours d'eau dépend donc du climat qui règne dans son bassin.

Comme la région équatoriale est la partie du globe où il tombe les plus grandes quantités de pluie, c'est là qu'on trouve les fleuves les plus abondants de tous, le *Marañon* ou *Fleuve des Amazones*, en Amérique, et le *Congo*, en Afrique.

Quelques fleuves très longs ont des bassins très étendus, mais dont le climat n'est pas homogène ; il y pleut beaucoup en certaines parties, très peu en d'autres : c'est, en particulier, le cas pour le Nil, qui a un bassin supérieur très arrosé et un bassin inférieur où il ne pleut presque jamais. La consé-

quence est que, vers le milieu de son cours, le Nil roule plus
d'eau qu'au moment de se jeter à la mer, parce que, dans son
cours inférieur, il ne reçoit point d'eaux nouvelles, tandis
qu'il perd une partie des anciennes par évaporation.

3° Le *régime* d'un fleuve est constitué par les variations
périodiques que subit généralement le volume de ses eaux

Cours d'eau dans les montagnes.
Le Golo à Scala di Santa Regina (Corse).

dans le cours d'une année. Quelques fleuves ont un régime
régulier, c'est-à-dire qu'ils ont toujours à peu près la même
hauteur d'eau. Le plus grand nombre ont un régime qui
comporte de grandes variations : régulièrement, à certaines
saisons, ils sont enflés par les crues qui élèvent beaucoup
leur niveau, tandis que, non moins régulièrement, à d'autres
saisons, ils semblent se vider, et leur volume d'eau tombe

presque à rien ou tout au moins diminue beaucoup.

Le régime de chaque fleuve est déterminé, avant tout, par le climat de son bassin. Les crues coïncident avec les saisons pluvieuses ou avec celles de la fonte des neiges ; les périodes de disette d'eau coïncident avec les saisons de sécheresse. Les cours d'eau des régions équatoriales ont leurs crues chaque année, à la saison d'été, parce que c'est la saison des pluies torrentielles pour cette partie du globe.

4° Presque tous les fleuves sont sujets à des crues plus ou moins brusques, plus ou moins accentuées.

La brusquerie des crues dépend du relief du bassin et du caractère plus ou moins torrentiel des pluies. Si une pluie diluvienne tombe sur une région à fortes pentes, les eaux coulent en masse sur les pentes, descendent rapidement dans les vallées, et, par leur concentration presque instantanée, déterminent une crue considérable. Si la pluie avait été moins violente, ou si le terrain avait été plus plat, la concentration n'aurait pas été si importante ni si brusque ; la crue aurait été plus faible.

La nature des terrains qui constituent le bassin d'un fleuve influe également sur son régime. Les fleuves qui coulent à travers des terrains perméables ont des variations plus faibles que ceux qui coulent en terrains imperméables. Cette différence s'explique sans peine.

Quand il tombe de la pluie sur un sol imperméable, celui-ci n'en absorbe qu'une quantité insignifiante ; il laisse couler vers le fleuve la presque totalité de la pluie tombée : rien n'atténue donc la crue d'un fleuve de terrain imperméable. Qu'une sécheresse survienne ensuite : le fleuve ne reçoit pas d'eau de pluie, il n'est alimenté par aucune source, il se trouve réduit à une extrême disette d'eau. Les fleuves des terrains imperméables sont donc sujets à de grandes variations de débits. C'est le cas de la Loire, dont le débit à Orléans peut varier de 10 à 7 500 mètres cubes, soit dans la proportion de 1 à 750.

Au contraire, les terrains perméables laissent filtrer dans l'intérieur du sol une partie de la pluie tombée ; les crues des fleuves qui y coulent se trouvent diminuées d'autant, et comme, pendant la saison sèche, une partie des eaux infiltrées antérieurement leur revient par les sources, les fleuves se ressentent moins du manque de pluie. Les fleuves des terrains perméables ont donc un débit plus égal, des crues moins élevées, des disettes d'eau moins accentuées. C'est le cas de la Seine, dont le débit, à Paris, ne varie guère que

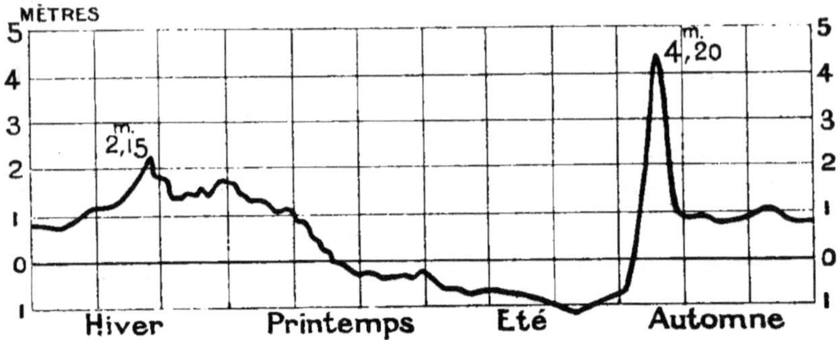

Fleuve de région imperméable. — Régime de la Loire à Orléans.

de 40 à 1 600 mètres cubes, soit dans la proportion de 1 à 40 seulement.

En résumé, on voit que les caractères des cours d'eau dé-

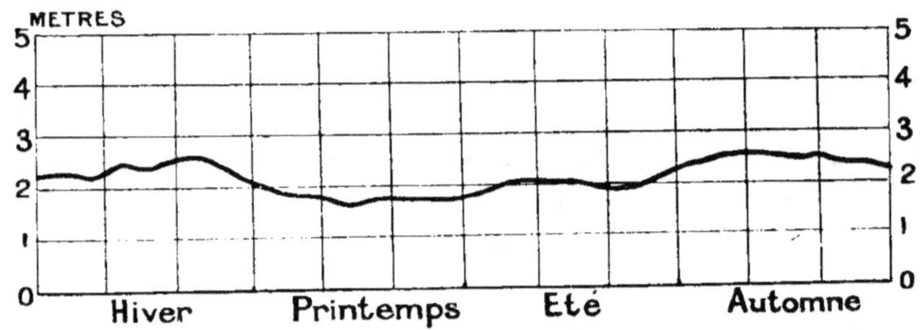

Fleuve de région perméable. — Régime de la Seine à Paris.

pendent du relief, du climat et de la nature des terrains des régions traversées. Si l'on connaît bien le relief, le climat et la nature du sol du bassin dont un fleuve recueille les eaux, il est facile de déterminer les caractères généraux de ce fleuve.

Histoire d'un fleuve. — Le plus grand fleuve commence par être un tout petit cours d'eau, filet liquide qui sourd paisiblement parmi les gazons de la montagne ou qui sort tout boueux de l'extrémité inférieure d'un glacier.

On peut distinguer en général trois zones distinctes dans le cours d'un fleuve :

1° La *zone d'érosion* : le fleuve est un torrent vif, écumeux, qui coule encaissé entre de grands murs de rochers, coupé de chutes et de cascades. Gêné par la masse des roches, il les attaque, les entame, s'y creuse petit à petit un débouché en usant les bords et les aspérités de son lit : c'est ainsi que les montagnes ont été si profondément ravinées. Dans cette partie du cours, le lit du fleuve est encombré de blocs de rochers et de grosses pierres que le torrent arrache à la

Un fleuve de plaines. — La Seine à Rouen.

montagne, quand il est grossi par une très forte pluie ou un violent orage.

2° *La zone moyenne* : arrivé au pied de la montagne, le fleuve s'apaise, s'élargit. La pente, qui était de plusieurs mètres par kilomètre, devient inférieure à 1 mètre, puis graduellement à 50, 40 centimètres. La profondeur augmente en même temps que la pente diminue. Des affluents grossissent le fleuve à droite et à gauche. C'est avec une lenteur de plus en plus majestueuse qu'il traverse les plaines, enserrant parfois dans ses eaux partagées entre plusieurs bras des iles couvertes d'arbres et de végétation.

3° *La zone de dépôt* : enfin, la pente devient presque insensible ; les galets du cours supérieur, transformés par le frottement des eaux en sables fins et en boue, ne sont plus chassés par le courant affaibli ; ils se déposent dans le lit même du fleuve en formant des bancs de sable qui encombrent l'estuaire, ou des plaines alluviales qu'on nomme *deltas*. Dans la partie qui avoisine la mer, le fleuve est sensible à l'action de la marée qui y remonte deux fois par jour. C'est alors l'*estuaire* qui commence, sorte de golfe allongé dont la largeur dépasse parfois plusieurs kilomètres et dont la profondeur est grande. Le fleuve, qui plus haut n'était accessible qu'à des bateaux de rivière calant 2 mètres au plus, devient capable de porter des navires et même de gros vaisseaux calant 6 ou 8 mètres.

On appelle cette zone la zone de dépôt à cause de la masse des alluvions que le fleuve ralenti laisse tomber dans son cours inférieur ou jette à la mer près de son embouchure.

Utilité des cours d'eau. — Le principal service que rendent les cours d'eau est de faciliter les relations commerciales ; les cours d'eau, suivant le mot de Pascal, sont des *chemins qui marchent*.

Mais leur utilité varie du tout au tout, suivant les caractères qu'ils présentent. Tel cours d'eau, en son état naturel, vaut presque un canal construit de main d'homme ; tel autre reste indompté et semble défier les efforts tentés pour le corriger. Le plus grand nombre se prêtent à la navigation, mais à la condition d'être aménagés, d'avoir leurs pentes corrigées par des écluses et leur débit régularisé par des barrages ou autres procédés plus ou moins compliqués.

Les fleuves furent longtemps les seules routes suivies par le commerce ; aujourd'hui encore, ils sont fréquentés par de nombreux bateaux, les transports par eau étant, pour diverses raisons, plus économiques que tous les autres. C'est ce qui explique que la plupart des villes sont bâties le long des fleuves et des rivières.

Inconvénients et avantages du voisinage des cours d'eau. — Les fleuves sont des voisins parfois dangereux. Il en est sans doute qui débordent rarement ou peu. Mais la plupart sont sujets à des crues qui élèvent leur niveau de 2, 3, 5, 8 mètres et plus. En 1856, le niveau de la Loire à Orléans s'éleva en quelques jours de 1 mètre au-dessus de l'étiage (ou limite inférieure) à 7^m,27 ; en juin 1875, celui de la Garonne à Toulouse monta de même de 1 mètre à 9^m,70.

Ainsi accrus, les fleuves sortent de leur lit ordinaire, envahissent les prairies et les champs, couvrent les routes, noient les bas quartiers des villes qu'ils traversent. L'inondation emporte les moissons et tout ce qui peut flotter, troncs d'arbres, poutres, tonneaux, meubles. Elle laisse le sol inondé recouvert d'une boue grasse. Des maisons ont été abattues, d'autres sont ébranlées. L'inondation de la Garonne, en juin 1875, recouvrit 3250 hectares dans la commune de Toulouse, fit écrouler 1141 maisons, noya ou écrasa plus de 200 personnes.

Ces dangers sont compensés par de multiples avantages. Par la pêche,

Le port de Bordeaux.

les fleuves contribuent à l'alimentation humaine. Ils servent à l'arrosage des terres, qu'ils fécondent alors que, sans eux, elles resteraient incultes ; sans le Nil, l'Égypte ne serait qu'un désert comme les pays voisins, Sahara et Arabie. Les fleuves servent au transport des bois par le flottage ; ils font mouvoir des moulins et des usines. Enfin, ils servent au commerce et aux relations des hommes entre eux. Ils sont donc une cause d'activité et de vie, une source de profits.

Beaucoup de villes, comme Londres, Hambourg, doivent leur prospérité, tout au moins en partie, au fleuve qui les arrose. D'autres, comme

Paris, n'en tirent qu'une faible partie des avantages qu'ils pourraient en obtenir, si le fleuve était aménagé pour recevoir les grands navires.

L'utilité d'un fleuve dépend, au reste, de sa pente, du volume de ses eaux et de la régularité de son débit. On navigue moins facilement sur un fleuve rapide que sur un fleuve calme; les cours d'eau qui ont de longues périodes de basses eaux sont inutilisables une partie de l'année.

RÉSUMÉ

I. Origine des cours d'eau. — La surface de la terre est sillonnée par des cours d'eau d'importance diverse, fleuves, rivières, ruisseaux. Ces cours d'eau proviennent : 1° de la fonte des neiges et des glaces qui recouvrent les très hautes montagnes; 2° des sources par lesquelles reparaissent les eaux d'infiltration des terrains perméables; 3° des eaux de ruissellement qu'on voit couler sur toutes les pentes après qu'il a plu.

Les glaciers sont de véritables fleuves de glace qui descendent lentement mais continuellement des sommets des montagnes vers les vallées. Dans leur trajet souterrain, les eaux d'infiltration creusent des excavations pittoresques et forment des cours d'eau coupés de cascades : on en trouve beaucoup dans la région française des Causses (Massif central).

II. Caractères des cours d'eau. — Un cours d'eau est caractérisé par sa pente, le volume de ses eaux et son régime. La *pente* dépend du relief du pays traversé. Le *volume des eaux* dépend de l'intensité des pluies qui tombent dans le bassin : les fleuves les plus abondants de la terre sont ceux de la région équatoriale, fleuve des Amazones, Congo. Le *régime* dépend de la distribution des pluies suivant les saisons, du relief et de la nature des terrains traversés : dans les régions de roches imperméables, le régime est bien plus brusquement variable que dans les pays constitués par des terrains perméables.

On peut distinguer trois parties principales dans le cours d'un fleuve : la zone d'érosion, la zone moyenne et la zone de dépôt.

III. Utilité des cours d'eau. — Les fleuves sont des voisins dangereux parce qu'ils subissent parfois des crues qui les font déborder sur leurs rives; mais ils rendent beaucoup de services. En particulier, ce sont des « chemins qui marchent », et ils facilitent les relations humaines. C'est pourquoi tant de villes sont situées sur un fleuve ou une rivière.

7. — LES CÔTES

Les côtes et leurs changements. — On nomme côte ou ligne des côtes la ligne où la terre et la mer sont en contact.

Cette ligne se déplace sans cesse. Il se livre, à chaque instant, entre les flots et les continents, une lutte plus ou moins violente qui a pour résultat de modifier graduellement la forme des rivages. Tantôt, c'est la mer qui empiète petit à petit sur le continent qu'elle bat de ses flots et qu'elle ronge ; l'étendue de ses ravages varie suivant la force de ses vagues et la résistance plus ou moins grande des terres attaquées. Tantôt, c'est la terre qui empiète sur la mer, notamment aux embouchures des fleuves, par les alluvions de toute nature, boue, vase, rochers, débris de falaises qu'ils y jettent et qui tendent à en combler certaines parties.

La comparaison des côtes d'un même pays, à plusieurs siècles d'intervalle, montre que, sur bien des points, il s'est produit des changements appréciables ; des baies se sont creusées un peu plus ; des presqu'îles se sont changées en îles ; des plages, jadis recouvertes par les flots, sont cultivées aujourd'hui en prairies, et les deltas projettent plus avant dans les eaux leurs saillies d'alluvions.

Rapidité des modifications des côtes. — L'importance des érosions marines dépend tout à la fois de la nature plus ou moins résistante des roches, de la force des vagues et de l'amplitude des marées. L'érosion est médiocre le long des mers sans marées et sur les côtes formées de roches dures comme les granits ; elle est très puissante, au contraire, sur les côtes formées de roches tendres comme les craies, surtout si ces côtes sont baignées par des mers souvent agitées par de fortes tempêtes ou de fortes marées.

Les falaises crayeuses du pays de Caux, en Normandie, reculeraient de 2 mètres en moyenne par an sur quelques points. Sur la côte du Calvados, on remarque un rocher, la *Demoiselle de Fontenailles*, qui est situé aujourd'hui à 60 mètres en avant de la falaise, dont elle faisait partie vers 1745, avant que l'érosion l'en eût séparé. Les débris des rochers ainsi mis en pièce forment les galets, les graviers et le sable qui recouvrent les plages ou composent les dunes.

De même, l'accroissement des deltas est plus ou moins rapide suivant le plus ou moins de profondeur de la mer où il se forme, et suivant la masse plus ou moins volumineuse des matériaux jetés à la mer.

D'après des observations qui remonteraient à 1757, le grand bras du Rhône s'allongerait de 57 mètres en moyenne par an. D'une comparaison entre des relevés faits en 1893 et un relevé autrichien de 1823, il résulte que, pendant ces soixante-dix ans, l'accroissement moyen annuel du delta du Pô a été de 762 mètres; dans les six derniers siècles, ce delta se serait accru de 516 kilomètres carrés; dans des conditions

Bloc de roches dures isolé de la falaise par l'érosion de la mer.
La Demoiselle de Fontenailles (Calvados).

analogues le comblement de la partie septentrionale de la mer Adriatique par les alluvions du Pô ne demandera que 10 000 ou 12 000 ans.

Ces modifications peuvent paraître lentes, et il est certain qu'elles semblent insignifiantes à un homme qui ne voit que celles qui se sont produites dans le cours de sa vie. Mais, comme elles ne s'arrêtent jamais et se prolongent pendant de longues suites de siècles, elles finissent par changer complètement la forme des rivages.

Principaux types de côtes. — Les côtes présentent des aspects divers suivant le relief et la nature du pays dont elles

forment la bordure. Elles sont basses le long des plaines, abruptes au bord des plateaux et des montagnes.

On peut distinguer trois principaux types de côtes :

1° *Les côtes rocheuses et découpées* : elles abondent en baies, golfes, presqu'îles, caps, îles ; on y trouve donc des abris naturels nombreux, et la vie maritime peut s'y développer facilement. Ces côtes sont les plus favorables à la navigation ; ce sont, par excellence, des pépinières d'excellents marins.

Falaises peu découpées.
La côte de l'île d'Helgoland dans la mer du Nord (Allemagne).

Telles sont les côtes de Bretagne et de Provence, en France.

2° *Les côtes rocheuses non découpées* : elles sont formées de longues falaises presque rectilignes, sortes de murs qui dominent le rivage de plusieurs dizaines et parfois de plus d'une centaine de mètres. Les navires ne trouvent sur ces côtes que de rares abris, situés en général à l'embouchure des rivières qui débouchent de l'intérieur. Telles sont les côtes du pays de Caux, en Normandie, à l'est de l'embouchure de la Seine.

3º *Les côtes alluviales* : elles se rencontrent le long des côtes formées par les alluvions; les sables y sont amoncelés en grandes dunes rectilignes parallèles à la mer, que le vent déplacerait si on ne les fixait par des plantations d'arbres et de joncs; sur d'autres points s'étendent des lagunes, des

Côte alluviale. — Marais salants dans la Charente-Inférieure..

marécages, des marais salants, des étangs, séparés par de minces flèches de sable de la mer avec laquelle ils communiquent par d'étroits passages.

Ces côtes, rectilignes et basses, n'offrent point d'abris naturels; on ne peut y établir des ports qu'au prix de grands travaux et d'efforts constants; ce sont les moins favorables de toutes à la navigation. Elles sont, en outre, souvent malsaines, les étangs engendrant des miasmes fiévreux pendant la saison chaude. Telles sont les côtes des Landes et la côte française du Languedoc, à l'ouest de l'embouchure du Rhône.

Importance du rôle des côtes. — C'est par la mer, on l'a vu, que se sont faites les grandes découvertes, et c'est par mer encore que se font principalement les échanges humains. Un pays qui est baigné par une mer est donc privilégié, mais à condition d'avoir des côtes qui se prêtent à l'établissement des hommes et au développement de la vie maritime. La nature et le dessin des côtes sont donc un des facteurs de la prospérité d'un pays.

Si les côtes sont bien découpées, riches en abris naturels, communiquant facilement avec l'intérieur, le pays peut devenir un centre de vie maritime; sur la côte s'établissent des ports nombreux et actifs ou des hâvres de pêcheurs. Si les côtes sont malsaines et peu favorables au commerce de mer, les habitants regardent plutôt vers l'intérieur du pays, et la côte est déserte.

Le littoral français de la Méditerranée est composé de deux parties qui présentent ainsi le contraste le plus complet. La partie orientale, le long de la Provence, est presque déserte à l'intérieur, tandis que, sur la côte elle-même, se pressent les villes, ports, plages, agglomérations diverses : « La Provence, dit Michelet, jette ses habitants à la mer. » La partie occidentale, le long du Languedoc, n'a qu'un seul port, et artificiel, celui de Cette ; les habitants ne vivent pas de la pêche ni du commerce maritime ; ils sont viticulteurs ; ce littoral est si peu hospitalier aux navires et si malsain avec ses étangs que, suivant le mot de Michelet, les villes évitent de s'établir près de la mer et « craignent d'être des ports ».

Les ports. — Les côtes rocheuses découpées sont les plus favorables à l'établissement de bons ports.

Les ports sont les endroits où les navires peuvent s'approcher de la terre pour y débarquer ou y embarquer des voyageurs ou des marchandises. C'est là également qu'ils se réfugient, quand la mer est mauvaise, pour se mettre à l'abri des tempêtes. La plupart sont situés au fond d'un petit golfe ou sur une échancrure du rivage protégée par des promontoires de roches qui forment abri contre les tempêtes et brisent les vagues.

Beaucoup de ports sont aussi établis sur l'estuaire d'un fleuve, grand ou petit. Un estuaire n'est, en effet, à proprement parler, qu'une sorte de golfe fluvial qui pénètre très avant dans l'intérieur des terres et offre par là-même beaucoup de facilités pour débarquer les marchandises qu'apportent les navires de mer. Ces marchandises, après avoir été débarquées, sont replacées sur des bateaux fluviaux, ou chalands, moins profonds et plus plats que les bateaux de mer, et sont ensuite transportées par fleuves et canaux dans l'intérieur du pays. Par des bateaux semblables arrivent de l'intérieur, pour être transbordées sur les navires de mer, les marchandises destinées à être expédiées dans les pays étrangers.

Ainsi s'explique que tant de grands ports soient situés à l'embouchure d'un fleuve important : en Angleterre, Londres, sur la Tamise ; en Allemagne, Hambourg, sur l'Elbe ; en Belgique, Anvers, sur l'Escaut ; en France, le Havre et Rouen, sur la Seine ; Saint-Nazaire et Nantes, sur la Loire ; Bordeaux, sur la Garonne ; en Amérique, New-York, sur l'Hudson ; Montréal, sur le Saint-Laurent, etc.

RÉSUMÉ

I. Les côtes et leurs changements. — La côte est la ligne où la terre et la mer sont en contact. Cette ligne se déplace sans cesse ; sur certains points, les érosions la font reculer au détriment du continent; sur d'autres, les alluvions la font avancer au détriment de la mer.

La rapidité de ces changements est naturellement très diverse; les érosions sont d'autant plus importantes que la mer a plus de force et la terre une ossature moins résistante; les alluvions gagnent d'autant plus que leur masse est plus considérable et la profondeur de la mer moindre.

11. **Types de côtes.** — On distingue trois types de côtes principaux : 1° les côtes rocheuses découpées qui sont les plus favorables au développement de la vie maritime; 2° les côtes rocheuses non découpées, formées de hautes falaises rectilignes; 3° les côtes alluviales, bordées de dunes de sables, ou encore basses, marécageuses, malsaines; on n'y trouve que des ports artificiels.

La nature et le dessin des côtes sont un facteur très important de la prospérité d'un pays, parce qu'ils facilitent ou contrarient l'accès de la mer, grande voie des communications et du commerce.

8. — LA VÉGÉTATION ET LA VIE ANIMALE

La vie sur le globe. — La vie, vie végétale et animale, se développe sur notre globe sous l'influence de la chaleur solaire, de la lumière et de l'humidité. Elle y pullule, peut-on dire, sous mille formes diverses, depuis l'humble graminée qui végète de longues années sans progrès apparent, et depuis le zoophyte inférieur, végétal autant qu'animal, jusqu'aux puissantes productions de la zone tropicale humide, grands végétaux et grands fauves, éclos, accrus à vue d'œil dans le soleil et l'eau; jusqu'à l'homme qui, jeté sur le globe, l'a exploré, cultivé, fécondé, transformé, s'y est créé d'incommensurables ressources et s'en empare chaque jour plus complètement au fur et à mesure du développement de ses facultés naturelles.

La distribution des différentes espèces végétales et animales à la surface du globe ne s'est point faite fortuitement. Des conditions générales et des lois règlent cette répartition.

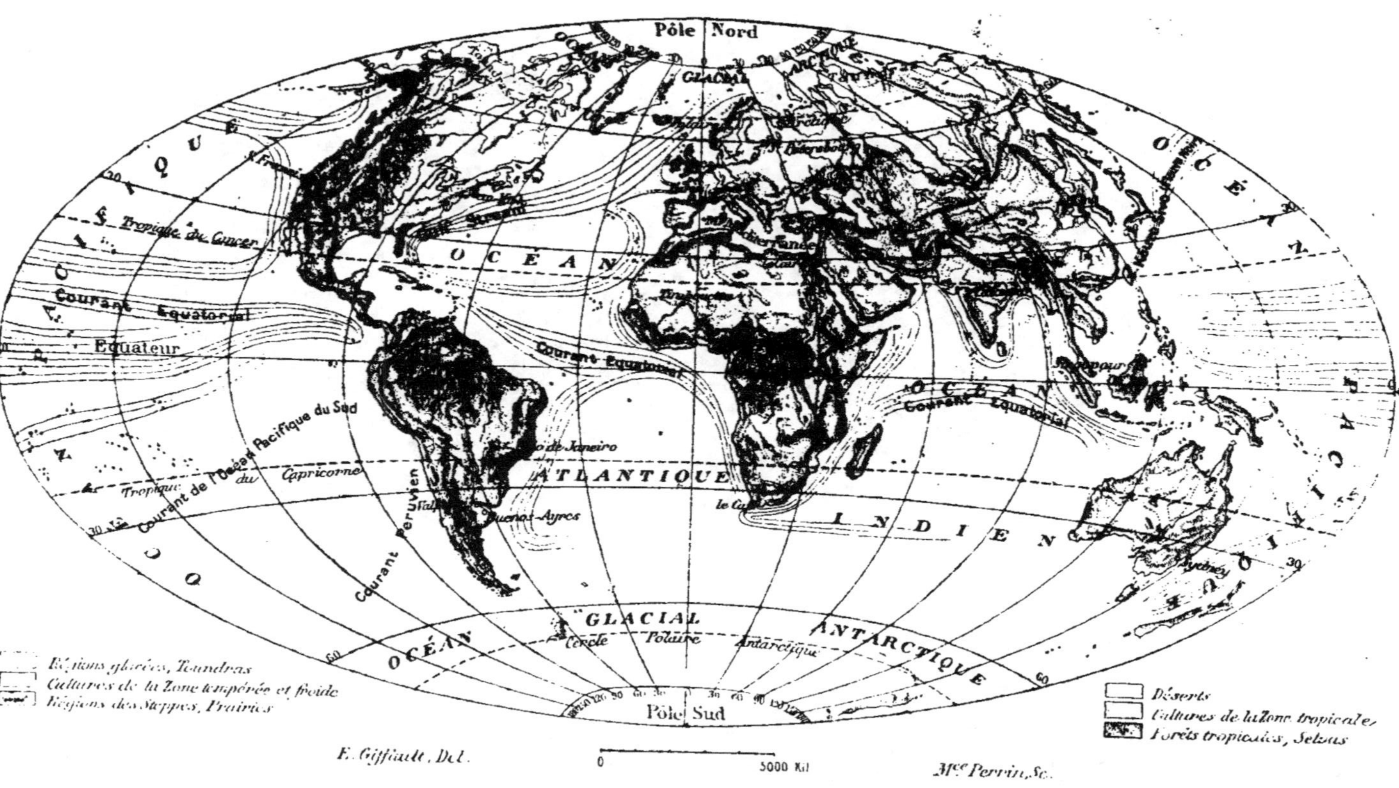

Répartition des zones de végétation sur la terre.

Répartition des végétaux et zones de végétation. —

Les plantes sont des êtres organisés qui exigent, pour vivre :

Paysage des régions chaudes et humides. — Cocotiers à Ceylan.

1º une certaine quantité d'air et de lumière ; 2º une certaine quantité de chaleur ; 3º une certaine quantité d'humidité ;

4° une certaine quantité d'aliments minéraux puisés dans le sol.

Ces quantités et ces éléments varient d'une plante à l'autre. Telle espèce végétale exige une chaleur sèche, telle autre une chaleur humide. Pour mûrir, le maïs demande plus de chaleur que le froment; de même, le froment en demande plus que l'orge et le seigle. Enfin, il est des plantes qui pré-

Paysage des régions sèches. — Dunes du Sahara.

fèrent les sols calcaires, où elles trouvent les éléments dont elles se nourrissent, et il en est d'autres qui, pour les mêmes raisons, préfèrent les sols sablonneux.

La végétation d'un pays dépend donc : en première ligne du climat, en seconde ligne de la nature du sol.

1° *L'influence du climat* règle la répartition des zones de végétation sur le globe. De l'équateur aux pôles on en compte cinq principales, correspondant aux zones de climats :

Une *zone de végétation puissante et fougueuse* correspondant à la zone équatoriale, chaude et humide, et caractérisée par d'immenses forêts et par des essences d'arbres énormes et vigoureux (palmiers, cocotiers, baobabs);

Une *zone de déserts*, correspondant à la zone tropicale chaude et sèche; elle comprend le Sahara, l'Arabie, l'Iran, les déserts de l'Asie centrale, dans l'hémisphère boréal; le Kalahari et l'Australie, dans l'hémisphère austral;

Une *zone de végétation médiocrement abondante*, correspondant à la zone tempérée peu humide : elle est caractérisée par l'absence des forêts remplacées par des maquis ou fourrés, par l'absence de prairies, par ses espèces d'arbres qui sont les oliviers, les orangers, les citronniers, arbres au feuillage toujours vert, épais et coriace, sans opulence;

Une *zone de végétation plus forestière et plus herbeuse*, correspondant à la zone tempérée humide : les forêts y sont nombreuses, mais moins touffues et moins puissantes que celles de la zone équatoriale; les essences principales sont le chêne, l'orme, le frêne, le tilleul, le hêtre; on y trouve des prairies qui restent vertes toute l'année; enfin les principales cultures sont celles du maïs et de la vigne, au sud, celles du blé, de la pomme de terre et de la betterave, plus au nord.

Une *zone de toundras et de glaces incultes*, aux environs des pôles. Les toundras sont d'immenses plaines couvertes de neiges et de glaces pendant plus de la moitié de l'année; le reste du temps, elles forment d'immenses étendues de prairies marécageuses dont la végétation consiste en lichens et en mousses, où le sous-sol est toujours gelé, et où l'homme ne se hasarde guère.

2° L'***influence de la nature du sol*** se manifeste de multiples façons. L'agriculture distingue soigneusement les *terres profondes*, riches en sol végétal, et les *terres maigres* où le roc affleure presque à la surface; — les *terres lourdes*, à base d'argile, et les *terres légères*, à base de sable; — les *terres chaudes*, qui, contenant du calcaire, absorbent facilement et retiennent la chaleur, et les *terres froides*, lentes à s'échauffer en raison de leur compacité.

Les sols les moins favorables sont les sols maigres, les sols trop lourds ou trop légers, les terres froides.

Les meilleurs sols sont ceux qui renferment en mélange convenable le sable, l'argile, le calcaire et la terre végétale. L'homme peut d'ailleurs modifier la nature, soit en *amendant* le sol, c'est-à-dire en lui donnant les éléments qui lui manquent, soit en l'engraissant, c'est-à-dire en lui rendant les principes de fécondité qui s'épuisent par la production.

Répartition des animaux. — La répartition géographique des animaux sur le globe est en rapport avec la température, le relief, la végétation.

1° La **température** influe sur elle.

La *faune équatoriale*, comme la flore équatoriale, est remarquable par la richesse et la puissance de ses espèces. C'est là qu'on trouve les grands fauves et les grands reptiles, le lion, le tigre, le léopard, l'éléphant, le rhinocéros, le serpent boa, l'hippopotame, l'orang-outang. En même temps on y voit un fourmillement d'êtres infiniment petits d'une incroyable variété, insectes, mouches, fourmis, contre l'invasion desquels on a peine à se défendre.

Les *régions tempérées* sont le domaine des animaux domestiques; les fauves (loups, renards) sont peu nombreux et infiniment moins redoutables que ceux des régions tropicales.

Les *régions polaires* ne comprennent qu'un petit nombre d'espèces animales, ours blanc, renne, bœuf musqué, lièvres, beaucoup d'oiseaux; la faune y consiste principalement en mammifères marins, baleines, phoques, morses, qui peuvent aller chercher dans le sein des eaux un reste de chaleur qui ne se trouve pas à la surface.

Si les animaux dépendent de la température, comme les végétaux, ils en dépendent moins, à cause de leur mobilité, qui leur permet, suivant les cas et les saisons, de se déplacer vers les pays dont le climat leur convient.

2° Le **relief** influe principalement sur la répartition des animaux par les obstacles qu'il oppose aux migrations animales. Les versants opposés des Andes et des Montagnes Rocheuses, en Amérique, ceux de l'Himalaya, en Asie, ont des faunes très dissemblables, à cause de la difficulté de communications de l'un à l'autre.

3° La **végétation** d'un pays et sa faune sont dans un rapport étroit. Les animaux herbivores dépendent directement de la végétation, et les animaux carnivores, qui pourchassent les herbivores, en dépendent par suite indirectement.

Les grandes forêts équatoriales. — Les régions équatoriales du globe, le bassin de l'Amazone, en Amérique, toute l'Afrique centrale, des rives du Congo à la région des Grands lacs, l'archipel Asiatique et la Nouvelle-Guinée, sont couvertes d'immenses forêts.

Les forêts de nos pays ne nous donnent qu'une idée très imparfaite des forêts équatoriales. Les arbres y sont rapprochés, si feuillus, si intimement liés les uns aux autres par des rameaux et des lianes qu'on n'y peut voir le ciel ni le soleil : le voyageur qui y pénètre y marche à longs jours dans une demi-obscurité étouffante qui donne l'impression d'une prison. A vrai dire, la forêt équatoriale se compose de plusieurs forêts superposées; par-dessus, c'est la grande forêt, formée d'arbres immenses, hauts de 25 à 50 mètres, pressés les uns contre les autres; par-dessous, c'est un fouillis de fougères, d'orchidées, de buissons et hautes herbes, qui s'étouffent dans l'ombre tiède et où s'agite un pullulement de vie animale. Les lianes remplissent tous les intervalles. La végétation y a une telle intensité qu'on ne peut s'y frayer passage qu'une hache à la main et que le chemin qu'on s'est ainsi ouvert ne tarde pas à se refermer.

Les arbres de ces forêts appartiennent aux espèces les plus colossales qu'il y ait sur le globe. C'est le *baobab*, dont le tronc mesure plusieurs mètres de diamètre et dont la richesse en sève défie tous les incendies; c'est le palmier à huile, le cocotier, le tamarinier, l'arbre à beurre, ou *karité*, dont le fruit, de la grosseur d'une noix, renferme une sorte de beurre végétal propre à la cuisine, à l'éclairage, au pansement des plaies, à la fabrication des savons et des bougies.

Toute la faune tropicale s'agite sous la forêt vierge : les plus grosses espèces, singes cynocéphales, lions, éléphants, hippopotames, rhinocéros, crocodiles, serpents gigantesques, et tout le peuple des insectes, scorpions, fourmis, termites et vers. Les petits ne sont pas les moins redoutables. Dans l'Afrique centrale, ces termites, qui élèvent pour demeures des pyramides de 12 mètres de hauteur, de 60 de circonférence, rongent entièrement les campements qu'on a eu l'imprudence d'établir près d'eux.

Llanos, pampas, savanes, steppes. — Les régions moins arrosées que les pays équatoriaux ont une végétation moins exubérante. Elles présentent des aspects différents et portent des noms également différents suivant le degré d'humidité qu'elles reçoivent et suivant les divers pays.

Les *llanos* de l'Amérique du Sud et les *savanes* du Soudan, en Afrique, se ressemblent suffisamment. Ce sont les régions qui font suite à la forêt équatoriale. On y voit encore des arbres, mais en bouquets, moins serrés les uns contre les autres, perdus au milieu de la mer des hautes herbes qui atteignent parfois plusieurs mètres d'élévation. Ce sont de riches régions d'élevage et de giboyeux terrains de chasse.

Les *pampas* de la République Argentine (Amérique du Sud) et les *steppes* de la Russie méridionale ressemblent aux llanos et aux savanes, mais avec moins de luxuriance. Comme il y pleut beaucoup moins, on n'y trouve qu'un petit nombre d'arbres, quelquefois même les arbres manquent tout à fait : quant aux herbes, elles poussent avec moins de vigueur. A la saison des pluies, la pampa et la steppe offrent de vastes étendues herbeuses toutes parsemées de fleurs multicolores. Dès que la sécheresse s'établit et persiste un certain temps, les herbes se dessèchent, se flétrissent, et leurs débris se déplacent, roulés en boules par les vents.

Déserts. — Quand on s'éloigne de l'équateur vers les tropiques, l'humidité diminue de plus en plus ; l'eau, d'abord rare, finit par manquer, et la nature, de plus en plus pauvre, avare, desséchée, s'épuise jusqu'à devenir le Sahara, l'Arabie, le Gobi, l'Australie centrale, le Kalahari, déserts de sables et de pierres, presque sans végétation et sans vie. Tout autour de la terre, il existe, à peu près sous les tropiques, une suite de régions presque complètement désolées.

Les seules plantes qui végètent dans ces déserts sont de maigres arbustes, acacias, mimosées, des chardons, des graminées traçantes, comme l'*alfa*, des chiendents vivaces, dont les racines vont puiser à une grande profondeur un reste d'humidité qui manque à la surface.

Par une conséquence naturelle, la faune est aussi peu variée que la flore. Les gros animaux manquent absolument. Des gazelles, de petits renards, des lièvres, des hérissons, et surtout des reptiles, vipères, lézards, scorpions, se rencontrent seuls, et en petit nombre, dans les régions désertiques. L'homme aurait peine à les traverser s'il n'avait, pour l'aider à le faire, quelques animaux d'une extrême sobriété, comme le chameau qui peut rester plusieurs jours sans boire.

Le désert ne s'anime que là où se trouve de l'eau, source, fontaine, oued non desséché. Partout où il est arrosé, le désert se recouvre d'oasis d'une admirable fertilité, dont la végétation paraît d'autant plus séduisante qu'elle se développe au milieu des sables arides, comme des îles au milieu d'une mer immense.

RÉSUMÉ

I. Zones de végétation. — Les plantes sont des êtres organisés qui, pour vivre, ont besoin d'air, de chaleur, d'humidité et d'aliments minéraux puisés dans le sol. La végétation d'un pays dépend donc de son climat et de la nature des terrains qui le forment.

Il existe cinq grandes zones de végétation entre l'équateur et chacun des pôles. Les régions très chaudes et très humides sont couvertes d'immenses forêts enchevêtrées, entortillées. Les régions assez humides ont des llanos, des savanes, des pampas, des steppes, ou les forêts relativement clairsemées de nos pays. Les régions privées d'eau sont des déserts de sables et de pierres, sans végétation et sans vie.

II. Répartition des animaux sur la terre. — La répartition des animaux sur le globe dépend avant tout de la température : c'est la région équatoriale qui possède les grands fauves et les grands reptiles, lions, éléphants, hippopotames, boas, etc. Le relief et la végétation influent aussi sur elle.

9. — L'HOMME

Population du globe. — On évalue à 1590 millions le nombre des hommes qui vivent actuellement sur la terre.

Si ces habitants étaient répartis également sur toute sa surface, il y aurait 11 habitants par chaque kilomètre carré de superficie. C'est ce qu'on exprime en disant que la terre a une densité moyenne de 11 habitants par kilomètre carré.

En réalité, certaines régions possèdent un bien plus grand nombre relatif d'habitants, tandis que certaines autres sont presque désertes. Les quatre centres les plus peuplés de la terre sont la *Chine*, l'*Inde*, l'*Europe occidentale* et les *États-Unis voisins de l'Atlantique*.

La population du globe se répartit ainsi approximativement entre les cinq parties de la terre :

Europe	Popul. tot.	585 millions	38 par kilom. carré.
Asie	—	905 —	20 —
Afrique	—	150 —	5 —
Amérique	—	140 —	4 —
Océanie	—	7 —	1 —

Dans le calcul ci-dessus, on a joint à l'Asie, et non à l'Océanie, l'Archipel asiatique ou Insulinde (Malaisie, Philippines, etc.).

Peuplement de la terre. — L'homme est un être organique qui, pour vivre, a besoin d'air, de chaleur et d'humidité, de nourriture animale ou végétale.

Cette considération explique que l'homme n'ait pas existé dès le commencement de la terre. Longtemps l'état de notre planète ne lui permit pas d'y subsister : la température en était trop élevée; l'air, mélangé d'acide carbonique et d'autres gaz délétères, était irrespirable. C'est seulement au début de la période quaternaire, ou peut-

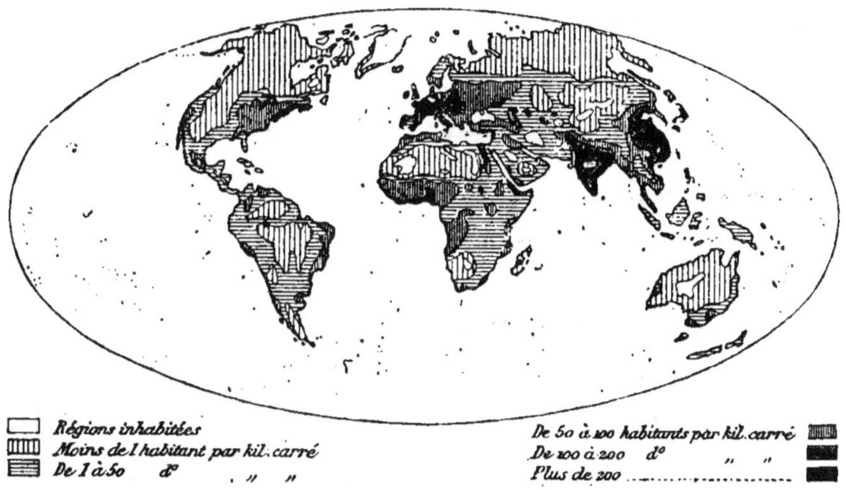

Densité de la population terrestre.

être à la fin de l'époque tertiaire, que l'homme a fait son apparition sur la terre. De toute manière, il est un des derniers venus sur le globe, et la plupart des animaux existaient avant lui.

Cette même considération explique qu'actuellement encore il y ait certaines régions très peuplées et d'autres régions où l'homme est très rare. Les régions peuplées sont celles qui lui conviennent le mieux par leur degré de chaleur et d'humidité, ainsi que par leurs ressources végétales : la zone tempérée est celle où l'on rencontre les agglomérations humaines les plus denses. Les régions où l'homme est rare sont : les hautes montagnes sur lesquelles l'air est glacé et trop raréfié; les pays désertiques, où, faute d'humidité, on ne pourrait se nourrir; les régions polaires, trop froides et improductives, etc. Si l'homme peut subsister momentanément dans ces régions, il ne peut, en raison de leurs faibles ressources, s'y constituer en sociétés nombreuses et florissantes.

Races humaines. — Les habitants de la Terre sont divisés conventionnellement en quatre grandes races, savoir : la *race*

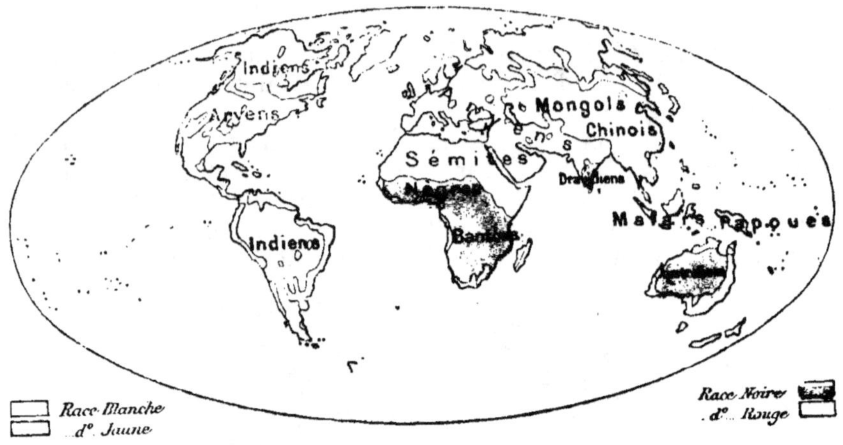

Distribution des principales races humaines sur la terre.

blanche ou *caucasique*, la *race jaune* ou *mongole*, la *race noire* et la *race rouge*.

L'importance numérique des quatre grandes races humaines ressort du tableau suivant :

Race blanche	800 millions d'hommes
Race jaune	630 —
Race noire	150 —
Race rouge	10 —

1° La **race blanche** ou **caucasique** comprend les *peuples aryens* (Hindous, Persans, Celtes, Grecs, Latins, Germains, Slaves) et les *peuples sémitiques* (Arabes, Juifs, Berbères).

La race blanche, qui est la plus nombreuse et la plus civilisée, occupe presque toute l'Europe, l'Asie occidentale, le nord de l'Afrique, et les parties de l'Amérique et de l'Océanie qu'elle a colonisées.

2° La **race jaune** ou **mongole** comprend les *Chinois*, les *Japonais*, les *Annamites*, les *Barmans*, les *Thibétains*, les *Mongols* etc. Quelques peuples d'Europe lui sont apparentés, les *Turcs*, les *Lapons* et les *Magyars*.

La race jaune, presque aussi nombreuse que la race blanche, occupe donc toute l'Asie orientale et quelques cantons de l'Europe ; de plus, avec les Japonais et surtout avec les Chinois, elle commence à se répandre dans la plupart des pays du Pacifique et jusqu'en Amérique.

3° La **race noire** occupe principalement l'Afrique équatoriale et l'Afrique australe. On la trouve aussi dans l'Amérique équatoriale, les États-Unis, les Antilles, le Brésil, où les nègres furent importés jadis par la traite et où ils se sont depuis fort développés.

4° La **race rouge** ne se rencontre qu'en Amérique. Avant l'arrivée des Européens, elle était compacte, principalement sur les hautes terres du Mexique, du Pérou et de la Bolivie.

Maltraitée par les conquérants européens, la race rouge ne compte plus qu'un petit nombre de représentants purs ; mais, de son mélange avec les peuples européens, est issue une importante population de métis.

Religions humaines. — Les religions de l'humanité sont nombreuses, mais les principales sont : le *christianisme,* sous

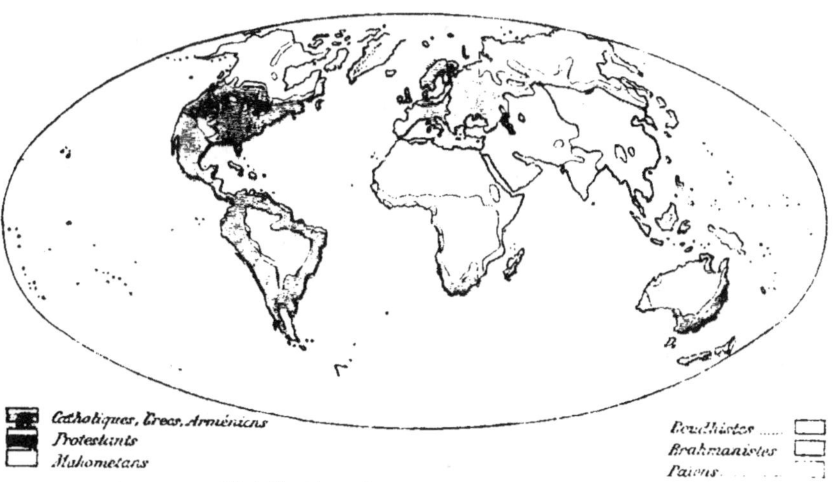

Distribution des religions humaines.

ses trois formes, catholicisme romain, église orthodoxe, protestantisme ; le *judaïsme* et le *mahométisme* ; le *brahmanisme* et le *bouddhisme,* enfin le *fétichisme.*

L'importance numérique des principales religions humaines peut être estimée comme il suit :

Christianisme		480 millions.
Catholiques	230	
Orthodoxes.	110	
Protestants	140	
Judaïsme	11	—
Mahométisme	170	—
Brahmanisme	210	—
Bouddhisme	570	—
Fétichisme.	150	—

1° Le **christianisme**, sous ses trois formes, domine en Europe et dans les pays colonisés par les Européens, savoir : le *catholicisme romain*, dont la capitale est à Rome, dans l'Europe du sud et du sud-ouest, ainsi que dans l'Amérique latine ; l'*église orthodoxe*, en Russie et dans l'Europe du sud-est (péninsule des Balkans) ; le *protestantisme*, dans l'Europe du nord et du nord-ouest, ainsi que dans l'Amérique anglo-saxonne (États-Unis, Canada anglais).

2° Le *judaïsme* est disséminé à travers le monde comme le peuple juif lui-même. Toutefois, à elle seule, l'Europe renferme 7 900 000 juifs ; la Russie en a 4 500 000.

3° Le **mahométisme** règne dans la bande de pays secs qui traverse tout l'Ancien Monde dans l'hémisphère boréal ; il la déborde un peu des deux côtés, dans l'Inde, la Chine, la Malaisie et l'Afrique intérieure.

La ville sainte des mahométans est *La Mecque*, en Arabie.

4° Le **brahmanisme** est répandu presque exclusivement dans l'Inde, d'un bout à l'autre de la plaine située au pied de l'Himalaya.

Sa métropole est *Bénarès*, sur le Gange.

5° Le **bouddhisme**, dérivation du brahmanisme, domine dans toute l'Asie orientale, Thibet, Indo-Chine, Chine et Japon. C'est la religion du globe qui compte le plus grand nombre de fidèles.

Sa métropole est *Lhassa*, dans le Thibet.

6° Le **fétichisme** ou *idolâtrie*, adore, pour se les concilier autant que possible, les forces de la nature, comme la mer, les astres, les éclairs et le tonnerre, les animaux.

Il disparaît petit à petit, mais il est encore professé par les populations sauvages de l'intérieur de l'Afrique, par les indigènes de l'Australie, par les habitants de la plupart des îles océaniennes.

Langues humaines. — Les hommes parlent un grand nombre de langues, très diverses les unes des autres. Les savants classent ces langues en plusieurs groupes dont les principaux sont :

1º Les *langues indo-européennes*, qui comprennent le celte, les langues romanes (italien, espagnol, portugais, français, roumain), les langues germaniques (allemand, anglais, hollandais, langues scandinaves), les langues slaves (russe, polonais, tchèque), l'arménien, le persan, l'indoustani, qui se parle dans l'Inde, etc. ;

2º Les *langues sémitiques*, (hébreu, arabe, syriaque);

3º La *langue chinoise*;

4º Les *langues nègres*, usitées dans la région des savanes du nord de l'Afrique ;

5º Les *langues bantou*, en usage dans l'Afrique centrale et australe, du Congo français au Natal, etc.

Parmi les langues indo-européennes, il en est qui tendent à prendre le pas sur les autres et à devenir des langues universelles. Les principales sont : l'*anglais*, que les Anglais ont introduit avec eux dans tous les pays du monde comme langue de commerce, et qui forme notamment la langue courante dans le Canada et l'Amérique du Nord, en Australie, etc.; — l'*espagnol*, qui est resté la langue parlée dans les anciennes colonies espagnoles, notamment au Mexique, dans l'Amérique centrale et dans toute l'Amérique du Sud, le Brésil excepté ; — le *français*, qui est la langue la plus usitée par la diplomatie, et qu'on parle dans les cercles les plus civilisés de tous les pays; c'est la langue de la moitié des Belges, d'une partie de la Suisse, des Canadiens français, etc. ; — l'*allemand* et le *russe*, qui se répandent à mesure que les peuples allemand et russe s'étendent par le commerce et prennent de l'importance dans le monde des affaires.

L'importance numérique des principales langues indo-européennes ressort du tableau suivant :

Anglais	125 millions.
Russe	95 —
Espagnol	70 —
Allemand	70 —
Français	50 —

Le développement de la civilisation. — Depuis son apparition sur la terre, l'homme, être essentiellement transformable et perfectible, s'est modifié au point qu'il n'est plus reconnaissable.

L'*homme primitif* était faible, isolé, vivant au jour le jour, peu différent des animaux, auxquels il était obligé de disputer son existence. Pendant l'époque de la préhistoire, c'est-à-dire pendant la période obscure qui s'étend depuis l'époque inconnue de l'apparition de l'homme jusqu'à l'histoire basée sur des documents écrits, les hommes vivaient dans les cavernes des montagnes ou dans des maisons bâties sur pilotis au bord des lacs. Ils connaissaient le feu, se nourrissaient de glands, de baies, de racines ou de poissons. Leurs premières armes de défense et d'attaque furent les pierres et les branches des arbres. C'est avec le temps qu'ils apprirent à tailler la pierre pour en faire des racloirs, des perçoirs et des couteaux, qu'ils réussirent à affiler et à épointer des os de cheval et des bois de renne ou cerf, puis découvrirent les premiers emplois des métaux.

On a retrouvé, dans de nombreuses cavernes, des ossements et des armes remontant à ces époques éloignées ; il en existe un grand nombre en France, notamment à Chelles (Seine-et-Marne), à Solutré (Saône-et-Loire), au Moustier, à la Madeleine et à Cro-Magnon (Dordogne), sur les bords de la Vézère. On a retrouvé de même des vestiges de cités lacustres en Suisse, en Italie, en Bavière, en France.

Depuis ces temps reculés, l'homme a accompli des progrès étonnants et il est devenu comme un être nouveau.

Les *hommes modernes* vivent en sociétés, et, par le groupement des forces individuelles, ils sont devenus capables de surmonter des obstacles qui paraissaient invincibles. Ils ont appris à se servir du feu et des ressources naturelles qui se trouvaient à leur portée : avec les pierres et le bois, ils ont construit des maisons ; avec les fibres de certaines plantes ou la dépouille des animaux, ils se sont confectionné des vêtements : ils ont cultivé le sol pour lui faire produire, dans la mesure du possible, ce dont ils avaient besoin ; ils ont transformé les produits naturels pour les rendre d'un usage plus commode ou plus agréable ; ils se sont aidés pour cela des forces naturelles, comme le vent et l'eau, qu'ils trouvaient en action autour d'eux.

Assurés, dès lors, de l'existence journalière, ils ont pu réfléchir et penser. Ils ont créé l'art, la science, la civilisation ; ils se sont peu à peu donné des forces nouvelles d'une puissance incalculable, la vapeur, l'électricité, les explosifs, qui centuplent la portée de leurs organes et leur ont permis de trouver dans la nature une foule de ressources qui s'y trouvaient cachées.

L'homme dépend et dépendra toujours de la nature, parce qu'il est un être vivant, qui ne saurait se passer de tout ce qui est indispensable à la vie animale, air, lumière, chaleur, humidité, nourriture. Mais le développement de la civilisation lui permet d'élargir de plus en plus ses conditions d'existence.

La vie sauvage — La vie sauvage fut celle de l'humanité tout entière à ses débuts ; on la trouve encore dans quelques contrées du globe, notamment dans l'intérieur de l'Afrique et de l'Australie, où les progrès des Européens la font cependant reculer peu à peu.

Dans l'un et l'autre pays, ce sont les mêmes traits caractéristiques, en particulier une grande faiblesse vis-à-vis de la nature.

Les *sauvages de l'intérieur de l'Afrique* sont idolâtres. Une préoccupation domine toute leur existence, celle d'assurer leur vie quotidienne. Les produits du sol ne suffisant pas, ils chassent, prennent tous les gibiers qui se rencontrent, sauterelles, papillons, larves, rats, chenilles, et les fument, comme nous le jambon ; et, quand cela ne suffit pas, ils deviennent anthropophages.

Ils n'ont guère d'industrie et ne savent presque rien fabriquer ni confectionner. Leurs maisons, qu'ils élèvent sur les hauteurs ou sur pilotis dans les marais, sont des huttes rondes ou carrées, faites de bois et d'argile, le plus souvent d'une saleté répugnante : chez quelques peuplades seulement, elles sont entièrement recouvertes de

naïfs dessins en couleur. Leurs canots sont presque toujours rudimen-
taires. Leurs armes ne sont que des arcs et des flèches dont ils ont

La vie sauvage. — A Fernando-Po.

durci la pointe au feu. Ils n'ont point de vêtements et, pour supporter
la fraîcheur des nuits, ils se frottent le corps d'enduits de nature diverse, bouse de vache, huile de palme, graisse animale ou humaine.

Les *sauvages de l'Australie intérieure* sont certainement plus arriérés encore. Non seulement on ne trouve chez eux ni religion, ni organisation sociale, ni industrie, mais encore ils ne pratiquent ni une agriculture rudimentaire, ni même l'élevage. Ils vivent par petits groupes de quinze à vingt individus, abrités dans des huttes grossières, ou simplement, le climat étant très sec, derrière des buissons. Ils ont toutefois une arme curieuse, le *boumerang* : c'est une sorte de palette courbe qui se dirige vers le but en tourbillonnant avec un mouvement d'hélice, puis, après avoir frappé, revient vers celui qui l'a lancée.

La vie civilisée. — La vie civilisée s'étend de jour en jour; c'est celle que mènent la plupart des peuples européens, les habitants des États-Unis, et qui tend à devenir celle du monde entier.

L'activité de l'homme civilisé ne connaît, pour ainsi dire, plus de bornes. Il modifie la nature à l'aide de ses inventions mécaniques,

La vie civilisée. — Une rue de New-York.

rectifie et corrige les fleuves irréguliers, unit par des canaux les bassins de fleuves différents, franchit et perce les montagnes, traverse les mers à toute vapeur, confectionne rapidement tout ce dont il a besoin. Il a presque supprimé le temps et l'espace. Par les progrès de la science agricole, il a surpris les secrets de la fécondité terrestre et est devenu capable de refaire les sols épuisés, de rendre productifs les sols pauvres. Par les progrès de l'hygiène, il a appris à guérir les maladies, à vivre dans les climats insalubres qui le repoussaient tout d'abord.

En un mot, l'homme civilisé, au lieu d'être l'esclave de la nature comme l'homme sauvage, la fait servir à ses fins. Il a une vie plus confortable, plus intelligente, faite d'émotions artistiques, de recherches scientifiques et intellectuelles, de jouissances plus délicates.

Est-ce à dire qu'il soit arrivé au terme du progrès? Il est facile de voir ce qui manque à notre civilisation pour être la civilisation idéale. D'une part, l'homme ne s'est pas toujours servi des grandes découvertes scientifiques modernes pour améliorer son domaine, la terre : par une exploitation hâtive, il a souvent ruiné et ruine encore des contrées florissantes: par des déboisements inconsidérés, il détériore des régions entières dont le climat et les fleuves se trouvent déséquilibrés. D'autre part, mus trop exclusivement par l'intérêt, les différents peuples, au lieu de se concerter dans une union harmonieuse et fraternelle, se jalousent et se font une concurrence violente sur tous les terrains, concurrence désastreuse pour le progrès moral de l'humanité.

L'idéal doit consister à régler, d'une manière plus scientifique, l'exploitation de la terre, à atténuer les rivalités et les luttes, d'homme à homme, de peuple à peuple, à les détruire par l'effort commun, afin d'aboutir du *combat pour la vie*, point de départ du végétal ou de la brute, à l'*alliance pour la vie*, point d'arrivée de toute société consciente.

RÉSUMÉ

I. **Population du globe.** — On évalue la population du globe à environ 1590 millions d'hab., 11 hab. en moyenne par kilomètre carré d'étendue. Certaines contrées sont faiblement peuplées (hautes montagnes, déserts, régions polaires). Les régions les plus peuplées sont les plaines de la zone chaude et de la zone tempérée (Chine, Inde, Europe occidentale, États-Unis de l'Atlantique).

II. **Races, religions, langues.** — Il y a quatre grandes races humaines : la race blanche ou caucasique, la race jaune ou mongole, la race noire, la race rouge. — Les principales religions sont le christianisme (catholicisme romain, église orthodoxe, protestantisme), le judaïsme et le mahométisme, le brahmanisme et le bouddhisme, le fétichisme. — Les langues qui sont le plus parlées par les peuples civilisés sont des langues indo-européennes, l'anglais, le russe, l'espagnol, l'allemand et le français.

III. **Vie sauvage et vie civilisée.** — Depuis son apparition sur la terre, l'homme est devenu en quelque sorte un être nouveau. Il existe encore des hommes sauvages ou peu civilisés (Afrique intérieure, Australie). L'homme blanc a centuplé sa puissance naturelle; et est devenu presque le maître de la nature.

DEUXIÈME PARTIE

LES RÉGIONS POLAIRES

I. — LE POLE NORD

Les explorations de la zone polaire boréale. — De nombreux voyages ont été entrepris depuis la fin du xve siècle, pour explorer la zone polaire boréale. Ces voyages ont été inspirés par un double mobile : d'une part, par une pensée scientifique, le désir de reconnaître une portion encore ignorée de notre planète ; de l'autre, par l'espérance de trouver une route maritime nouvelle menant rapidement de l'Europe septentrionale dans l'Amérique du Nord, par le nord de l'Asie.

On peut partager ces voyages d'exploration en trois groupes : 1° les voyages qui ont eu pour objet de rechercher une route permettant de passer de l'Atlantique dans le Pacifique par le nord de l'Amérique, par ce qu'on nomme le *passage du nord-ouest* ; 2° les voyages qui ont eu pour objet la recherche d'une route menant de l'Atlantique au Pacifique par le nord de l'Asie, par ce qu'on nomme le *passage du nord-est* ; 3° les voyages qui ont eu pour objet d'atteindre le pôle lui-même.

1° Le **passage du nord-ouest** au nord de l'Amérique, a été cherché par de nombreux explorateurs dont les principaux sont *Sébastien Cabot* et *Davis*, au xvie siècle ; *Henri Hudson* et *Baffin*, au xviie siècle ; *John Ross, Parry, James Ross* et *John Franklin*, au xixe siècle. Le passage du nord-ouest a été découvert définitivement par *Mac-Clure*, en 1850 ; il existe, mais ne peut servir au commerce ; on ne peut même s'y hasarder, car des glaces l'interceptent presque continuellement.

En 1845, l'Anglais John Franklin, qui venait d'accomplir

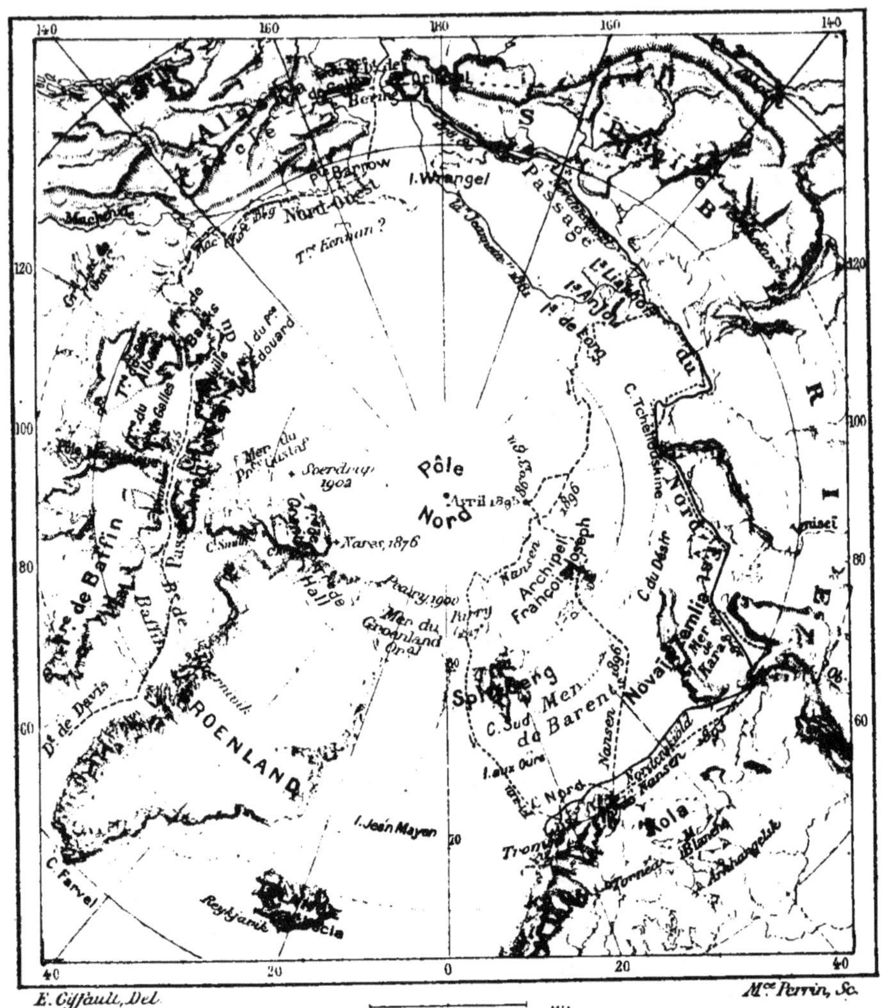

Pôle nord et région polaire arctique.

un magnifique voyage d'exploration au pôle sud, partit avec deux navires, l'*Erebus* et la *Terror*, pour explorer le pôle nord. Il devait y périr avec tous ses compagnons. L'Europe s'émut d'être sans nouvelles de Franklin ; lady Franklin, le gouvernement anglais, les États-Unis armèrent plusieurs navires pour aller à sa recherche. En 1850, le capitaine Mac-Clure, entra dans l'océan Glacial par le détroit de Béring, réussit à s'avancer jusqu'à la Terre de Banks et au détroit que Parry avait atteint, en 1820, en venant du Labrador.

C'est ainsi que l'existence du passage nord-ouest se trouva démontrée. Toutefois, aucun navigateur n'est passé de l'océan Atlantique dans l'océan Pacifique, d'un seul voyage, par cette voie.

2° Le **passage du nord-est**, au nord de l'Asie, a été cherché par *Willoughby*, *Chancellor* et *Barents*, au xvi° siècle ; par *Béring* et *Tcheliouskine* au xviiiᵉ siècle. Ils découvrirent tous les archipels situés au nord de la Russie et de la Sibérie.

Le passage du nord-est a été trouvé par le savant suédois *Nordenskiöld*, en 1878-1879. Monté sur la *Véga*, Nordenskiöld quitta le port norvégien de Tromsœ le 9 juillet 1878 ; il atteignit le cap Tcheliouskine le 19 août, puis le 27 l'embouchure de la Léna. Il était parvenu, le 28 septembre, à l'entrée du détroit de Béring quand il fut saisi par les glaces et contraint d'hiverner. Au printemps suivant, l'expédition débloquée poursuivit sa route ; la *Véga* entra dans le Pacifique, contourna l'Asie par le nord et le sud, et regagna l'Europe par le canal de Suez, au mois de juillet 1879.

3° La **découverte du pôle** a été tentée par trois routes : par le large détroit qui sépare le Groenland de la Norvège, au nord de l'Europe ; par le détroit de Béring, au nord-est de l'Asie ; par les canaux de Smith, Kennedy et Robeson, au nord-ouest du Groenland. Enfin, l'expédition malheureuse d'Andrée a essayé d'atteindre le pôle par les airs, en ballon.

Les principales tentatives pour atteindre le pôle ont été faites par l'Américain *Kane*, en 1858 ; le médecin américain *Hayes*, en 1860 ; *Hall*, monté sur le *Polaris*, en 1871 ; *Nares* et *Markham*, en 1875 ; les Américains *Lockwood* et *Brainard*, en 1882, *Peary* en 1900.

Jusqu'à présent personne ne s'est encore avancé jusqu'au pôle : les latitudes les plus élevées ont été atteintes à pied et en traîneau par le Norvégien *Nansen*, en 1895 ; il est allé jusqu'à 86°15′, soit à 415 kilomètres du pôle en droite ligne, tandis que son bâtiment, le *Fram*, arrivait jusqu'à 85°57′. Le duc des Abruzzes a légèrement dépassé cette dernière limite.

Les expéditions polaires. — Il n'y a qu'à lire les narrations des voyages de Nordenskiöld, de Hayes, de Markham, de Nansen, pour se rendre bien compte des difficultés que présente l'exploration des régions polaires, des souffrances qu'il faut endurer, des dangers qu'on y court.

Au temps du dégel, il faut se garer des blocs énormes de glaces flottantes, ou icebergs, dont le choc briserait le navire; puis, quand le froid revient et gèle la mer, il faut prendre garde de n'être pas pris par les glaces qui, se resserrant comme un étau autour du navire, l'écraseraient rapidement. Pour parer à ce dernier danger, Nansen avait fait construire un bateau d'un genre spécial, le *Fram*, sur lequel les glaces n'avaient pas prise et qu'elles soulevaient légèrement en se resserrant autour de lui.

Le climat est terrible. Pendant la longue nuit d'hiver, nuit de plusieurs mois accompagnée d'abondantes chutes de neiges, de violentes tempêtes et de froids intenses, on est menacé à chaque instant d'être saisi par le froid et gelé. Si l'on met la main sur un morceau de métal, la peau y reste adhérente. Quand il partait en traîneau à travers les glaces, Nansen s'enfermait avec un de ses compagnons dans un sac unique et bien clos afin de conserver par le contact sa chaleur naturelle et celle de celui qui l'accompagnait.

Les aliments frais manquent si l'on n'a la chance de tuer quelque ours blanc, dont il faut redouter au reste le voisinage. On doit souvent se nourrir de salaisons dont l'usage constant peut déterminer une maladie, le scorbut, dont les effets sont terribles.

Il faut être doué d'une endurance extrême et d'une rare force de volonté pour affronter délibérément de semblables souffrances et de semblables dangers.

Terres boréales. — Les principales terres polaires de l'hémisphère sont :

Au nord de l'Europe, la *Novaïa-Zemlia*, ou *Nouvelle-Terre*, la *Terre François-Joseph*, le *Spitzberg* et l'île *Jean Mayen*, située entre le Groenland et la Norvège ;

Au nord de l'Asie, les îles *Liakhoff*, *Anjou*, *de Long* et *Wrangel*, cette dernière séparée de la côte de la Sibérie par le détroit de Long :

Au nord de l'Amérique, la *Terre Victoria et du Prince-Albert*, la *Terre de Banks* et l'île *Melville*, la *Terre du Roi-Guillaume*.

la *Terre de Baffin*, et le vaste *Groenland*, qui s'avance au sud jusqu'au 60ᵉ degré de latitude et dépasse au nord le 85ᵉ degré. C'est au nord du continent américain que sont situées les terres polaires les plus considérables. Les terres forment, au nord de l'Amérique, une ceinture discontinue d'îles séparées par d'étroits passages.

Groenland. — Le Groenland est la plus vaste de toutes les terres polaires arctiques ; son étendue dépasse 2 millions de kilomètres carrés. On sait que c'est une île, mais personne n'en a encore fait le tour ; jusqu'à ce jour, un seul voyageur, Nansen, a réussi à le traverser d'un côté à l'autre par l'intérieur[1].

Il ressemble à la péninsule scandinave par sa forme générale, par la nature de ses roches anciennes, par la structure de sa côte occidentale qui est toute frangée de fiords, de péninsules, de petits archipels et d'îlots. A l'intérieur, sont des montagnes de 2 000 à 3 000 mètres d'élévation. Mais l'ensemble du pays, entouré de mers très froides, disparaît sous une épaisse carapace de glace, l'*inlandsis*, qui a tout recouvert, donnant au pays l'aspect d'un vaste plateau uniforme, d'une grande table glacée et neigeuse. Sans la pêche, on n'y pourrait vivre.

Le Groenland renferme 10 500 habitants, Esquimaux, Danois, métis d'Esquimaux et de Danois. Presque tous ces habitants se trouvent sur la côte du sud-ouest, qui est la moins froide. Les blancs sont négociants, administrateurs, missionnaires, maîtres d'école ; les Esquimaux, ou « dévoreurs de poissons crus », restés païens en dehors des établissements européens, vivent de la pêche et de la chasse des oiseaux pêcheurs. Les deux principales agglomérations sont *Christianshaab* et *Julianehaab*, sur la côte sud-ouest.

Le Groenland est, depuis 1725, placé sous la domination du Danemark.

---

1. Notions statistiques sur le Groenland :

Étendue totale	Env. 2 000 000	kil. carrés.
Territoire libre des glaces. .	88 100	—
Population (1905).	11 895	habitants.

La nature polaire. — Le climat des régions polaires est excessivement rude. A partir du 66ᵉ degré de latitude, il n'existe plus de succession régulière des jours et des nuits; le plus long jour d'été et la
plus longue nuit d'hiver dépassent 24 heures. Sous le 70ᵉ degré, il y
a une nuit continue de 60 jours; sous le 80ᵉ, il y en a une de
154 jours; au pôle même, le jour dure six mois sans interruption, de
mars à septembre; il est précédé et suivi d'un demi-crépuscule d'une
cinquantaine de jours environ: la nuit complète dure deux mois et
demi, interrompue seulement par les aurores boréales.

Cette longue nuit et le commencement du crépuscule suivant
marquent l'époque des froids extrêmes. Pendant des semaines entières, le thermomètre reste à — 20 degrés et souvent au-dessous. Un
voyageur, campé dans l'Amérique boréale, raconte que se lavant un
jour la figure devant un grand feu, par un froid de 56 degrés, il vit
sa barbe se hérisser de glace avant qu'il eût eu le temps de l'essuyer.
Avec le jour revient un peu de chaleur, mais elle n'est jamais forte en
raison de l'obliquité des rayons solaires. Les températures maxima de
juin et de juillet ne dépassent guère en moyenne 6 à 8 degrés. Dès le
mois d'août, il recommence à geler. Pendant ce court été, il se produit, d'ailleurs, de grandes variations de température causées par les
nuages, les brouillards et les vents violents qui se sont refroidis sur
les glaciers et les banquises.

L'Océan est vraiment *Glacial*. Très rares sont les points où, comme
sur le rivage norvégien, grâce à l'influence des courants tièdes, la mer
demeure exempte des glaces. Partout ailleurs les eaux sont gelées la
plus grande partie de l'année. Les fiords, les bords des rivages se prennent les premiers, puis la glace s'établit sur la haute mer et entoure
le pôle d'une barrière continue. De loin, sous leur uniforme blancheur,
ces champs glacés paraissent plats et unis, semblables aux intermi-
nables et monotones steppes de la Russie. En réalité, ils sont inégaux
et rugueux. Souvent, par suite d'un changement subit de température
ou sous l'effort des marées, ils se disloquent, se brisent en multiples
fragments de toute dimension; puis la gelée les ressoude et en reforme
une banquise nouvelle toute hérissée d'aspérités. Parfois la croûte de
glace ressemble à un véritable chaos; c'est un dédale d'escarpements,
de murailles obliques ou perpendiculaires, de terrasses horizontales
ou inclinées, de crêtes tranchantes ou de pointes aiguës, séparées par
des vallées et des gorges. Telles sont les *banquises*.

Avec l'été, les banquises se fendent, se divisent. De vastes plaines
glacées se mettent en mouvement, radeaux immenses qui flottent au
gré des vents: on en trouve de plusieurs centaines de kilomètres
carrés. En même temps flottent sur mer des *icebergs*, fragments déta-
chés de glaciers: ils ont 80, 100, parfois 150 mètres de haut, et quelquefois un volume de plusieurs milliards de mètres cubes : leur poids
les immerge profondément dans l'eau et la masse invisible a environ
huit ou dix fois l'élévation de la masse émergée. Quelques-uns, datant
de plusieurs saisons, sont crevassés par les dégels de l'été, minés par

les attaques de la mer, « évidés et percés à jour comme des clochers de cathédrales gothiques. » On les rencontre jusqu'au sud de Terre-Neuve, par 45 degrés de latitude.

La terre est aussi recouverte le plus souvent de glace. L'eau n'y

Paysage du pôle avec icebergs.

subsiste que rarement à l'état liquide ; les vapeurs de l'atmosphère, fournies par la mer, apportées de loin par les vents, se solidifient et tombent en flocons de neige qui s'accumulent, forment d'immenses dépôts et se congèlent peu à peu. Ni le littoral sibérien, ni la côte américaine, terres basses et plates, n'ont de neiges permanentes ni de glaciers; mais là où le sol s'élève, les neiges éternelles apparaissent, à 800 mètres vers le 60ᵉ degré, à 500 mètres sous le 70ᵉ. Le Spitzberg, dont les pics aigus atteignent 1400 mètres, est couvert de glaciers formant sur les côtes des murailles de 400 à 500 pieds d'élévation, de même la Novaïa-Zemlia et la Terre de François-Joseph.

La vie polaire. — On croirait la vie impossible en pareille froidure. Cependant, avec l'été, la neige fond et s'écoule en ruisseaux, en cascades. De tous côtés circule le murmure des eaux courantes; les oiseaux volent en tous sens, guillemots, canards eiders, hirondelles de mer; les morses et les phoques, en troupeaux sur les banquises, jouent et se prélassent au soleil; l'humble flore polaire sort de son long sommeil.

Triste *flore*, en somme. Le sol, qui ne dégèle qu'à la surface, ne porte ni forêts ni moissons; les arbres les plus chétifs ne dépassent pas le 70ᵉ degré; au delà ne poussent plus que deux espèces de saules nains, maigres buissons rampants. La flore polaire n'offre guère que de petites plantes bien humbles, appliquées contre le sol, groupées sur les talus exposés au soleil, blotties dans les fissures, abritées sous les pierres : renoncules, anémones, saxifrages, pavots, espèces naines qui réussissent à fleurir. Quelques-unes sont vivaces; les autres se hâtent pendant le court été polaire, germent, épanouissent leurs fleurs au soleil qui ne se couche plus, mûrissent leurs fruits en six semaines.

Et cependant, à une époque antérieure de l'histoire de la terre, quand des climats beaucoup plus chauds y régnaient, de grandes forêts couvrirent le sol de ces terres polaires. C'étaient des forêts de bouleaux, de sapins, de pins, de cyprès, d'arbres à feuilles caduques, de magnolias même. Les nombreux et riches dépôts houillers du Spitzberg, de l'Islande, du Groenland, de l'archipel Parry, de la côte sibérienne, sont là pour l'attester.

La *faune* est moins misérable. Les animaux, assez nombreux, appartiennent à des espèces peu variées. Sur terre, c'est l'ours blanc chasseur de phoques et redoutable pour les explorateurs; le renard, brun roux en été, blanc comme la neige en hiver; le lièvre, le bœuf musqué, le renne qui s'y trouve en troupeaux nombreux. Dans les eaux, vivent la baleine, le phoque, le morse, dont la chasse attire chaque année beaucoup de navires.

Des *hommes* réussissent même à vivre en ces régions désolées. Ils n'appartiennent pas à une seule race, mais la similitude des conditions de la vie en a fait des hommes presque semblables. Le sol se refusant à toute culture, la chasse et la pêche sont leurs seuls moyens d'existence. De là, nécessité d'une vie nomade, d'habitations temporaires qu'on emporte avec soi ou que l'on construit sur place en quelques instants: ni villes, ni organisation politique, ni société. Ces populations sont restées à l'état de peuplades, sans industrie, sans arts, sans liens sociaux, le plus souvent à l'état de familles éparses, campant en été sous des tentes, se cachant l'hiver dans des tanières souterraines, errant sans cesse à la poursuite d'une proie.

La plus répandue des races polaires est celle des *Esquimaux*, qui habite l'Amérique du Nord, l'archipel Parry, la côte occidentale du Groenland ; on les trouve jusqu'au 82e degré. Ce sont de petits hommes, à grosse tête, au visage large et aplati, aux pommettes saillantes, aux petits yeux noirs. Ils habitent, en été, des tentes formées de peaux cousues ensemble et soutenues par des perches ou des os de cétacés ; en hiver, des cabanes en terre et en pierres, à demi enfoncées dans le sol où l'on accède par un couloir percé sous la neige, dans lequel on chemine en se traînant sur les mains et les genoux.

Les autres habitants de la zone polaire sont les *Samoyèdes*, les *Tchouktches*, les *Koriaks* et les *Lapons*. Ils la parcourent incessamment, montés sur des traîneaux que tirent des rennes, ou sur des *kayaks*, canots primitifs, faits de peaux de phoque tendues sur une légère carcasse en os.

RÉSUMÉ

I. Exploration du pôle Nord. — On peut répartir en trois groupes les explorations nombreuses de la zone polaire boréale : 1° celles qui ont été faites à la recherche du passage du Nord-Ouest au nord de l'Amérique (Davis, Hudson, Baffin, John Franklin, Mac-Clure) : ce passage existe, Mac-Clure l'a découvert, mais il est toujours glacé, donc impraticable ; — 2° celles qui ont été faites à la recherche du passage du Nord-Est, au nord de l'Asie (Chancellor, Tchelionskine, Béring, Nordenskiöld) : ce passage existe aussi, comme l'a prouvé Nordenskiöld, mais il est impraticable, sauf exceptions ; — 3° celles qui ont eu le pôle pour objectif (Kane, Hayes, Hall, Nares et Markham, Lockwood et Brainard, Nansen) ; on n'a pas atteint le pôle ; Nansen s'est élevé jusqu'à 86°15', en 1895.

II. Terres polaires boréales. — Les principales terres polaires sont : 1° au nord de l'Europe, la Novaïa-Zemlia, le Spitzberg, la Terre de François-Joseph, l'île de Jean Mayen ; — 2° au nord de l'Asie, les îles sibériennes ; — 3° au nord de l'Amérique, la Terre Victoria et du Prince-Albert, la Terre de Banks, l'île Melville, la Terre de Baffin, le Groenland.

Le Groenland, quatre fois grand comme la France, est recouvert presque partout par une carapace de glace, l'*inlandsis* ; il n'est habitable que sur la côte du sud-ouest. Il a 10 000 habitants,

Esquimaux pour la plupart. Le Groenland appartient au Danemark depuis 1725. Principaux postes, Christianshaab et Julianehaab.

III. La nature polaire. — La nature polaire est glacée. Le climat est rude, s'abaissant jusqu'à — 20 degrés ou au delà, ne s'élevant guère au-dessus de 7 à 8 degrés. L'Océan glacé est couvert d'une banquise rugueuse, hérissée d'aspérités ; en été, il est sillonné d'icebergs qui flottent. Les terres ressemblent presque toute l'année à d'immenses glaciers. Aussi, triste flore, ni forêts, ni moissons, quelques espèces naines, saxifrages, anémones.... Faune : ours blancs, renards, bœufs musqués, rennes, baleines, phoques, morses.... De rares hommes restés à l'état primitif, Esquimaux, ou « dévoreurs de poissons crus », Samoyèdes.

2. — LE POLE SUD

Exploration du pôle Sud. — L'océan Glacial Antarctique n'est point, comme l'océan Glacial Arctique, une mer presque entièrement séparée des autres. C'est un océan immense, communiquant largement avec les océans Pacifique, Atlantique et Indien, dans lequel les continents semblent plonger ; au sud de leurs trois extrémités, cap Horn, cap de Bonne-Espérance et Tasmanie, l'océan Antarctique s'étend sans discontinuité sur un cercle de 25 500 kilomètres.

Entièrement inconnue des Anciens, la région antarctique le fut également des premiers navigateurs modernes. C'est en 1599 que, pour la première fois, un navire, le navire hollandais *Bonnes Nouvelles*, franchit le cercle polaire antarctique. Quelques terres australes furent aperçues au cours du xviie siècle. L'exploration sérieuse s'est faite surtout depuis la seconde moitié du xviiie siècle et au xixe.

Les principaux explorateurs sont : le Français *Kerguelen*, qui découvrit notamment l'île Kerguelen (1772) ; l'Anglais *Cook*, qui, de 1773 à 1775, croisa dans les parages du cercle polaire antarctique, reconnut de nombreuses terres, acquit la conviction que, s'il existait un grand continent austral, ainsi qu'on en avait la croyance, il n'avait pas l'étendue qu'on lui attribuait ; le Russe *Bellingshausen*, qui découvrit la Terre

Alexandre Ier (1819-1821) ; le Français *Dumont d'Urville*, qui, monté sur l'*Astrolabe* et la *Zélée*, reconnut successivement la Terre Louis-Philippe, la Terre Adélie et la Côte Clarie (1838-1839) ; enfin le capitaine anglais *James Ross*, qui,

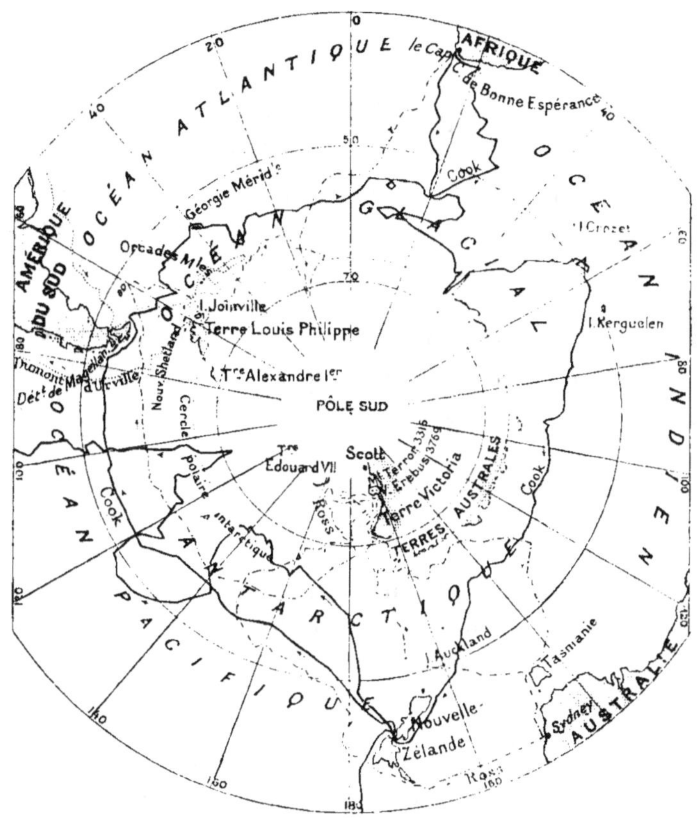

Pôle Sud et région polaire antarctique.

avec ses navires *Erebus* et *Terror*, atteignit 78°9′30″ de latitude (1839-1843).

Depuis lors ont eu lieu des expéditions nouvelles, notamment celles du « *Challenger* », de la « *Belgica* », du « *Gauss* » ; Scott avec « *la Discovery* » a atteint le point le plus approché du pôle Sud par 82°17′ de latitude. Alors qu'on est arrivé à 415 kilomètres du pôle Nord en ligne droite, on ne s'est pas approché à plus de 1515 kilomètres du pôle Sud.

Terres australes. — On croit qu'il existe une terre australe continue occupant la majeure partie de la zone polaire antarctique. Mais on n'en connaît que quelques points, îles, fragments de continents que dominent des montagnes dont quelques-unes sont des volcans.

On distingue trois groupes de terres australes :

1° Au sud de l'Amérique et de l'Atlantique, la *Terre Alexandre Ier*, la *Terre Graham*, la *Terre Louis-Philippe* avec le mont Haddington (2 148 m.), l'île *Joinville* et les *Shetland du Sud*, les *Orcades du Sud*, la *Géorgie du Sud* et les îles *Sandwich*.

2° Au sud de l'Afrique et de l'océan Indien, les îles *Marion*, *Crozet* et *Kerguelen*, ainsi que la *Terre d'Anderby*, qui présente un front de 455 kilomètres ;

3° Au sud de l'Australie et du Pacifique, la *Terre Termination* et la *Terre de Knox* ; la *Côte Clarie* et la *Terre Adélie* qui, d'après Dumont d'Urville, a des côtes montagneuses de 1 000 à 1 200 mètres et un front de 1 700 kilomètres depuis la baie Porpoise à l'ouest de la Côte Clarie ; les îles *Balleny*, dominées par un cône volcanique de 3 600 mètres d'élévation ; enfin, la *Terre Victoria*, qui se développe du nord au sud sur 1375 kilomètres et sur laquelle se dressent les deux volcans Erebus (3 765 m.) et Terror (3 316 m.) qui font partie du cercle de feu du Pacifique. À l'est de la Terre Victoria, s'étend une mer intérieure qui se prolonge fort avant vers le pôle ; c'est en y pénétrant que Ross s'est avancé un peu au delà du 78e degré.

La nature polaire antarctique. — D'une manière générale, le pôle Sud est plus froid que le pôle Nord. Par suite des conditions astronomiques actuelles de la terre, le pôle Sud a aujourd'hui pendant l'année environ 168 heures de nuit de plus que d'heures de jour, tandis qu'au pôle Nord, le nombre des heures de jour l'emporte de 168 sur celui des heures de nuit.

Il en résulte que la glace se forme en plus grande abondance au pôle Sud qu'au pôle Nord. Dans l'hémisphère austral, les glaces s'avancent en moyenne à 400 kilomètres plus près de l'équateur que dans l'hémisphère boréal. Leur limite moyenne passe vers 59 degrés au sud de l'Amérique, vers 45 degrés en face de l'Afrique, de 50 à 60 degrés dans l'océan Indien, à 63 degrés dans le Pacifique austral, au sud de la Nouvelle-Zélande. Les icebergs ont des dimensions plus considérables : Cook en vit qui se dressaient à plus de 100 mètres. Enfin, la banquise est bien plus compacte autour du pôle Sud qu'autour du pôle Nord ; sauf sur quelques points exceptionnels, on la rencontre dès le 62e ou 63e degré de latitude. C'est la grande étendue de ces glaces qui a empêché de s'approcher du pôle Sud autant que du pôle Nord.

Il est probable que sous les glaces du pôle antarctique il existe un vaste continent. On en donne même l'étendue, 661 000 kilomètres carrés : chiffre tout à fait arbitraire, puisque l'étendue des terres australes vers le sud est absolument inconnue.

Quoi qu'il en soit, les fragments de glaciers aperçus par les navigateurs témoignent de l'existence de hautes montagnes dans la direction du sud. En outre, les instruments de sonde ont rapporté du fond de la mer des fragments de granits, de schistes, de grès, de calcaires récemment brisés, et, sur quelques points isolés, les explorateurs ont vu ou cru distinguer à travers la brume les profils de grands monts glacés. « Je crois fermement, dit Cook dans son *Journal de Voyage*, qu'il y a près du pôle antarctique une étendue de terres où se forment la plupart des glaces répandues dans ce vaste océan méridional ; je crois que les glaces ne se prolongeraient pas si loin vers la mer de l'Inde et l'océan Atlantique, s'il n'y avait point au sud une terre, je veux dire une terre d'une étendue considérable. »

Ce qu'on sait avec certitude, c'est que les terres australes, quelle qu'en soit l'étendue, sont ensevelies dans des neiges et des glaces éternelles. Aucune n'est habitée.

RÉSUMÉ

I. Exploration du pôle Sud. — Commencée sérieusement au xviiie siècle (Kerguelen, Cook), abandonnée, puis reprise au xixe siècle par Bellingshausen, Dumont-d'Urville et James Ross, l'exploration du pôle Sud est beaucoup moins avancée que celle du pôle Nord.

II. Terres australes. — Le pôle Sud est plus froid que le pôle Nord : la limite moyenne des glaces flottantes s'y rapproche plus près de l'équateur, les icebergs sont plus considérables, la banquise plus compacte. On croit qu'il existe au pôle Sud un vaste continent dont on ne connaît que des fragments : 1° au sud de l'Amérique, Terres Graham et Louis-Philippe, archipels divers ; 2° au sud de l'océan Indien, Terre Kerguelen, Terre d'Enderby ; 5° au sud du Pacifique, Terre Adélie, îles Balleny, Terre Victoria, cette dernière volcanique (volcans Erebus et Terror). — Aucune terre polaire australe n'est habitée.

TROISIÈME PARTIE
L'AMÉRIQUE DU NORD

INTRODUCTION

LE CONTINENT AMÉRICAIN

Bornes, étendue. — L'Amérique, dont les Basques et les Norvégiens avaient certainement vu quelques points isolés vers le nord, n'est connue des Européens que depuis 1492, époque à laquelle Christophe Colomb y aborda. C'est pour cette raison qu'on l'appelle le *Nouveau Monde*.

L'Amérique s'étend principalement du nord au sud; elle se prolonge sur plus des quatre cinquièmes d'un méridien terrestre. Ses deux points extrêmes sont : au nord, la *pointe Barrow*, qui est située à 71 degrés de latitude Nord, ou mieux encore, le *Groenland*, qui dépasse le 85ᵉ degré; au sud, le *cap Horn*, situé à l'extrémité de la Terre de Feu, par 55 degrés de latitude Sud.

Le continent américain mesure une superficie de 41 millions de kilomètres carrés. Il est un peu moins étendu que l'Asie (44 millions et demi), plus vaste que l'Afrique (30 millions), quatre fois plus grand que l'Europe (10 millions).

Division. — Le continent américain est divisé en deux masses à peu près égales, qui sont reliées l'une à l'autre par une suite d'isthmes et d'archipels. Ce sont :

1° L'*Amérique du Nord*, bornée par l'océan Glacial Arctique, l'océan Atlantique et l'océan Pacifique ; en y comprenant le Groenland, les isthmes du centre et l'archipel des Antilles, elle mesure 25 millions de kilomètres carrés ;

2° L'*Amérique du Sud*, bornée par l'océan Pacifique, la mer des Antilles et l'océan Atlantique ; elle mesure 17 800 000 kilomètres carrés.

Les deux Amériques, très simples de contours, ont l'une et l'autre la forme de triangles dont la pointe est tournée vers le sud. Leur disposition dans le sens du nord au sud contraste avec celle de l'Europe et de l'Asie qui s'étendent principalement dans le sens de l'ouest à l'est.

I. — DESCRIPTION GENERALE DE L'AMÉRIQUE DU NORD.

Bornes, étendue. — L'Amérique du Nord est située tout entière dans l'hémisphère boréal. Sa masse continentale va du 71ᵉ au 10ᵉ degré de latitude.

Ses bornes sont : à l'ouest, l'*océan Pacifique* ; au nord, l'*océan Glacial Arctique* ; à l'est, l'*océan Atlantique* ; au sud-est, le *golfe du Mexique* et la *mer des Antilles*.

Sa superficie est de 25 millions de kilomètres carrés.

Relief. — Le relief de l'Amérique du Nord présente une extrême simplicité de disposition. Il comprend trois parties :

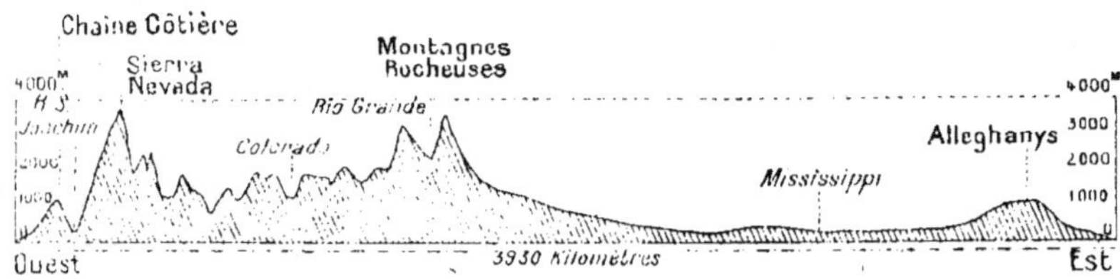

Coupe transversale de l'Amérique du Nord.

à l'ouest, le long du Pacifique une région de hautes montagnes et de plateaux ; à l'est, le long de l'Atlantique, une région de montagnes moyennes ; au centre, une région de vastes plaines allant de l'océan Glacial au golfe du Mexique.

Relief des deux Amériques.

1º La *région montagneuse de l'ouest* comprend des montagnes qui se prolongent sans interruption du détroit de Béring jusqu'aux isthmes de l'Amérique centrale. Elle comprend : les **Montagnes Rocheuses,** avec le Mont *Mac-Kinley* (6 235 m.), le mont *Logan* et le *Saint-Élie*, au nord, le mont *Brown* et le pic *Blanca*, au centre; la **Sierra Nevada**, avec le mont *Whitney*.

Ces montagnes enserrent de hauts plateaux, dont les principaux sont : le **plateau du Grand-Bassin** et le **plateau du Colorado**, au centre; le **plateau du Mexique**, au sud, dominé par le *Popocatepetl* et le *Citlaltepetl* ou *pic d'Orizaba*, hauts volcans de plus de 5 000 mètres d'altitude. D'autres volcans, dont le plus important est le *Fuego*, se dressent dans les isthmes de l'Amérique centrale.

2º La *région montagneuse de l'est* comprend les **Laurentides**, ou collines avoisinant le Saint-Laurent, et les **monts Appalaches** ou **Alleghanys**, formés de longues rangées parallèles aux pentes douces : leur point culminant, le *Black-Dome*, atteint seulement 2 044 mètres d'altitude.

3º La *plaine centrale* est basse, peu ondulée. Dans les parties les plus déprimées se sont amassés des lacs immenses, dont les cinq plus importants sont ceux où s'alimente le fleuve Saint-Laurent : *lac Supérieur*, lacs *Michigan, Huron, Érié, Ontario*. Quelques collines parsèment cette plaine; mais, en certains endroits, elle est si plate que les eaux hésitent sur la direction à suivre : à la saison des pluies, certaines rivières se déversent à la fois dans les lacs, c'est-à-dire dans le Saint-Laurent, et dans le Mississippi.

Climat. — Le climat de l'Amérique du Nord est très varié en raison de l'étendue de ce continent et de sa disposition du nord au sud. Le nord touche aux glaces polaires; le sud est situé dans la zone tropicale.

Dans l'ensemble, le climat de l'Amérique du Nord est plus extrême que celui des pays d'Europe qui lui font face, parce que les vents y soufflent surtout de la terre au lieu de souffler surtout de la mer comme en Europe. Ce climat est en outre plus froid à latitude égale, parce que l'Amérique est longée à l'est par des courants froids, tandis que l'Europe l'est par des courants chauds.

En résumé, l'Amérique du Nord a un climat continental. Les hivers sont très rigoureux : New-York a la même température moyenne d'été qu'Alger et la même température moyenne d'hiver qu'Édimbourg. Chaque année, les neiges couvrent le sol de longs mois à Saint-Louis et à Washington, sous la même latitude que Lisbonne, Messine et Smyrne, où la neige est presque inconnue.

Une seule région de l'Amérique du Nord jouit d'un climat tempéré : c'est la côte du Pacifique qui est exposée aux vents de mer et baignée par des courants marins tièdes.

Hydrographie. — L'abondance des pluies et l'étendue des plaines de l'Amérique du Nord font que cette partie du

Mississippi   5.000 Kilomètres
Mackenzie 4.600 Kil.
St Laurent 3.500 Kil.
Columbia 2.100 Kil.
Fraser 1.250 Kil.
Hudson 500 Kil
Loire 1000 Kil.

Longueurs comparées des fleuves de l'Amérique du Nord.

monde est arrosée par des fleuves volumineux, longs, ramifiés, très navigables. Ces fleuves se répartissent entre quatre versants : de l'océan Pacifique, de l'océan Glacial, de l'océan Atlantique, du golfe du Mexique.

1° Le **versant du Pacifique** ne compte que quatre grands cours d'eau, qui serpentent au fond des crevasses des plateaux ou coulent au milieu de pays presque déserts. Ce sont le *Rio Colorado*, qui traverse le plateau du même nom; le *Rio Sacramento*, qui coule au pied de la Sierra Nevada; le *Rio Columbia* ou *Oregon*, et le *Fraser*, qui descendent par des gorges sauvages, ou dalles, des Montagnes Rocheuses.

2° Le **versant de l'océan Glacial** possède deux fleuves importants, le *Youkon* et le *Mackenzie* : tous deux sont longs, principalement le dernier; mais ils coulent sous le cercle polaire, sont glacés la majeure partie de l'année, et traversent des pays déserts.

3° Le *versant de l'océan Atlantique*, beaucoup plus important, renferme de nombreux fleuves, dont les principaux sont, du nord au sud : le *Saint-Laurent*, le *Hudson*, le *Delaware* et le *Potomac*.

Le **Saint-Laurent** est un fleuve de premier ordre; il déverse les cinq grands lacs canadiens, a un cours large et profond, roule beaucoup d'eau, et se termine en face de l'île de Terre-Neuve par un estuaire large de 150 kilomètres.

Les autres fleuves de ce versant ne sont comparables au Saint-Laurent ni pour la longueur ni pour le volume des eaux. Ils n'en égalent pas moins nos fleuves de France.

4° Le *versant du golfe du Mexique* est le plus important de tous. Il ne comprend qu'un fleuve notable, le *Mississippi*, mais ce fleuve a un bassin de plus de 5 millions de kilomètres carrés (la septième partie de l'Amérique du Nord) et c'est un des principaux cours d'eau du globe.

Le **Mississippi** naît à peu de distance du lac Supérieur; il coule du nord au sud, à travers la plaine centrale de l'Amérique du Nord, et se termine par un delta qui ne cesse de s'accroître. Il reçoit : à droite, le *Missouri*, qui vient des Rocheuses et est à la fois beaucoup plus long et plus volumineux que lui, et l'*Arkansas*; à gauche, l'*Ohio*, qui reçoit une partie des eaux des Alleghanys.

Côtes. — L'Amérique du Nord est baignée par trois mers qui sont : l'océan *Pacifique*, l'océan *Glacial Arctique*, l'océan *Atlantique*.

1° L'*océan Pacifique* baigne l'Amérique du Nord à l'ouest, depuis l'isthme de Panama jusqu'au détroit de Béring. La côte, bordée de montagnes sur toute cette longueur, est rocheuse; elle n'offre pas de golfes mordant profondément le continent, mais elle a de nombreuses découpures.

On y remarque : au nord, la *presqu'île d'Alaska*, les îles *Aléoutiennes*, l'*archipel du prince de Galles*, l'*archipel de la Reine-Charlotte* et l'*île Vancouver*; au centre, la *baie de San*

Francisco; au sud, le *golfe de Californie*, ou *mer Vermeille*, fermé par la presqu'île de Californie.

2° L'**océan Glacial Arctique** baigne le côté septentrional de l'Amérique du Nord, depuis le détroit de Béring jusqu'à la péninsule du Labrador. Il entoure un grand nombre d'îles perpétuellement glacées; lui-même est perpétuellement chargé de glaçons épais qui obstruent les passages.

Les principales îles sont : la *Terre de Banks*, la *Terre Victoria*, la *Terre de Baffin* et le *Groenland*; il forme la *baie de Hudson*, qui a deux fois l'étendue de la France et reste dégagée de glaces pendant quelques semaines à peine chaque année.

Le **détroit de Béring**, qui fait communiquer l'océan Glacial avec le Pacifique, en séparant l'Asie de l'Amérique, mesure une largeur de 92 kilomètres. Il est chaque hiver recouvert de glace. L'Amérique y forme le cap du Prince de Galles.

3° L'**océan Atlantique** baigne l'Amérique du Nord à l'est, depuis la péninsule du Labrador jusqu'à l'isthme de Panama. Il forme deux grands golfes qui entaillent profondément le continent américain : ce sont le *golfe du Mexique* et la *mer des Antilles*. La côte est rocheuse et assez découpée au nord et au sud; elle est alluviale au centre.

Les points remarquables de la côte sont : le *golfe du Saint-Laurent*, l'île de *Terre-Neuve* et la presqu'île de *Nouvelle-Ecosse*; au centre, la baie *Delaware*, la baie *Chesapeake*, le cap *Hatteras*, la *presqu'île de Floride*, avec le cap Sable; au sud, la *presqu'île de Yucatan* et l'archipel des *Antilles*.

L'océan Atlantique reçoit du pôle des glaces flottantes qui descendent parfois jusque vers la baie Delaware, tandis que les eaux chaudes du golfe du Mexique s'écoulent parallèlement à la côte vers le nord-est. La rencontre de ces courants de température si différente produit des brouillards épais, surtout vers l'île de Terre-Neuve.

Ressources diverses. — L'Amérique du Nord possède les ressources les plus variées et les plus abondantes :

1° Les **ressources végétales** sont abondantes. A l'exception de la zone septentrionale qui est glacée et où l'homme ne trouve comme objet de commerce que les peaux des animaux à fourrures, l'Amérique du Nord n'a presque pas de terres infertiles. La *zone centrale*, du 55e au 55e degré a des bois, des prairies, des champs de céréales; la vigne y apparaît vers le sud. La *zone méridionale* convient aux cultures tropicales, coton, canne à sucre, cacao, café; les fonds humides sont couverts de forêts profondes et vivaces.

2° La *faune* offre d'abondantes ressources. L'Amérique du Nord possède presque tous les animaux de l'Europe qui y ont été introduits et ont pris la place des animaux indigènes, tel le bison, aujourd'hui disparu. Les principaux animaux qui lui sont particuliers sont le castor et l'ours, qui se trouvent dans la région de l'océan Glacial.

Les mers abondent en poissons. On trouve la baleine dans les mers septentrionales; les morues pullulent sur les bancs de Terre-Neuve.

3° Les **ressources minérales** sont considérables. Les principales régions métallifères sont : la *région montagneuse de l'ouest*, depuis l'Alaska et la vallée du Klondyke, jusqu'à la Californie et à l'Amérique centrale; et la *région des Appalaches*, principalement le versant occidental de ces montagnes, au sud des Grands Lacs.

La première de ces deux régions est plus spécialement riche en métaux précieux (or et argent); la seconde recèle surtout des combustibles et des minerais utiles à l'industrie (houille, pétrole, fer, cuivre, plomb).

Peuplement et population. — L'Amérique du Nord a été découverte par les Européens, à la fin du xve siècle.

Elle était alors peuplée par une race particulière d'hommes à peau cuivrée, qu'on surnomma les *Indiens Peaux-Rouges*. Beaucoup menaient une vie nomade, à moitié sauvage. Mais, sur certains points, notamment sur le plateau du Mexique, cette race indigène était parvenue à un degré de civilisation remarquable. Elle a été décimée cruellement par les premiers conquérants européens, mais elle a survécu et a contribué à former, en plusieurs contrées, le fond de la population.

L'Amérique découverte, les Européens y vinrent, peu nombreux d'abord, puis, à partir du XIXᵉ siècle surtout, en grand nombre. Tous les pays d'Europe ont fourni plus ou moins leur contingent à cette immigration, deux en particulier : les *Anglais*, qui l'emportent dans le nord (Canada et États-Unis), où ils ont fait prévaloir leur langue et où domine le protestantisme, sauf le long du bas Saint-Laurent où les Français forment une noyau important; les *Espagnols*, qui l'emportent dans le sud (Mexique, Amérique centrale, Antilles) où dominent la langue espagnole et le catholicisme.

En outre, l'Amérique du Nord comprend des *nègres*, ame-

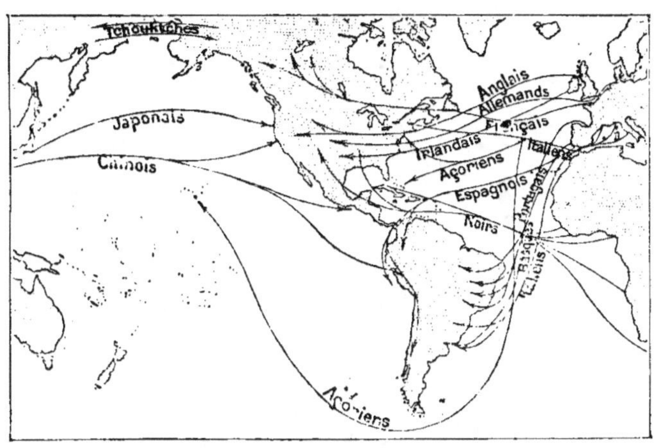

L'immigration en Amérique.

nés d'Afrique par les colons européens pour travailler le sol, et des *Chinois*, d'ailleurs assez peu nombreux.

La population de l'Amérique du Nord s'élève aujourd'hui à 105 millions d'habitants, de 4 à 5 en moyenne par kilomètre carré. Cette population s'accroît aujourd'hui rapidement par une immigration annuelle de plus de un demi-million d'hommes. Elle est d'ailleurs très inégalement répartie : la majeure partie de ces habitants résident dans la région comprise au sud des Grands Lacs Canadiens, entre le Mississippi et l'océan Atlantique; toute la zone septentrionale est à peu près déserte; les hautes terres de l'ouest le sont également, à l'exception de la partie méridionale du plateau du Mexique.

La population de l'Amérique du Nord se décompose ainsi suivant la race :

Blancs.	85 millions.
Nègres	9 —
Peaux-Rouges	10 —
Chinois	0,2 —

Partage politique. — Les Européens ont colonisé toute l'Amérique du Nord, mais la plupart des colonies qu'ils y

Principales langues parlées dans l'Amérique du Nord.

avaient formées se sont successivement affranchies : les États-Unis en 1783, Haïti et Saint-Domingue sous la Révolution française, le Mexique et l'Amérique centrale de 1810 à 1830, Cuba en 1898.

Les principaux États de l'Amérique du Nord sont :
  1° Pays indépendants :

États-Unis . . .	76 388 000 hab.	cap.	Washington.
Mexique	13 605 000 —	—	Mexico.
Guatemala . . .	1 574 000 —	—	Guatemala.
San Salvador. .	1 006 000 —	—	San Salvador.
Honduras . . .	650 000 —	—	Tegucigalpa.
Nicaragua . . .	500 000 —	—	Léon.
Costa-Rica . . .	316 000 —	—	San José.
Panama . .	285 000 —	—	Panama.
Haïti	1 210 900 —	—	Port-au-Prince.
Saint-Domingue.	417 000 —	—	Saint-Domingue
Cuba	1 572 000 —	—	La Havane.

  2° Pays dépendants et colonies européennes :

Dominion canadien	5 371 009 hab	à l'Angleterre.
Antilles anglaises	1 604 000 —	Jamaïque, Petites-Antilles.
Possessions françaises . .	412 000 —	Guadeloupe, Martinique.
Dépendances des États-Unis.	1 004 000 —	Porto-Rico.
Groenland.	10 000 —	au Danemark.

RÉSUMÉ

I. Le continent américain. — Étendu surtout du nord au sud, le continent américain a 41 millions de kilomètres carrés d'étendue ; il comprend deux masses triangulaires juxtaposées, l'Amérique du Nord et l'Amérique du Sud, réunies par une suite d'isthmes et l'archipel des Antilles.

II. L'Amérique du Nord : étendue, relief. — L'Amérique du Nord a 23 millions de kilomètres carrés d'étendue. Elle comprend trois parties très différentes par le relief : 1° une zone de hautes montagnes à l'ouest, Rocheuses (mont Mac-Kinley, 6 255 m.), Sierra Nevada ; hauts plateaux du Colorado et du Mexique, celui-ci dominé par les volcans du Popocatepetl et de l'Orizaba ; 2° une zone de montagnes moyennes à l'est, Laurentides et Alleghanys ; 3° une vaste plaine centrale, semée de grands lacs (Supérieur, Michigan, Huron, Érié, Ontario).

III. Climat. — L'Amérique du Nord a une zone glacée, une zone tempérée, une zone tropicale. D'une manière générale, son climat est plus continental et plus froid, à latitude égale, que celui de l'Europe. La côte du Pacifique a seule un climat maritime, tempéré.

IV. Hydrographie. — Quatre versants : 1° du Pacifique, Colorado, Columbia, Fraser, torrents; 2° de l'océan Glacial, Youkon et Mackenzie, longs fleuves glacés; 3° de l'Atlantique, grand fleuve du Saint-Laurent, fleuves moindres de l'Hudson, de la Delaware, du Potomac; 4° du golfe du Mexique, immense fleuve du Mississippi, avec ses affluents Missouri et Ohio.

V. Côtes. — L'Amérique du Nord est baignée par trois mers : 1° par le Pacifique, côte rocheuse, golfe de Californie, baie de San Francisco, péninsule d'Alaska; 2° par l'océan Glacial, mer et rivages glacés, Terre de Banks, Terre de Baffin, Groenland, baie de Hudson; à l'ouest, détroit de Bering; 3° par l'Atlantique, côte rocheuse au nord et au sud, alluviale au centre, golfe du Saint-Laurent et Terre-Neuve, presqu'île de Floride, golfe du Mexique, archipel et mer des Antilles.

VI. Ressources diverses. — L'Amérique du Nord a : 1° des ressources végétales abondantes, sauf dans le nord qui est glacé; prairies, céréales, vignes, au centre; cultures tropicales, coton, canne à sucre, cacao, café, au sud; 2° une faune nombreuse, animaux à fourrures, animaux domestiques d'origine européenne, baleines, morues; 3° de très abondantes ressources minérales, houille et pétrole, métaux précieux, minerais utiles à l'industrie.

VII. Population et partage politique. — L'Amérique du Nord compte 105 millions d'habitants, 4 à 5 par kilomètre carré, Indiens Peaux-Rouges, Nègres, Chinois, Blancs (Anglais, Espagnols, Français); les Anglo-Saxons dominent au nord (groupe franco-canadien du Saint-Laurent), les Espagnols au sud.

Sont encore soumis à des peuples européens, le Groenland, le Dominion canadien, une partie des Antilles. Sont indépendants, les États-Unis, le Mexique, les États de l'Amérique centrale, Haïti, Saint-Domingue et Cuba.

2. — LE DOMINION CANADIEN.

Bornes, étendue. — Le Dominion canadien, ou Puissance du Canada, occupe tout le nord du continent américain, à l'exception du territoire d'Alaska, qui appartient aux État-Unis.

Ses bornes sont : à l'ouest, l'*océan Pacifique* et le *territoire d'Alaska* ; au nord, l'*océan Glacial Arctique* ; à l'est, l'*océan Atlantique* ; au sud, les *États-Unis*.

Sa superficie s'élève à 8 800 000 kilomètres carrés, soit 16 fois l'étendue de la France et 28 fois celle des Iles Britanniques. Le Dominion canadien a les 88/100e de l'étendue de l'Europe.

GÉOGRAPHIE PHYSIQUE

Relief. — Le relief canadien rappelle celui de toute l'Amérique du Nord. Il comprend trois parties bien distinctes : à l'ouest, une région de hautes montagnes, le long du Pacifique ; à l'est, une région de montagnes moyennes, le long de l'Atlantique ; au centre, une région de plaines inclinées vers l'océan Glacial.

1° La ***région montagneuse de l'ouest***, ou Colombie Britannique, est formée de nombreux soulèvements parallèles, orientés du sud au nord parallèlement à l'océan Pacifique. Ces soulèvements sont composés presque en entier de roches anciennes, et séparés les uns des autres par des vallées étroites qui sont jalonnées de lacs et de fiords.

On peut distinguer deux chaines principales qui sont, de l'intérieur vers la mer :

Les **Montagnes Rocheuses**, ou *Rocky Mountains*, encore peu connues au nord, et dominées au sud par les monts *Brown* et *Hooker*, qui s'élèvent à près de 5 000 mètres. De grands glaciers les couvrent. De nombreuses brèches permettent de les franchir, entre autres le passage du « Cheval qui rue », suivi par le transcontinental canadien ;

Les **Monts des Cascades**, dont les sommets déchiquetés dépassent 2 500 mètres et portent des glaciers.

En outre, une chaine, en partie immergée, forme les îles Vancouver et de la Reine-Charlotte ; elle atteint 2 280 mètres au *Victoria Peak*. dans Vancouver.

2° La *région montagneuse de l'est* est beaucoup
moins importante. Le principal soulèvement est formé par les
Laurentides, ou collines du Saint-Laurent, sur la rive gauche
duquel elles s'élèvent. Elles atteignent 1 200 mètres dans
leur partie septentrionale, mais leur hauteur ordinaire ne
dépasse guère 400 à 500 mètres.

3° La *grande plaine du centre* s'étend largement
entre les Montagnes Rocheuses et les Laurentides, depuis

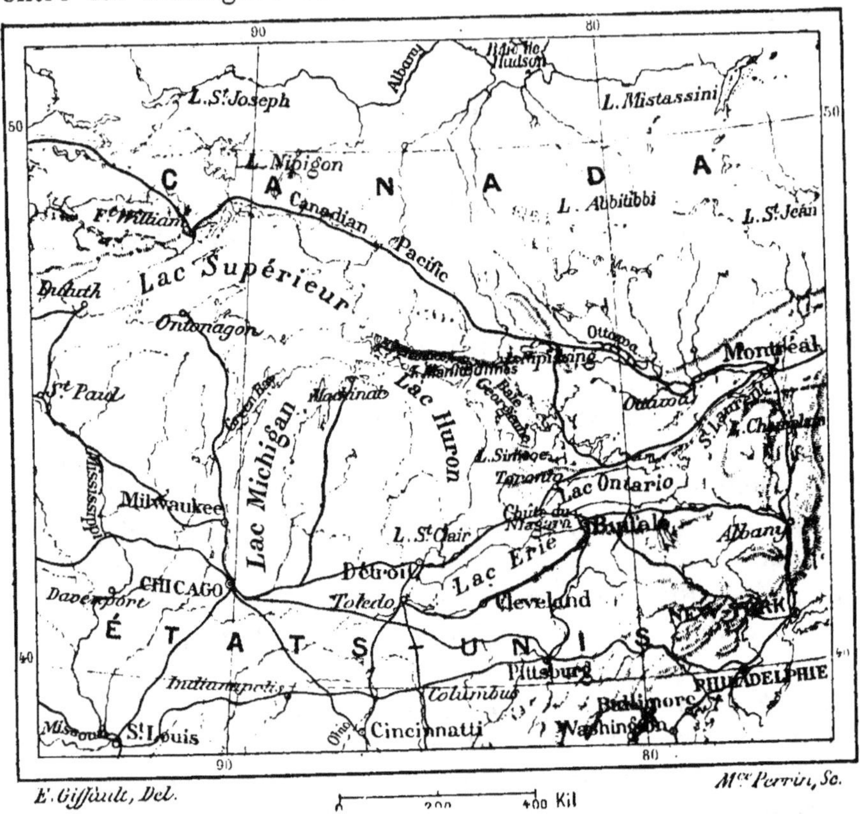

La région des grands lacs canadiens.

l'océan Glacial jusqu'à la région des grands lacs où le Saint-
Laurent prend sa source. L'altitude de cette plaine ne dépasse guère 200 mètres en moyenne. Elle est creusée de
cavités nombreuses où dorment des lacs, des étangs, des
mares, qui ont sans doute remplacé d'anciens glaciers.

Les principaux de ces lacs sont les cinq grands lacs où s'alimente le Saint-Laurent, savoir : le *lac Supérieur*, qui est situé à 183 mètres d'altitude, dépasse par endroits 200 mètres de profondeur et, avec ses 85 000 kilomètres carrés de superficie, est le bassin d'eau douce le plus étendu de la terre entière ; il égale la sixième partie de la France ; le lac *Huron* et le lac *Michigan*, moins vastes, mais plus profonds que le lac Supérieur ; le lac *Érié*, qui a 20 000 kilomètres carrés, et qui s'écoule, par la cataracte du *Niagara*, dans le lac *Ontario*, presque aussi étendu.

Comme lacs moins vastes, on peut citer le *Grand Lac de l'Ours*, le *Grand Lac des Esclaves*, le lac *Athabasca*, les lacs *Manitoba*, *Winnipegosis* et *Winnipeg*. Ces lacs présentent presque tous une forme très allongée. Tous convergent, d'une manière remarquable, vers la baie de Hudson.

Climat. — Le Canada est situé entre les 42e et 71e degrés de latitude, c'est-à-dire sous la latitude de l'Europe occi-

Isothermes de janvier.

Isothermes de juillet.

Le climat canadien.

dentale depuis les Pyrénées jusqu'au nord de la Norvège. Mais son climat diffère beaucoup de ceux de la France, de l'Angleterre et de la Norvège. Dans son ensemble, le Canada est un pays à climat extrême.

Le nord est la grande région du froid. Pendant sept, huit, neuf mois de l'année, la neige recouvre le sol et la température reste inférieure au point de glace, ce qui ne dure que trois ou quatre mois en Norvège. On y a constaté des froids de — 55 degrés ; en 1858, le Grand Lac des Esclaves resta gelé durant dix mois.

Au sud, dans la région du Saint-Laurent et des grands lacs, le thermomètre ne descend pas aussi bas. Toutefois, alors qu'en France on n'a jamais vu, par les hivers les plus exceptionnels, des froids de — 50 degrés, on a constaté à Montréal, au mois de janvier 1859, la température de — 41°,7, et à Québec, sous la latitude de Tours, le Saint-Laurent reste gelé en moyenne quatre mois de l'année.

Les étés, par contre, sont chauds, presque brûlants. Même au delà du cercle polaire, la chaleur monte à plus de 50 degrés, température accablante pour les indigènes, qui passent alors leurs journées à dormir. Les saisons intermé-

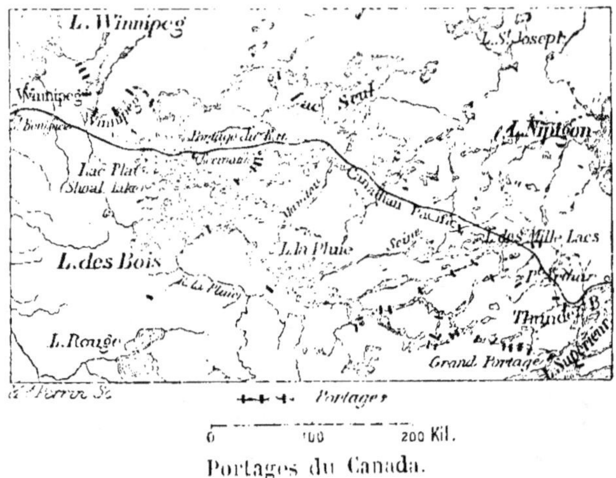

Portages du Canada.

diaires sont naturellement peu marquées ; après le long hiver, la vie fait une explosion subite dans les forêts, et l'hiver succède presque aussi brusquement à un automne court.

Une seule région canadienne jouit d'un climat maritime : c'est la Colombie Britannique à l'ouest. Du Pacifique voisin lui arrivent des pluies abondantes qui tempèrent son climat et le rendent assez semblable à celui de l'Angleterre, avec des hivers un peu plus froids et plus longs, avec des étés plus chauds et plus courts.

Hydrographie. — Le Canada a de nombreux cours d'eau. Le relief étant assez peu marqué en général, ces cours d'eau sont larges, assez profonds, souvent coupés de lacs, interrompus parfois par des rapides ou des cascades. Comme ils sont nombreux et peu éloignés les uns des autres, ils permettent de traverser aisément tout le pays, en transportant les bateaux à travers des *portages* courts et facilement surmontables. Les rigueurs d'un climat polaire rendent inutiles ces avantages pendant une partie de l'année.

Les cours d'eau canadiens se partagent entre trois versants : de l'océan Glacial, du Pacique, de l'Atlantique.

1° Le **versant de l'océan Glacial** comprend le fleuve **Mackenzie,** long de 4600 kilomètres. Il est formé par la

Sur le Fraser.

réunion de l'*Athabaska* et de la *rivière de la Paix*, traverse le Grand Lac des Esclaves, coule vers le nord en se grossissant de nombreux affluents, et se termine par un vaste delta, au sud du 70e degré de latitude. Ce grand fleuve traverse des solitudes et est le plus souvent glacé.

Ce versant comprend encore la *rivière Churchill* et la *rivière Nelson*, tributaires de la baie de Hudson.

2° Le **versant de l'océan Pacifique** comprend le *Fraser*

et la *Columbia*, dont le cours inférieur et l'embouchure appartiennent aux États-Unis.

Ces deux rivières traversent les monts de la Colombie Britannique ; ils y coulent au fond de grandes cluses, ou *dalles*, souvent coupés de cataractes et de rapides. Ils ne deviennent navigables qu'aux abords de la côte.

3° Le **versant de l'océan Atlantique** ne comprend qu'un fleuve, le Saint-Laurent, le principal du Canada.

Le **Saint-Laurent**, déverse les cinq grands lacs Supérieur, Michigan, Huron, Érié, Ontario ; il passe de l'un à l'autre par des déversoirs assez étroits, où il est coupé de rapides et de chutes : la *cascade du Niagara*, haute de 49 mètres, en est la principale. Sorti du lac Ontario, le Saint-Laurent coule au nord-est, tantôt largement épandu autour d'îles charmantes, tantôt subitement contracté et formant des « saults » ou rapides. En aval de Québec, le Saint-Laurent s'élargit et l'estuaire commence ; il a 1500 mètres de largeur en face de Québec, 25 kilomètres après le confluent du Saguenay, 150 kilomètres à son embouchure où il embrasse la grande île d'Anticosti, longue de 250 kilomètres et vaste de 700000 hectares.

Il reçoit . à gauche, l'*Ottawa*, qui sort d'un archipel de lacs, et le *Saguenay*, qui vient du lac Saint-Jean ; à droite, le *Richelieu*, qui vient du lac Champlain.

Le Saint-Laurent a 3500 kilomètres environ de longueur ; il est accessible aux gros navires de mer jusqu'à Montréal, à 1825 kilomètres de l'océan Atlantique. Par malheur, les glaces interrompent sa navigation de novembre à mai.

Côtes. — Le Canada a des côtes sur trois mers, océan Pacifique, océan Glacial, océan Atlantique.

1° La **côte de l'océan Pacifique** est rocheuse, entaillée de découpures et de fiords, analogue à la côte de Norvège. Des archipels s'allongent en face d'elle.

Les principaux archipels sont l'*île Vancouver* et les *îles de la Reine-Charlotte* ; les principaux détroits sont le *détroit de Géorgie*, le *détroit de la Reine-Charlotte*, le *détroit de Vancouver* et le *canal de Portland*.

Cette côte pittoresque se prête admirablement au développement de la vie maritime.

2° La **côte de l'océan Glacial** est très découpée. En face, sont toutes les îles polaires, depuis la Terre de Banks jusqu'à la Terre de Baffin. Sur le rivage lui-même sont la *baie du Mackenzie*, le *golfe Coronation*, la *presqu'île de Boothia Félix* et la *presqu'île de Melville*, enfin la *baie de Hudson*, fermée à l'est par la *presqu'île du Labrador*. Toute cette côte reste gelée pendant la majeure partie de l'année.

La **baie de Hudson** est grande deux fois et demie comme la France, mais sa profondeur est faible ; un exhaussement de 100 mètres ferait surgir au-dessus des flots la majeure partie du fond, en particulier la *baie James*, qui en forme le prolongement au sud-est. C'est au nord seulement qu'on trouve des fonds de 200 à 500 mètres.

3° La **côte de l'océan Atlantique** est également très découpée. On y trouve la *presqu'île du Labrador* ; les îles de *Terre-Neuve*, d'*Anticosti*, de la *Madeleine*, du *Prince-Édouard* et du *Cap-Breton*, qui ferment presque complètement le golfe du Saint-Laurent ; enfin la *presqu'île de la Nouvelle-Écosse*, presque séparée du continent à l'ouest par la *baie de Fundy*, où la marée atteint une hauteur plus grande qu'en aucun autre point du globe. Le *détroit de Belle-Isle* sépare Terre-Neuve du continent.

Cette côte est rongée par les flots ; les presqu'îles et les îles qu'on y rencontre étaient sans doute jadis réunies ensemble et ne formaient qu'une seule terre avec le continent américain. Les assauts répétés de la mer ont creusé les étroits chenaux qui séparent ces îles les unes des autres et du continent. C'est ainsi que des golfes, comme la baie de Fundy, s'enfoncent fort avant dans l'intérieur des terres, formant les amorces de détroits futurs ; la presqu'île d'Avalon, qui termine Terre-Neuve à l'est, ne lui est plus rattachée que par un isthme très étroit.

Ressources diverses. — Le Canada possède des ressources végétales et des ressources minérales.

1º Les **ressources végétales** sont très variées, comme il est naturel, étant donnée la diversité du climat.

On peut y distinguer plusieurs zones : la *partie méridionale*, voisine des Grands Lacs et du Saint-Laurent, qui a la même végétation que la France du Sud-Ouest, vignes, arbres fruitiers, céréales, prairies; — la *partie centrale*, qui s'étend jusqu'un peu au delà du 60º degré de latitude, et qui produit des céréales, mais surtout des forêts au nord du 50º degré; — la *région du Grand-Nord*, au delà du 60º degré, où l'on ne trouve guère que de vastes plaines couvertes de neiges et de glaces pendant la moitié ou les deux tiers de l'année, de mousses et de lichens pendant l'été.

2º Les **ressources minérales**, encore très incomplètement reconnues, sont très abondantes, surtout dans les montagnes de l'ouest et dans celles de l'est. On y trouve l'*or*, tout à l'est dans la Nouvelle-Écosse et tout à l'ouest dans la Colombie Britannique, ainsi que, au nord-ouest, sur les bords du Youkon, où se trouvent les gisements du Klondyke qui ont fourni des pépites d'or pur pesant 22^{kg},5 et valant 70 000 francs; la *houille*, dans la Nouvelle-Écosse, le Nouveau-Brunswick et la Colombie Britannique; le *cuivre*, le *pétrole*, le *sel*, etc.

Par l'étendue et l'abondance de ses mines, le Canada semble être un des pays du monde les mieux partagés au point de vue minier.

GÉOGRAPHIE POLITIQUE ET ÉCONOMIQUE

Histoire de la puissance canadienne. — Le Canada a été découvert et colonisé par des Français. Jacques Cartier le découvrit sous François Ier, en 1535; Champlain commença à le coloniser sous Henri IV, en 1608. Cette colonisation se développa uniquement le long des rives du bas Saint-Laurent, où furent bâties Québec et Montréal, et sur la rive méridionale du golfe où se jette ce grand fleuve. Le Canada resta français jusqu'au milieu du xvııı^e siècle.

Pendant la guerre de Sept Ans (1756-1763), les colons anglais de la Nouvelle-Angleterre (États-Unis de l'Atlantique) profitèrent de la guerre entre la France et l'Angleterre, et de l'indifférence du gouvernement de Louis XV. pour enlever le Canada à la France, malgré l'héroïque défense de Montcalm. Le traité de Paris (1763) plaça le Canada sous la domination britannique, et la colonisation britannique commença par l'établissement de nombreux colons anglais sur les rives du haut Saint-Laurent, et en particulier dans la presqu'île en forme de lance que délimitent les lacs Huron, Érié et Ontario.

Après 1815, la colonisation en grand commença : le Canada fut envahi par une avalanche d'immigrants anglais, écossais, irlandais, allemands, etc.; ce courant, évidemment beaucoup moins puissant que celui-ci qui aboutit aux États-Unis, ne s'est du moins jamais ralenti, et c'est ainsi que peu à peu le Canada s'est peuplé. Mais l'ancien élément français n'a pas pour cela disparu, et continue à se développer. Après avoir complété le peuplement des pays du Saint-Laurent, les nouveaux venus se sont portés insensiblement plus à l'ouest; ils ont gagné la large dépression du lac Winnipeg; puis les Montagnes Rocheuses, et enfin les rivages du Pacifique. Ainsi s'est constituée la *Puissance du Canada*, ou le *Dominion canadien*, comme disent les Anglais.

Gouvernement du Dominion canadien. — Au point de vue politique, le Dominion canadien forme une confédération qui s'est constituée peu à peu.

Il y a eu quatre étapes successives dans la formation : 1° en 1867, le *Bas-Canada* (aujourd'hui province de Québec), le *Haut-Canada* (aujourd'hui province d'Ontario), le *Nouveau-Brunswick* et la *Nouvelle-Écosse*, se sont unis en une confédération appelée Dominion du Canada; — 2° en 1870, la confédération s'est accrue des territoires de la Compagnie de la baie de Hudson, dans lesquels se sont découpés l'État de *Manitoba*, les districts provisoires d'Assiniboïa, d'Alberta et de Saskatchewan, ainsi que les territoires inorganisés d'Athabasca, du Nord-Ouest, de Keewatin, du Nord-Est; — 3° en 1871, a été absorbée la *Colombie Britannique*, par delà les Montagnes Rocheuses; — 4° en 1873, la confédération a été accrue par l'adjonction de l'*île du Prince-Édouard*, qui vint s'agréger à elle. Seule l'île de Terre-Neuve reste encore en dehors du Dominion.

La Puissance du Canada comprend donc aujourd'hui : *sept provinces*, île du Prince-Édouard, Nouvelle-Écosse, Nouveau-Brunswick, Québec, Ontario, Manitoba, Colombie Britannique; — *trois territoires organisés*, Assiniboïa, Alberta, Saskatchewan; — *un territoire incomplètement organisé*, Athabasca : — *plusieurs territoires vagues*, Nord-Ouest, Nord-Est, Keewatin, Labrador oriental, territoires plus ou moins voués à la solitude.

Chaque province possède un parlement provincial, ayant à sa tête, émanant de lui, un ministère qui possède la puissance réelle.

La confédération est gouvernée par un *parlement fédéral*, qui siège à Ottawa et comprend un Sénat et une Chambre des députés. Le Sénat se compose de 78 membres, nommés à vie par le gouverneur général en conseil, c'est-à-dire en réalité par le ministère issu de la représentation nationale, dont le gouverneur n'est que le prête-nom. La Chambre des députés comprend environ 210 députés nommés par les comtés, les villes, les quartiers de grandes cités; le nombre des députés se règle, après chaque recensement, d'après le principe fondamental que la province de Québec envoie 65 mandataires à la Chambre; chaque État nomme autant de députés que le lui permet la comparaison de son chiffre d'habitants avec celui de la vieille province française. On se sert à sa guise, dans le parlement, de l'anglais et du français qui sont tous deux langues officielles.

La suzeraineté de l'Angleterre est affirmée par un gouverneur général qui a le droit de veto, mais qui ne l'exerce jamais. C'est un personnage essentiellement décoratif, choisi parmi ceux des lords anglais qui parlent le mieux notre langue; il ouvre et ferme les sessions du Parlement par un discours français et par un discours anglais. Le pouvoir réel appartient au ministère nommé par le parlement.

Si peu gênante que soit cette tutelle de l'Angleterre, elle déplaît à un certain nombre de Canadiens qui forment un parti américain et engagent leur pays à se rattacher aux États-Unis.

Populations.

1º Le Canada a, comme l'Angleterre et comme les colonies britanniques, des *recensements réguliers* tous les dix ans. Dans l'intervalle, il est fait à la fin de chaque année une évaluation de la population d'après les statistiques sur les naissances et les décès, l'immigration et l'émigration.

Le recensement de 1901 a dénombré 5 371 000 habitants (recensement de 1891, 4 855 000 hab.).

2° La population canadienne s'accroît, mais lentement ; son accroissement n'a rien de proprement américain : il serait d'environ 10 pour 100 tous les dix ans.

Cet accroissement est dû surtout à l'excédent des naissances sur les décès. On compte au Canada environ 27 naissances pour 14 décès. L'immigration donne chaque année au Canada 40 000 à 60 000 habitants nouveaux : par contre, chaque année, un assez grand nombre de Canadiens quittent le Canada pour aller s'établir aux États-Unis.

3° La *densité* de la population considérée comme répandue également dans tout le pays est inférieure à 1 habitant par kilomètre carré, ce qui est très peu. Mais une grande partie du Dominion canadien est déserte ; les neuf dixièmes environ des Canadiens résident dans la petite région allant des Grands Lacs à l'océan Atlantique le long des rives du Saint-Laurent.

Voici comment se répartit la population canadienne entre les diverses provinces du Dominion canadien :

Ile du Prince-Édouard.	5 180 k. c.	103 000 h.	20 h. par k. c.
Nouvelle-Écosse	53 220 —	459 000 —	8 —
Nouveau-Brunswick . .	72 780 —	331 000 —	4 —
Province de Québec . .	589 200 —	1 649 000 —	3 —
Ontario.	568 870 —	2 185 000 —	4 —
Manitoba.	165 924 —	255 000 —	1.4 —
Colombie Britannique .	990 100 —	178 000 —	0.1 —
Territoires divers . . .	6 522 450 —	211 000 —	— —

4° Les habitants du Dominion canadien appartiennent à quatre grandes races qui sont : les *Esquimaux*, très peu nombreux, qui vivent sur les bords de l'océan Glacial, ainsi que dans les iles et terres voisines de la côte, depuis la frontière de l'Alaska jusqu'à l'extrémité orientale du Labrador ; — les *Indiens*, très peu nombreux également, au nombre d'environ 125 000, qui vivent dans les Montagnes Rocheuses et dans les plaines glacées qui occupent le nord et le centre du Dominion canadien ; — les *Franco-Canadiens* (près de 2 millions), descendants des Français qui, avec Cartier, découvrirent le fleuve Saint-Laurent, sous François Ier, et commencèrent la colonisation du pays; on les trouve surtout dans la province de Québec; — les *Anglais* (un

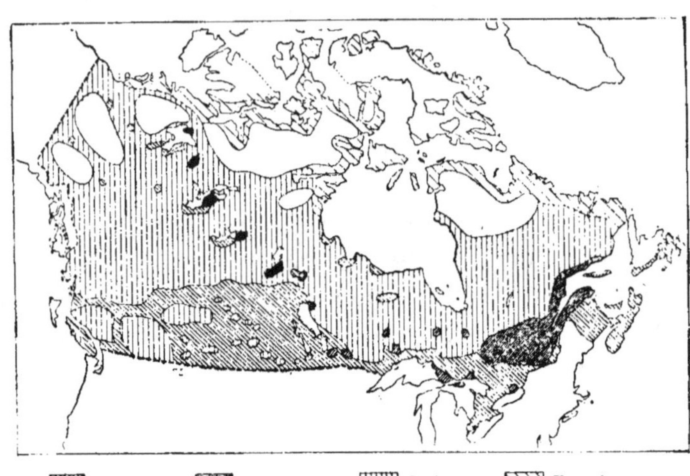

Populations du Canada.

peu plus de 5 millions), possesseurs actuels du pays depuis le milieu du xviiie siècle.

Les Franco-Canadiens sont catholiques; les Anglais du Canada sont presque tous protestants (méthodistes, presbytériens, anglicans, baptistes); les Indiens et les Esquimaux sont pour la plupart païens.

Les habitants du Canada. — En laissant de côté les Esquimaux, race polaire, la population du Dominion canadien comprend principalement trois groupes d'habitants, *Indiens*, *Anglais* et *Franco-Canadiens*.

Les **Indiens** sont les anciens habitants de la contrée; ils forment de nombreuses tribus, dont les plus connues sont les *Iroquois*, les *Hurons*, les *Algonquins*, les *Abénaquis*, les *Chippéouais*, les *Otaouais*. Ils ont bien diminué depuis l'arrivée des Européens, puisque leur nombre ne dépasse pas aujourd'hui 126 000, et tous sont plus ou moins *Bois-Brûlés*, c'est-à-dire mélangés de sang européen.

On les trouve surtout dans les solitudes du Grand Nord et dans la contrée des Rocheuses, où les Européens n'ont encore pénétré qu'en petit nombre.

Ils vivent de la chasse et de la pêche. Ce sont des guerriers habiles

à suivre la piste, d'une force incroyable d'endurance; ils sont à moitié
nus sous des cieux abominablement froids; leur corps, qui résiste à la
faim et aux rigueurs du climat, semble d'acier. Mais le contact des
Européens leur a été funeste; la petite vérole les décime cruellement,
et, plus encore que cette maladie, la ceinture de lois dont on les em-
prisonne chaque jour. Il leur faut la chasse, la pêche, la liberté
absolue; la vie stationnaire les tue, et ils sont réduits à battre chaque

Un village d'Indiens au Canada.

jour en retraite vers le pôle, devant l'envahissement des « Visages
Pâles ».

Les **Anglais** comprennent tous les éléments germaniques établis
au Canada, des Anglais, en grande majorité, des Écossais, des Irlandais, des Allemands. Presque tous sont protestants et leur langue ha-
bituelle est l'anglais ou le devient après quelques années de séjour
dans la Puissance.

Ils dominent dans la grande presqu'île du nord-est canadien, au sud
du Saint-Laurent, dans la région des Lacs; chaque jour ils s'infiltrent
un peu plus loin vers le Far-West de la Colombie Britannique et des
pays du Pacifique.

Les **Franco-Canadiens** sont les descendants d'anciens colons français. Ce sont les Français qui ont découvert le Canada avec le Breton
Jacques Cartier, en 1535; ce sont eux qui ont commencé à le coloniser
sérieusement avec le Saintongeois Champlain. Les colons furent
malheureusement trop peu nombreux; il n'en vint qu'environ 10 000

de 1608 à 1759, Percherons, Normands, Parisiens, Bretons, Poitevins surtout et Saintongeois; peu soutenus par la mère patrie, ils avaient crû jusqu'au nombre de 65 000 quand, en 1759, les Anglais mirent la main sur cette belle colonie.

En cessant d'être rattachés à la France, les colons canadiens devaient rester Français dans le pays qu'ils avaient nommé Nouvelle-France. Leur puissante vitalité a résisté à tous les efforts d'assimilation et d'absorption. Race rustique, préférant au commerce la culture, le défrichement, le bûcheronnage, ils se sont raidis contre la langue anglaise, la religion et les mœurs d'Angleterre; ils sont restés catholiques et toujours Français, obéissant loyalement à l'Angleterre, mais applaudissant à nos succès, compatissant à nos malheurs, parlant notre langage, nous témoignant toujours la plus chaude sympathie.

Peuple vivace, aux familles de dix, douze, quinze enfants, les Franco-Canadiens, presque entièrement resserrés il y a cinquante ans entre Québec et Montréal, ont repris, sans recul désormais possible, tout le Bas-Canada, ont franchi l'Ottawa, conquis des comtés jadis anglophones sur la rive droite de cette rivière, envahi par des colonies agricoles les terres rudes et boisées du nord de l'Ontario et assis les fondements d'une autre jeune France dans les prairies orientales du Manitoba. Et même, pour son malheur, par une émigration de tous les jours, cette race a stérilisé et stérilise encore dans les usines des États-Unis, ou disséminé dans les défrichements du Far-West des États-Unis, un tel nombre de familles qu'on évalue à un million et plus le nombre des Franco-Canadiens établis aux États-Unis. Une partie de ceux-là seront perdus, dans un avenir plus ou moins prochain, pour la race dont ils se sont imprudemment égarés. D'autres se retrouvent, se groupent et prétendent envahir graduellement le nord-est des États-Unis. *Jean-Baptiste*, tel est le surnom qu'en Amérique on donne aux Franco-Canadiens, tient une belle place au soleil dans la grande puissance du nord de l'Amérique septentrionale.

État actuel et villes[1]. — On peut distinguer, dans le Dominion canadien, la *région de l'Atlantique*, le *Bas-Canada*, le *Haut-Canada*, la *région centrale*, la *région du Pacifique*, enfin le *Grand-Nord*.

1° La **région de l'Atlantique** comprend toute la région située au sud du golfe du Saint-Laurent, qui fut colonisée autrefois par les Français sous le nom d'*Acadie*. On y trouve

---

1. Villes de plus de 20 000 habitants en 1901 :

Montréal.	267 000 hab.	Hamilton .	52 000 hab.	London. .	58 000 hab.
Toronto .	208 000 —	Winnipeg.	45 000 —	Vancouver	26 000 —
Québec .	69 000 —	Halifax. .	41 000 —	Victoria .	21 000 —
Ottawa .	60 000 —	St-Johns .	40 000 —		

la Nouvelle-Écosse, presque séparée du continent par la baie de Fundy, l'île du Cap-Breton, l'île du Prince-Édouard et le Nouveau-Brunswick.

Les deux villes principales, sont : *Halifax*, port, point de départ sur l'Atlantique du chemin de fer Transcontinental canadien (Canadian Pacific); *Charlottetown*, dans l'île du Prince-Édouard.

2° Le **Bas-Canada**, ou *Canada français*, comprend les rives inférieures du Saint-Laurent. Le climat y est rude, mais sain. Les forêts, avec la culture des céréales, en constituent la principale richesse. Les habitants en sont d'origine française, et les villages rappellent ceux de Bretagne ou de Normandie.

Les deux villes principales sont : **Québec**, chef-lieu de la province, ville toute française, bâtie sur la rive gauche du Saint-Laurent ; **Montréal**, également française et sur le Saint-Laurent ; elle est bâtie sur plusieurs îles du fleuve, près du confluent de l'Ottawa ; les navires de mer peuvent y remonter ; elle est le centre du commerce canadien, et ne cesse de croître (50 000 hab. de 1891 à 1901).

3° Le **Haut-Canada**, ou *Ontario*, est la région la plus tiède de tout le Dominion. Le climat, tempéré par le voisinage des grands lacs, est presque aussi doux que celui de la France ; les cultures sont à peu près celles de nos régions du sud-ouest, céréales, arbres fruitiers, vignes. La région favorisée par excellence est la presqu'île qui se prolonge entre les grands lacs Huron, Érié et Ontario. Les Anglo-Saxons y dominent.

Les principales villes sont : **Toronto** et **Hamilton**, bâties sur le fond du lac Ontario ; **Ottawa**, sur la rivière du même nom, capitale fédérale, résidence du gouvernement fédéral.

4° La **région centrale** commence à peine à s'ouvrir à la colonisation. Plusieurs zones de végétation s'y développent du nord au sud : d'abord la zone des forêts d'arbres verts, pins, sapins, bouleaux, mélèzes ; puis, la zone des forêts d'arbres à feuilles caduques, chênes, ormes, frênes, hêtres ; enfin, la zone des pâturages et des cultures de céréales et de blé. Les pâturages sont étendus surtout vers l'ouest, dans l'Athabasca, l'Alberta, l'Assiniboïa et la Saskatchewan. Au centre, les terres du Manitoba, formées de terres d'alluvion, sont très favorables à la culture des céréales. Le sol est naturellement fécond ; si l'hiver est froid, l'été est très chaud ; les neiges hivernales elles-mêmes

Une forêt de la Colombie britannique.

contribuent à donner à la terre une force de production plus grande ; le sous-sol, gelé dans les profondeurs, se dégèle en effet avec une lenteur extrême pendant l'été, et l'humidité qu'il contient, remontant graduellement à la surface, tient lieu des pluies qui parfois seraient insuffisantes. Les *blizzards*, vents froids qui soufflent du pôle, sont le principal obstacle à la culture.

Cette région se peuple à peine ; le nombre des habitants est encore très faible, et l'on ne compte que très peu de villes. La principale est *Winnipeg*, capitale du Manitoba.

5° La **région du Pacifique**, ou *Colombie Britannique*, est une région montagneuse, humide, à climat égal et doux. Elle a pour richesse ses pâturages, ses immenses forêts d'arbres gigantesques dont quelques-uns atteignent jusqu'à 100 mètres, et ses mines nombreuses. C'est, en outre, la façade du Canada sur le Pacifique. Sa population s'accroît relativement vite, mais elle est encore très faible.

Les deux principales villes sont : *Victoria*, capitale de la province, dans l'île Vancouver, et *Vancouver*, sur le continent, port où aboutit le Transcanadien.

6° Le **Grand-Nord**, au delà du 62ᵉ ou 65ᵉ degré de latitude, ressemble à la Sibérie. Le climat y est terrible ; l'hiver y a des rigueurs polaires. On y retrouve, sur un millier de kilomètres, la toundra sibérienne avec ses blocs erratiques couverts d'un peu de mousse, et des semblants d'arbustes au fond des vallons : c'est la région des *barren grounds*, ou terres stériles. Les seules ressources sont la chasse et la pêche dans les rivières poissonneuses.

Le Grand-Nord n'a qu'un très petit nombre d'habitants, Indiens fuyant devant l'invasion des Blancs, Esquimaux. Aucune ville ne s'y est établie sauf une ; aucun groupe important d'hommes n'y subsiste. On trouve seulement çà et là quelques forts, comptoirs, factoreries, où les trappeurs, les chasseurs de fourrures viennent se ravitailler et déposer le produi de leurs expéditions. La ville unique est *Dawson-City*, au centre des gisements aurifères du Klondyke.

Terre-Neuve. — L'île de Terre-Neuve ne fait pas partie de la confédération canadienne à laquelle sa situation la rattache. C'est une vaste terre de 110 000 kilomètres carrés de superficie, égale en étendue à 17 ou 18 départements français, le cinquième de la France. Le détroit de Belle-Isle la sépare du Canada.

Elle est située, au sud, sous la latitude de la Vendée, au nord, sous celle du Pays de Galles, deux pays tempérés. Mais le climat de l'Amérique est bien plus rigoureux, à latitudes égales, que celui de l'Europe. Terre-Neuve est une grande terre froide, entourée de brouillards et de glaces flottantes. Le pays est pauvre. Sa grande industrie est la pêche de la morue qui se fait sur les bancs de Terre-Neuve, principalement à l'ouest et au sud; les principaux de ces bancs, où

0   100   200 Kil.

Terre-Neuve.

les poissons sont si nombreux que la mer semble « vivante », sont : le Banc de Saint-Pierre, le Banc à Vert, le Grand Banc.

Terre-Neuve renferme 216 000 habitants, soit 2 par kilomètre carré ; un tiers environ est d'origine française ; beaucoup de noms de caps, de baies, de villes et de bourgs sont français. La principale ville est *Saint-Jean* ou *Saint John's*, sur la côte orientale, dans la presqu'île d'Avalon.

Au sud de Terre-Neuve, la France possède les îlots de

Saint-Pierre et de *Miquelon* qui servent de points d'attache aux navires des pêcheurs normands, bretons, flamands, qui viennent chaque été pêcher la morue dans ces parages.

Géographie économique. — Le Dominion du Canada est un pays nouveau, né d'hier à la civilisation, mais il se développe rapidement.

1° Les **voies de communication** sont nombreuses : ce sont, d'abord, le *Saint-Laurent*, que les gros navires remontent jusqu'aux Grands Lacs, grâce à la construction de quelques canaux qui ont permis de doubler les chutes et les

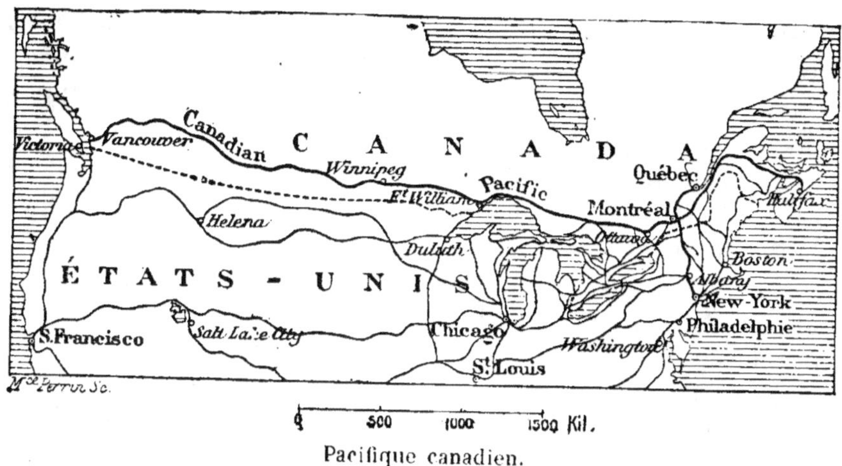

Pacifique canadien.

rapides ; — puis de nombreuses rivières, séparées les unes des autres par de courts portages, et permettant d'aller d'une extrémité à l'autre du pays ; — enfin, des voies ferrées, dont le réseau est déjà relativement serré dans la partie orientale du Canada. Au 30 novembre 1902, la longueur des chemins de fer en exploitation dans le Canada était de 30 120 kilomètres.

La voie ferrée la plus importante est le *Canadian Pacific* ou *Transcanadien*, qui est en exploitation depuis 1887. Elle traverse tout le Dominion de l'est à l'ouest, part d'Halifax sur l'Atlantique, dessert Québec, Montréal, Ottawa, la côte septentrionale du lac Supérieur, Winnipeg, et aboutit à Vancouver, sur le Pacifique; sa longueur est de 4952 kilomètres. C'est, avec le Transsibérien, la route la plus courte d'Europe au Japon; elle permet de se rendre en 21 jours de Liverpool à Yokohama.

2° Le Canada compte encore peu d'industries, comme la plupart des pays nouveaux, mais l'agriculture y est puissante. Les céréales y réussissent, les prairies nourrissent des bestiaux qui s'exportent en Europe et alimentent un grand commerce de viandes, de lait, de beurres, de fromages; les forêts constituent une ressource importante.

Le commerce, qui progresse d'année en année, et s'élève actuellement à 1994 millions de francs, indique la nature des ressources du Canada [1]. Les *principaux articles importés* sont les objets en fer, les lainages, les sucres, les étoffes en coton, les soieries, les nouveautés, c'est-à-dire des objets fabriqués. Les *principaux articles exportés* sont les bois, les céréales, le fromage, le minerai d'or, des viandes conservées, des animaux, des poissons, du beurre, c'est-à-dire principalement des produits agricoles.

Les quatre cinquièmes environ du commerce extérieur du Canada se font avec les États-Unis et avec l'Angleterre. Le commerce de la France avec le Canada est insignifiant.

3° En résumé, le Canada est un pays de ressource. Il a fallu l'ignorance géographique de nos pères du xviiie siècle pour considérer comme « quelques arpents de neiges » ce beau pays, capable de doubler et tripler la France.

1. Principaux articles de commerce en 1901-1902 (en francs).

Importation.		Exportation.	
Objets en fer . . .	120 560 000 fr.	Bois	159 425 000 fr.
Houille.	69 205 000 —	Céréales . .	139 620 000 —
Lainages	54 735 000 —	Fromage . .	98 430 000 —
Sucre.	43 730 000 —	Minerai d'or.	98 340 000 —
Étoffes de coton. .	56 965 000 —	Viande . . .	74 610 000 —
Articles chimiques.	28 105 000 —	Animaux . .	68 695 000 —
Soieries	20 920 000 —	Beurre . . .	28 505 000 —

RÉSUMÉ

I. Étendue. — Le Dominion canadien, ou Puissance du Canada, occupe presque tout le nord du continent américain : superficie 8 800 000 kilomètres carrés, 16 fois l'étendue de la France.

II. Montagnes et fleuves. — Le relief comprend : 1° à l'ouest, une région montagneuse avec les Montagnes Rocheuses et les monts des Cascades ; 2° à l'est, les Laurentides ou collines du Saint-Laurent ; 3° au centre, une vaste plaine où sont de nombreux lacs, en particulier les cinq grands lacs Supérieur, Michigan, Huron, Érié, Ontario.

Dans l'ensemble, le climat est continental (hivers très rigoureux, étés courts, mais chauds), sauf dans la Colombie Britannique, où il est maritime.

Les fleuves se partagent entre trois versants : de l'océan Glacial, Mackenzie ; du Pacifique, Fraser et Columbia ; de l'Atlantique, Saint-Laurent : ce fleuve, long de 3 500 kilomètres, déverse les grands lacs canadiens, se termine par un vaste estuaire, et forme une admirable voie de pénétration pour le commerce.

Ces fleuves aboutissent : à l'océan Pacifique, côte rocheuse, très découpée (îles Vancouver et de la Reine-Charlotte) ; à l'océan Glacial, côte découpée (presqu'île de Boothia Félix, baie de Hudson, presqu'île du Labrador) ; à l'océan Atlantique (îles de Terre-Neuve, du Prince-Edouard, du Cap-Breton, presqu'île de la Nouvelle-Écosse et baie de Fundy).

III. Ressources. — Le Canada a : 1° des ressources végétales, forêts, céréales, prairies au centre ; céréales, vignes, arbres fruitiers au sud ; — 2° des ressources minérales incomplètement reconnues, mais paraissant abondantes dans les montagnes de l'ouest et de l'est (or, houille, cuivre, pétrole, etc.).

IV. Géographie politique. — Découvert et colonisé par les Français, le Canada appartient à l'Angleterre depuis 1763. Il se compose de sept provinces et d'un certain nombre de territoires plus ou moins organisés. C'est une confédération sous la suzeraineté à peu près nominale de l'Angleterre.

Population : 5 371 000 habitants ; accroissement continu mais lent ; densité très faible, mais presque tous les habitants sont distribués sur les deux rives du Saint-Laurent et sur le rivage de l'Atlantique; le centre, la région des Rocheuses et le Grand-Nord sont presque déserts. Les habitants du Canada sont des Esquimaux et des Indiens (peu nombreux), des Franco-Canadiens, catholiques et parlant français (environ 2 millions), et des Anglais (environ 5 millions).

V. **Villes.** — Les principales villes sont : dans la région de l'Atlantique, Halifax; dans le Canada français, Québec et Montréal; dans le Canada anglais, Toronto et Ottawa; dans le centre, Winnipeg; dans la région du Pacifique, Vancouver. — L'île de Terre-Neuve ne fait pas partie du Dominion canadien, mais appartient à l'Angleterre. La France possède Saint-Pierre et Miquelon, près de Terre-Neuve.

VI. **Géographie économique.** — Le Canada, qui compte 50 000 kilomètres de voies ferrées (Canadian Pacific, 4 952 kil., d'Halifax à Vancouver), possède peu d'industries, mais il a une agriculture florissante (céréales, bois, viandes, animaux, beurre et fromage); les produits de l'agriculture alimentent un commerce extérieur assez florissant qui se fait presque exclusivement avec les États-Unis et l'Angleterre.

3. — LES ÉTATS-UNIS D'AMÉRIQUE.

Bornes, étendue. — Les États-Unis d'Amérique occupent toute la partie centrale du continent nord-américain, de l'un à l'autre océan.

Leurs bornes sont : à l'ouest, l'*océan Pacifique*; au nord, le *Dominion canadien*; à l'est, l'*océan Atlantique*; au sud,

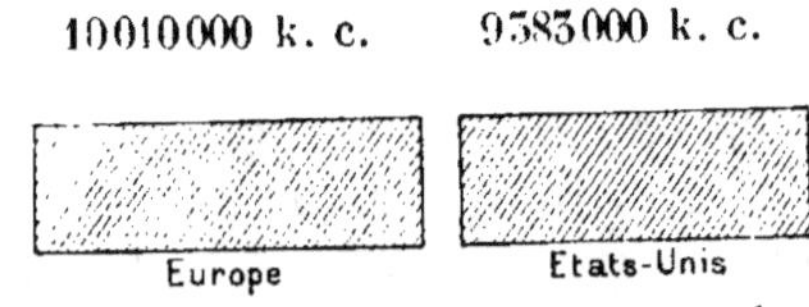

Superficie comparée de l'Europe et des États-Unis.

le *golfe du Mexique* et le *Mexique*. Ils se trouvent ainsi compris entre le 26ᵉ et le 49ᵉ degré de latitude Nord; autrement dit, le sud des États-Unis est situé sous la latitude du Maroc, et le nord sous celle de Paris. Leur superficie est de 7 836 000 kilomètres carrés, soit 14 fois celle de la France.

Dans cette délimitation n'est point compris le *territoire d'Alaska*, acheté en 1867 à la Russie, situé à l'extrémité nord-ouest du continent américain et vaste de 1 530 000 kilomètres carrés. Le territoire d'Alaska porte la superficie totale de la Confédération des États-Unis à 9 383 000 kilomètres carrés, soit à près de la moitié de l'étendue de l'Amérique du Nord (17 fois la France, presque autant que l'Europe entière).

GÉOGRAPHIE PHYSIQUE

Relief. — Les États-Unis se composent d'une vaste plaine bornée à l'ouest et à l'est entre deux systèmes montagneux de très inégale importance. Leur relief comprend donc trois parties : à l'ouest, une région de hautes montagnes le long du Pacifique; à l'est, une région de montagnes moyennes le long de l'Atlantique : au centre, une région de plaines allant des grands lacs canadiens au golfe du Mexique.

1° La *région montagneuse de l'ouest* est constituée par un piédestal de roches cristallines, d'une altitude moyenne de 1 700 mètres, que dominent d'immenses soulèvements nord-sud, et que creusent quelques plaines ou bassins fermés. La largeur de cet amas de hautes terres atteint jusqu'à 1 500 kilomètres au centre vers le Grand Lac Salé.

Cinq soulèvements principaux sillonnent cette région montagneuse. Ce sont, de l'est à l'ouest : les **Montagnes Rocheuses**, infléchies en un vaste arc de cercle et portant comme sommets principaux le *Grand Teton* et le *Pic Frémont*, au nord, le *Long Peak*, le *mont Harvard* et le *Pic Blanca* (4 409 m.), au sud; de nombreuses brèches creusées par le Missouri, ses affluents et d'autres rivières, facilitent les communications d'un côté à l'autre de ce grand mur presque partout fort élevé; — les **Monts Wahsatch**, qui dépassent 4 000 mètres; — la **Sierra Nevada**, large et épaisse chaine de granit, couverte de neige et dominée par le *Mont Whitney*, haut de 4540 mètres; — la **Chaîne des Cascades**, qui semble prolonger vers le nord la Sierra Navada; d'origine volcanique, elle a pour principaux sommets d'anciens volcans ou des volcans encore actifs; les plus hautes cimes sont le *Mont Shasta*, le *Mont Jefferson* (4725 m.), le *Mont Reinier* et le *Mont Baker* : ce dernier a eu plusieurs éruptions pendant le XIXe siècle; — la **Coast Range**, petite chaîne côtière dont le pied plonge dans le Pacifique.

Les principales dépressions comprises entre ces divers soulèvements sont : tout au nord, le *plateau de la Columbia*, recouvert de basaltes et de laves; — au centre, entre les monts Wahsatch, la chaîne des Cascades et la Sierra-Nevada, le *Grand Bassin*, avec le Grand Lac Salé, les lacs du bassin de Humboldt et la dépression du Death-Valley, ou Vallée de la Mort, qui s'abaisse jusqu'à 67 mètres au-dessous du niveau de la mer; — au sud, le *plateau du Colorado*, plateau calcaire à travers lequel les eaux ont scié verticalement un cañon long de près de 500 kilomètres, large parfois de 50 mètres à peine, et profond de 1200 à 1800 mètres.

2° La *région montagneuse de l'est* est formée par le *système appalachien*, qui a 2000 kilomètres de long sur une largeur variant de 200 à 300 kilomètres. Elle se compose de plusieurs fragments secondaires, différents de direction, de forme et de relief.

Un groupe septentrional comprend les **White Mountains**, les **Green Mountains** et le massif des **Adirondack**. Ces montagnes anciennes, formées de roches imperméables, n'ont nulle part 2000 mètres; elles renferment une infinité de flaques d'eau, marais et tourbières; les lacs y sont si nombreux que les paysans y voyagent généralement en barques, qu'ils chargent sur leurs épaules pour passer d'une vallée à l'autre.

Plus au sud, s'élèvent les **Alleghanys**, montagnes calcaires, offrant la même composition calcaire et la même disposition que le Jura français. Le point culminant est le *Black Dome* (2044 m.), situé tout au sud de la chaîne. Les eaux ont creusé dans ces roches perméables des cavités sou-

Geyser dans le Parc National.

terraines, dont la plus fameuse est la *Caverne du Mammouth*, qui compte 225 couloirs ayant 240 kilomètres de développement total.

3° La **plaine centrale**, comprise entre les Montagnes Rocheuses et les Alleghanys, ne mesure pas moins de 1 500 kilomètres de diamètre moyen en tous sens. Sur une très grande partie de son étendue, l'horizontalité du sol est complète.

Les principaux accidents secondaires qui en rompent l'uniformité sont : au nord-ouest, le *Coteau des Prairies* et le *Coteau du Missouri* ; à l'ouest, les *Black Hills* et les *monts Ozark* ; au sud-ouest, le *plateau du Texas*, vaste étendue d'une altitude de 970 à 1 450 mètres, adossée aux Rocheuses, et si uniforme que les premiers voyageurs, craignant de s'y perdre, y érigèrent des jalons de distance en distance pour indiquer la direction à suivre entre les flaques d'eau, les puits, les lieux herbeux : de là le nom de *llano estacado*, c'est-à-dire plaine jalonnée, sous lequel on désigne généralement le plateau du Texas.

Le relief du Far-West des États-Unis. — La région montagneuse qui couvre l'ouest des États-Unis, et qui, avant l'établissement des chemins de fer, paraissait si éloignée qu'on l'avait appelée *Far-West*, ou ouest lointain, est une des régions les plus pittoresques qu'il y ait au monde. On y trouve les aspects les plus différents.

Dans les Rocheuses, la plupart des montagnes dessinent de grands cirques intérieurs. Le plus remarquable est le *Parc de Yellowstone*, ou *Parc National*, dont les Américains ont fait une propriété nationale. Il offre un rare assemblage de curiosités naturelles, masses de trachytes isolées par les érosions et dressées en aiguilles, champs de laves, gorges sauvages aux parois colorées par des émanations sulfureuses, lacs bordés de forêts, rivières bondissantes, sources thermales, geysers grandioses qui jaillissent à 40, 60, 90 mètres de hauteur.

Le *Grand Lac Salé* est situé au pied des monts Wahsatch, au milieu d'un immense désert, au climat rude, où des nappes de sel s'étendent dans les cavités du sol et où la terre n'a pour végétation que de rares touffes d'herbe maigre. Le niveau du lac se trouve à 1 280 mètres d'altitude. Le lac est en voie de diminution ; il a environ 400 kilomètres de tour, mais sa profondeur, qui est de 2 mètres seulement en moyenne, ne va pas au delà de 10 mètres dans les endroits les plus creux, et ses bords sont couverts de roselières où vivent des myriades d'oiseaux.

Le *Grand Cañon du Colorado* n'est point une curiosité particulière aux Montagnes Rocheuses. On trouve des couloirs semblables dans les pays montagneux formés de calcaire, notamment en France dans la région

Le Grand Cañon.

des Causses où le Tarn coule dans une étroite et creuse vallée, très
pittoresque. Mais, nulle part, sur la terre, on ne rencontre un couloir

plus profond pour une semblable étroitesse. La hauteur moyenne des parois du Grand Cañon est de 900 mètres, presque deux fois la profondeur des gorges du Tarn ; du haut, on distingue à peine la rivière qui a scié lentement toute l'épaisseur des roches, découpant le plateau en compartiments dont les niveaux se prolongent par-dessus l'abîme.

Climat. — Si l'on compare le climat des États-Unis à celui de l'Europe, deux remarques s'imposent : 1° bien que situés beaucoup plus près de l'équateur, du 26ᵉ au 49ᵉ degré de latitude, alors que l'Europe va du 36ᵉ au 71ᵉ degré, les États-Unis n'ont pas une température moyenne sensiblement plus élevée : cela tient à ce que l'Europe est réchauffée

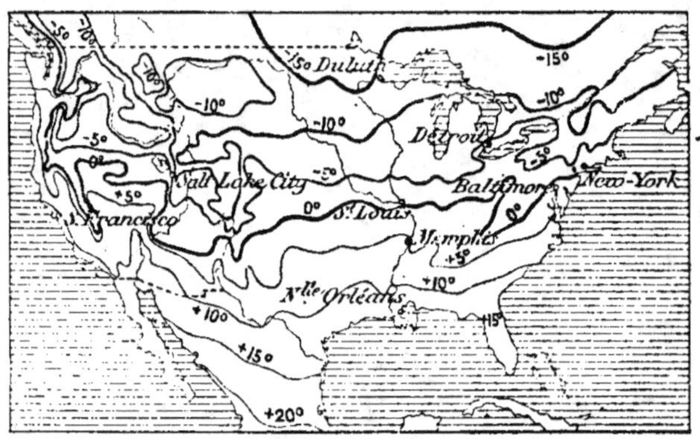

Climat des États-Unis. — Isothermes de janvier.

par des courants tièdes venus du sud ; 2° le climat des États-Unis a des hivers plus froids et des étés plus chauds que l'Europe occidentale ; c'est un climat continental.

Une seule région des États-Unis jouit d'un climat maritime : c'est la côte tournée vers le Pacifique. La fréquence des vents marins et la proximité de courants chauds concourent à lui donner une égalité remarquable de climat. Les vallées, abritées des vents du nord et de l'est, ouvertes aux souffles tièdes du Pacifique, ont un printemps perpétuel.

Ailleurs, les hivers sont généralement très rigoureux. Au Nord, les lacs de la région du haut Mississippi sont pendant de longs mois revêtus d'une glace épaisse ; la neige couvre le sol sur une épaisseur de plus de 1 mètre, les habitants circulent sur des raquettes ou en traîneaux. En amont de

New-York, qui est placée sous la latitude de Naples, le
fleuve Hudson reste gelé en moyenne 91 jours par an, de
décembre à la mi-mars. Au sud, des « vagues froides »,
venues du pôle, se propagent jusque sur les rivages du
golfe du Mexique et en abaissent la température jusqu'au
dessous du point de glace, bien que la latitude soit celle du
delta du Nil; il n'est point d'hiver où il ne tombe de la neige
à la Nouvelle-Orléans; en Géorgie et en Louisiane, les
orangers gèlent quelquefois en plein air.

L'été est torride, surtout dans la plaine centrale. Jusqu'en

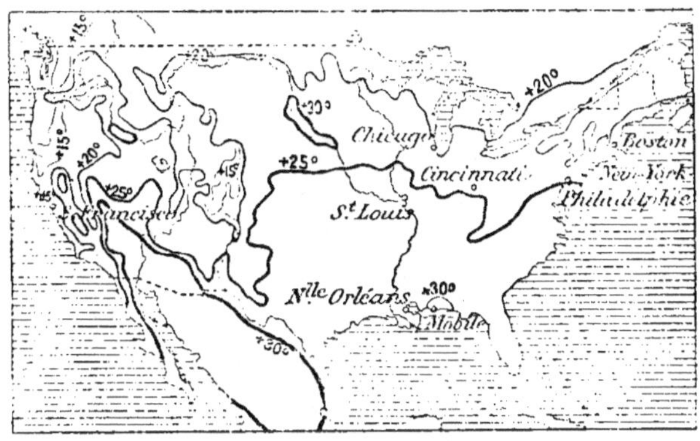

Climat des États-Unis.   Isothermes de juillet.

mai, les gelées sont à redouter, puis, presque sans printemps, après une courte période de pluies, arrivent les chaleurs excessives. Vers les bords du golfe du Mexique, l'été
rappelle celui du Soudan par son humidité et la constance
de la chaleur; l'atmosphère y est moite et énervante; de
mai à octobre, le thermomètre s'y maintient presque toujours à la même température. Aussi la fièvre y règne-t-elle,
fièvre intermittente ou fièvre jaune, et décime la population.

Pour les pluies, on peut distinguer trois zones longitudi-
nales qui sont : 1° à l'est, de l'Atlantique au Mississippi,
une zone assez humide recevant partout 1 mètre en moyenne
de pluies par an et jusqu'à 1^m,50 sur les bords du golfe
du Mexique; 2° au centre, entre le Mississippi et les Rocheuses, une zone sèche dont certains cantons reçoivent moins

de 20 centimètres; 3° à l'ouest, le long du Pacifique, une zone humide où l'humidité varie de 1 mètre à 1ᵐ,50 : près

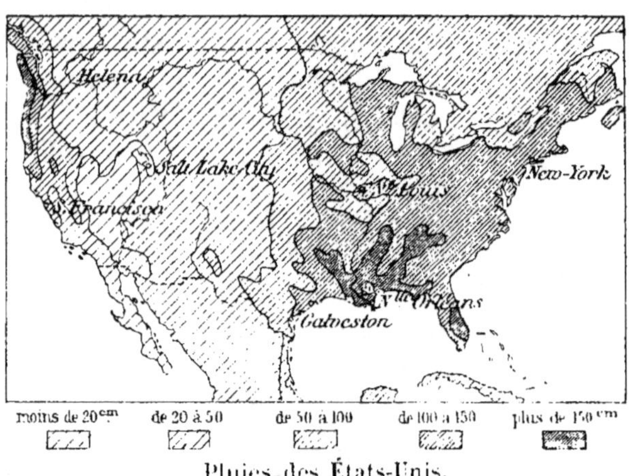

Pluies des États-Unis.

du Canada, il pleut tant que les Américains ont surnommé les habitants « webfeet », ou palmipèdes.

Hydrographie. — Les nombreux cours d'eau qui arrosent les États-Unis se partagent en trois versants : *du Pacifique, de l'Atlantique, du golfe du Mexique.*

1° Le **versant de l'océan Pacifique** comprend les cours d'eau des Rocheuses, torrents au cours accidenté, coupés de rapides et de cascades.

Les principaux sont : la *Columbia*, qui naît dans le Canada et n'appartient aux États-Unis que par son cours inférieur; — le *Sacramento* et le *San Joaquin*, qui coulent à la rencontre l'un de l'autre jusqu'à la baie de San Francisco, au fond de laquelle ils mêlent leurs eaux; — le *Green River* ou *Colorado*, qui a creusé le Grand Cañon dans le plateau du Colorado et se termine au fond de la mer Vermeille.

2° Le **versant de l'océan Atlantique** comprend de nombreuses rivières qui descendent des monts des Appalaches. Elles sont courtes et ont en général beaucoup d'eau, mais elles sont coupées de rapides et de cascades. La plupart de leurs estuaires, élargis par la marée, sont accessibles aux navires fort avant dans les terres.

Les principales de ces rivières sont : le *Connecticut*; — l'*Hudson*, de New-York, que les navires de 1 000 tonnes remontent jusqu'à 250 kilomètres dans l'intérieur; — la *Delaware*, la *Susquehanna* et le *Potomac*.

Les rivières les plus méridionales de ce versant ont moins d'importance; elles cheminent lentement dans les plaines côtières, bordées de marais, ramifiées en bayous, obstruées à leur embouchure par des sables, accessibles seulement à de petites embarcations. Les deux principales sont le *Santee* et le *Savannah*.

3° Le **versant du golfe du Mexique** comprend quatre fleuves, dont un très grand, l'*Alabama*, le *Mississippi*, le *Rio Colorado du Texas* et le *Rio Grande del Norte*. Le très grand fleuve est le Mississippi; le Rio Colorado et le Rio Grande sont longs mais manquent d'eau.

Le **Mississippi** coule du nord au sud dans la grande plaine centrale des États-Unis. Il naît près des grands lacs canadiens, à moins de 100 kilomètres du lac Supérieur; sa source est le petit lac Itasca, à 511 mètres d'altitude.

Son cours supérieur va jusqu'à Minneapolis où, après avoir franchi une dernière cascade, il devient navigable. De Minneapolis à Saint-Louis s'étend le cours moyen, large, lent, profond, semé d'iles boisées. A Saint-Louis commence la *basse rivière*; la largeur augmente jusqu'à 1 800 et même 2 500 mètres; la profondeur est de 8 à 10 mètres au-dessus de Cairo, puis, en aval de cette ville, de 15 à 40 mètres. Enfin, en amont de la Nouvelle-Orléans, le fleuve, qui n'a plus de pente sensible, commence un delta dont la forme rappelle la patte ouverte d'un oiseau. Le Mississippi se jette à la mer par six passes dont la principale est la *passe du Sud-Ouest*, qui donne accès aux grands vaisseaux jusqu'à la Nouvelle-Orléans.

Les affluents principaux du Mississippi sont : à droite, le *Minnesota*, l'*Iowa*, la *Rivière des Moines*, le *Missouri*, courant énorme, qui descend des Montagnes Rocheuses par trois sources, Jefferson, Madison, Galatin, reçoit d'importants affluents, Dakota, Nebraska ou Platte, Kansas, et roule plus d'eau au confluent que le Mississippi lui-même; l'*Arkansas* et la *Rivière Rouge du Sud*, plus longues qu'abondantes ; — à gauche, la *Rivière Sainte-Croix*, le *Wisconsin*, l'*Illinois* et l'*Ohio* grossi du Kentucky, du Cumberland et du Tennessee : l'Ohio roule moins d'eau que le Missouri, mais il est plus utile à cause des richesses de la contrée qu'il traverse et à cause de la situation de ses sources qui sont voisines du lac Érié et du fleuve Saint-Laurent.

Le Mississippi réunit ainsi les eaux d'un bassin qui s'étend des pentes orientales des Montagnes Rocheuses au versant occidental des Alleghanys et mesure 3 200 000 kilomètres carrés, soit 6 fois l'étendue de la France. Le fleuve principal n'a pas moins de 4 620 kilomètres de longueur depuis le lac Itasca jusqu'au golfe du Mexique ; le Missouri en a 5 865, l'Ohio 2 050, l'Arkansas 2 500. L'ensemble des voies navigables du bassin du Mississippi a un développement de 25 000 kilomètres, dont 8 000 dans le seul bassin de l'Ohio. Quant au débit total, on l'évalue à 17 360 mètres cubes par seconde en moyenne, et à 60 000 mètres cubes lors des plus fortes crues. Le Mississippi est donc un des fleuves les plus considérables du globe.

Le fleuve Mississippi. — Ce magnifique cours d'eau que Châteaubriand appela *Meschacébé*, ou Père des fleuves, fut nommé *Colbert* par les premiers explorateurs qui le reconnurent, des Français du temps de Louis XIV ; le nom de *Missi Sepe*, ou Grand fleuve, est celui que lui donnaient les Algonquins, tribu indienne qui vivait sur ses bords.

Il prend sa source dans une région qui fut découverte par des Français et où de nombreux noms de rivières et de villes (rivière Sainte-Croix, rivière des Moines, Mille Lacs, Saint-Cloud, La Crosse) rappellent leur souvenir. Pendant 1000 kilomètres environ, jusqu'à la chute de Saint-Anthony, près de Minneapolis, le Mississippi traverse une longue suite de petits lacs, puis des prairies humides couvertes de riz sauvage, de joncs et d'iris ; en certains endroits il glisse en rapides sur des roches inclinées ; souvent aussi il est déjà accessible à la navigation.

De Minneapolis à Cairo, au confluent de l'Ohio (1 640 kil.), c'est le cours moyen. Le Mississippi est alors un véritable fleuve de plaines, au cours lent, au lit large et profond, se déroulant entre des falaises, hautes et rapprochées d'abord, mais qui graduellement s'abaissent et s'éloignent des rives du fleuve, laissant apercevoir sur une largeur croissante des campagnes riches et fécondes. C'est dans cette partie de son cours qu'il reçoit ses deux principaux affluents, le *Missouri* ou *Big Muddy*, c'est-à-dire le grand bourbeux, dont les eaux limoneuses troublent la limpidité du Mississippi qu'il ne recouvrera plus, et l'*Ohio*, que les anciens colons français avaient appelé la *Belle Rivière*.

Le *Missouri* est considérable. Quand il rejoint le Mississippi un peu en amont de Saint-Louis, il a 1500 kilomètres de plus de longueur et un volume d'eau également supérieur, venu qu'il est des Montagnes Rocheuses, où il prend une de ses sources dans le Parc National de Yellowstone, et où il est alimenté par la fonte des neiges de hauts sommets. Si l'on ne tenait compte que de la longueur et du débit, c'est lui qui devrait donner son nom au Mississippi; mais pour les communications et l'importance historique, il lui est de beaucoup inférieur. Le

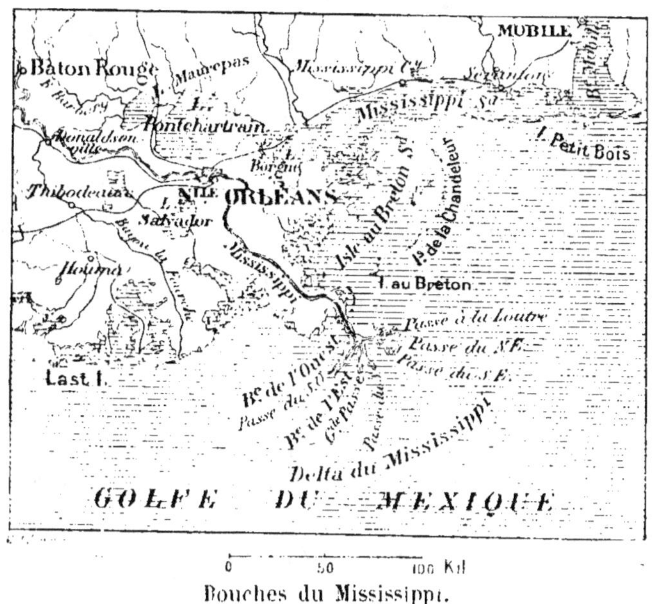

Bouches du Mississippi.

Mississippi a été de tout temps, de l'extrême sud à l'extrême nord, le grand chemin des Indiens, la grande voie de navigation et le guide des voyageurs français, canadiens, espagnols, anglais et américains, alors qu'en 1870 on ne connaissait pas encore ce merveilleux Parc National où restaient cachées les principales sources du Missouri.

L'*Ohio*, moins long que le Missouri, a joué un rôle bien plus important que lui dans l'histoire de la colonisation de l'Amérique. L'une de ses sources, la rivière Alleghany, est distante du lac Érié de moins de 100 kilomètres; le cours lui-même, lent, régulier, invite à la navigation. C'est par l'Ohio que les colons français du Canada sont descendus jusqu'à la Louisiane et au golfe du Mexique.

En aval de Cairo, commence le cours inférieur du Mississippi. Large de 2 kilomètres, profond de 10, 20, 40 et même 70 mètres, le Mississippi entraîne des arbres, assemble ou disperse des îles, attaque ses bords, détruit ses méandres par des coupées directes. Des levées latérales, analogues à celles qui longent notre Loire, l'empêchent d'envahir sa vallée par-dessus ses berges plates, bordées de prairies, de marécages et de forêts, rarement de collines. Ces murs de terre sont même impuissants parfois à sauvegarder la plaine, et, quand ils crèvent, le Mississippi s'y taille des lits passagers, détruisant plantations et cultures.

Enfin, le delta commence. Avant d'arriver à la Nouvelle-Orléans, le fleuve s'éparpille en *bayous* qui serpentent vers la mer à travers des marécages, avec une étroite bande de terres cultivables sur leurs bords. Puis, c'est le delta proprement dit, delta immense et qui ne cesse de s'agrandir. On a calculé que le fleuve apporte en moyenne à l'Océan 6 mètres cubes de vase molle par seconde, et que son delta gagne de 80 à 100 mètres par an dans la mer.

Côtes. — Les États-Unis possèdent 18 000 kilomètres de côtes sur trois mers, savoir : 3 000 sur l'océan Pacifique et 15 000 sur l'océan Atlantique et sur le golfe du Mexique.

1° La ***côte du Pacifique***, bordée par les escarpements du Coast Range, présente presque partout des eaux profondes et des anfractuosités qui mordent peu avant dans le continent mais sont nombreuses; l'une de ses baies, la *baie de San Francisco*, ouverte sur le large par l'étroite *Golden Gate*, ou Porte d'Or, est une des plus vastes et des plus sûres du monde. Toutefois, dans la partie septentrionale, de San Francisco au détroit Juan de Fuca, la côte n'offre presque aucun port de refuge.

2° La ***côte nord-est de l'Atlantique***, située au pied des Alleghanys, est également rocheuse. Elle est escarpée, tailladée de baies bien abritées, bordée d'archipels d'îles. On y voit la *baie de Massachusetts*, avec sa ceinture d'îles, la rade et le port de Boston, la *péninsule du cap Cod*, si bizarrement recourbée; la *baie de New-York*, protégée par Long-Island et par la pointe de Sandy Hook; les deux estuaires remarquables qu'on nomme la *baie de la Delaware* et la *baie de Chesapeake*, qui sont accessibles, même à marée basse, aux navires du plus fort tonnage.

3° La ***côte sud-est de l'Atlantique*** et la ***côte du Mexique*** présentent des caractères tout différents. Correspondant à la région des plaines et formées de terres alluviales, ces côtes sont basses, marécageuses, bordées de

lagunes aux entrées basses et changeantes qu'obstruent des
îlots et des bancs vaseux. Les ports sont rares et médiocres.

Entre l'océan Atlantique et le golfe du Mexique, s'allonge la
presqu'île de Floride, séparée de Cuba, au sud, par le détroit

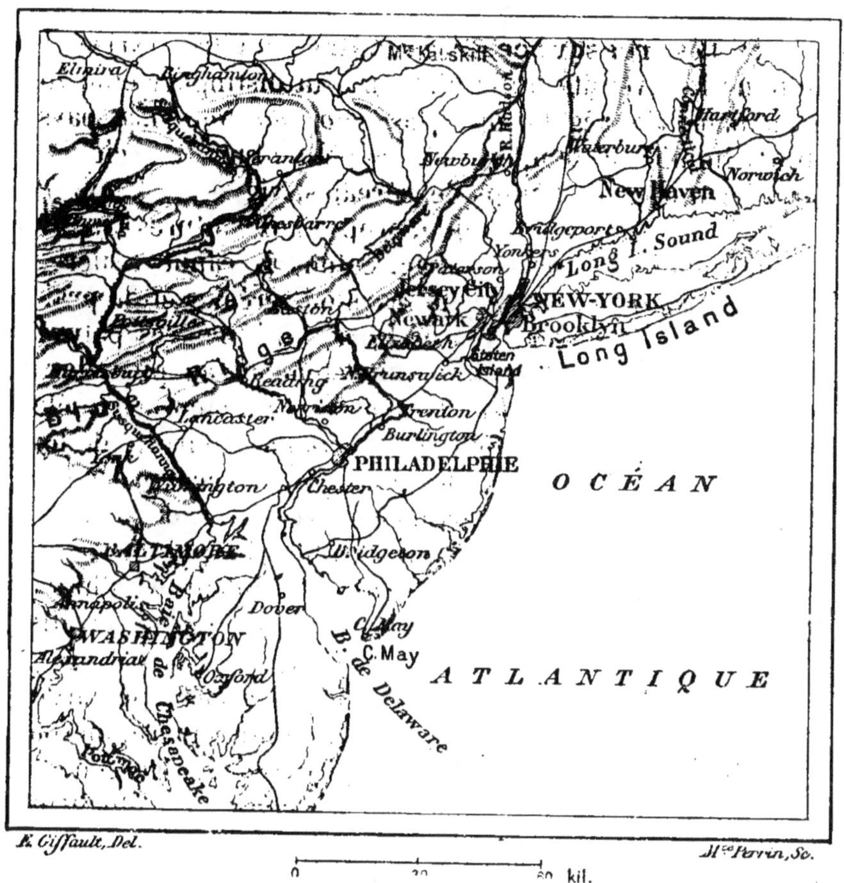

Côte orientale des États-Unis.

de la Floride. Cette grande péninsule, longue de 600 kilomètres jusqu'au cap Sable qui la termine au sud, ne cesse de
s'accroître par le travail des coraux qui ont élevé autour
d'elle une ceinture de récifs nommés *keys*. Des étangs, des
marais, des lacs, isolés peu à peu de la mer par les alluvions,
la parsèment de toutes parts ; en tous sens s'étalent des
bayous ou bras morts de rivières, entre des nappes de boue

liquide où croissent des fourrés, des roselières, des forêts, et où pullulent les alligators.

Ressources diverses. — Les États-Unis ont d'abondantes ressources végétales et d'innombrables richesses minières.

1° Les **ressources végétales** sont très variées. Par suite de la diversité du climat, on peut distinguer cinq zones principales de végétation : la *région du Nord-Est*, pays au climat humide et tempéré qui rappelle l'Europe occidentale, forêts, pâturages, champs de céréales, vignes ; — la *région du Sud-Est*, chaude et humide, propre aux cultures tropicales qui devaient y prospérer, tabac, coton, riz, canne à sucre ; — la *région centrale*, plus sèche, pays de céréales et de prairies dans les parties assez arrosées, pays de maigres pâturages dans les régions très sèches qui s'étendent au pied des Rocheuses ; — la *région des Rocheuses*, pays montueux, élevé, froid, inculte ; — la *région du Pacifique*, couverte de forêts dans la partie septentrionale qui reçoit beaucoup de pluies, analogue aux pays méditerranéens dans le sud qui possède un climat chaud et sec, d'une extrême limpidité.

2° Les **ressources minérales** abondent ; la Chine est le seul pays qui, par la richesse minière, puisse rivaliser, peut-être, avec les Etats-Unis.

On y trouve tout : les *minéraux précieux*, or, argent ; les *minéraux utiles à l'industrie*, fer, plomb, cuivre, mercure, nitre ; des *combustibles*, houille, pétrole, gaz hydrogène.

Les deux régions montagneuses, Alleghanys et Rocheuses, sont celles qui recèlent la plupart de ces gisements miniers. Bien que la distinction n'ait rien d'absolu, la première de ces deux régions est riche surtout en combustibles et en minéraux utiles à l'industrie, tandis que la seconde, qui comprend la Californie, recèle surtout des minéraux précieux.

RÉSUMÉ

I. **Étendue.** — Les États-Unis occupent tout le centre de l'Amérique du Nord ; avec l'Alaska, ils ont 9 585 000 kilomètres carrés, 17 fois l'étendue de la France.

II. Relief. — Trois parties principales :

1° A l'ouest, une région montagneuse très importante avec les Montagnes Rocheuses (pic Blanca), les monts Wahsatch, la Sierra Nevada, la Chaîne des Cascades (mont Jefferson, 4 725 m.) et la Coast Range ; ces monts enserrent des plateaux, plateau de la Columbia, Grand Bassin, plateau du Colorado ; — la région montagneuse de l'ouest est très pittoresque, Parc National de Yellowstone, Grand Lac Salé, cañon du Colorado ;

2° A l'est, une région montagneuse de médiocre importance, avec les White Mountains, les Green Mountains, les Adirondack, les rangées parallèles des Alleghanys (Black Dome, 2 044 m.) ;

3° Au centre, une grande plaine d'un diamètre moyen de 1 500 kilomètres, mollement ondulée avec quelques massifs montagneux, Black Hills, monts Ozark, plateau du Texas ou llano estacado.

III. Climat. — Les États-Unis ont un climat extrême, sauf sur la côte du Pacifique, soumise aux influences maritimes : l'hiver y a une rigueur inconnue chez nous ; la neige, très abondante au nord, tombe même à Nouvelle-Orléans ; l'été a des chaleurs torrides au nord comme au sud. Les pluies sont assez abondantes, sauf dans la région de la plaine centrale qui est comprise entre le Mississippi et les Rocheuses.

IV. Hydrographie. — On distingue trois versants principaux :

1° Le versant de l'océan Pacifique : quatre rivières ou torrents, Columbia, San Joaquin, Sacramento, Green River ou Colorado, rivières à cascades ou à cañons ;

2° Le versant de l'Atlantique : fleuves relativement courts, mais abondants, aux estuaires profonds, fort utiles pour les communications, Connecticut, Hudson (New-York), Delaware, Susquehanna, Potomac ;

3° Le versant du golfe du Mexique : Alabama, Mississippi, Rio Colorado du Texas, Rio Grande del Norte. — Le Mississippi est un grand fleuve de plaine ; il traverse toute la plaine centrale du nord au sud et se termine par un vaste delta. Ses affluents principaux sont : à droite, le Minnesota, l'Iowa, la Rivière des Moines, le Missouri (plus long que le Mississippi), l'Arkansas, la Rivière Rouge du Sud ; à gauche, l'Illinois et l'Ohio, grossi du Kentucky et du Tennessee. Le Mississippi est un des principaux fleuves de la terre.

V. Côtes. — Les États-Unis ont des côtes sur trois mers :
1° sur le Pacifique, côte rocheuse, baie de San Francisco, avec

la Golden Gate; 2° sur l'Atlantique, côte rocheuse au nord, baie du Massachusetts, cap Cod, baie de New-York, baie Delaware et baie Chesapeake; côte alluviale et marécageuse au sud, étangs, cordons littoraux, presqu'île de Floride; 5° sur le golfe du Mexique, côte alluviale et marécageuse, delta du Mississippi.

VI. Ressources. — Les États-Unis ont : 1° d'importantes ressources végétales : céréales et pâturages au nord-est, cultures tropicales au sud-est, céréales et prairies au centre, cultures méditerranéennes à l'ouest, le long du Pacifique; — 2° d'abondantes ressources minérales, métaux précieux (or et argent), minerais utiles à l'industrie (fer, cuivre, plomb), combustibles (houille et pétrole) : les Alleghanys et les Montagnes Rocheuses sont les deux grandes régions minières.

GÉOGRAPHIE POLITIQUE

Fondation des États-Unis. — Le territoire des États-Unis est certainement peuplé depuis longtemps. D'importantes trouvailles, instruments de pierre, flèches de silex, établissent que des hommes y vécurent dès l'époque préhistorique; des buttes et des tombelles d'une haute antiquité, nommées *mounds*, parsèment la vallée de l'Ohio et le bassin du bas Missouri.

Quoi qu'il en soit de ces habitants primitifs, des Indiens au teint cuivré, qu'on appelle *Peaux-Rouges*, vivaient au xvi° siècle sur toute l'étendue actuelle de l'Union. On ignore leur nombre, qui semble n'avoir pas été très élevé : on l'évalue de 1 800 000 à 5 millions.

Les Européens arrivèrent nombreux à partir du commencement du xvii° siècle. Les *Anglais* s'établirent au sud en Virginie (1606), au nord dans la Nouvelle-Angleterre (1618); des catholiques, avec lord Baltimore, colonisèrent le Maryland (1632); des puritains, avec William Penn, fondèrent la Pensylvanie (1681). Les *Hollandais*, de leur côté, avaient occupé la région du Hudson (1615) et bâti Nouvelle-Amsterdam qui était destinée à devenir New-York. Les *Suédois* avaient fondé des établissements entre le Hudson et la Delaware. Les *Espagnols* s'étendaient dans les pays du sud-ouest, Texas, Nouveau-Mexique, Arizona, Californie, ainsi que dans la péninsule de Floride, voisine des Antilles. Les *Français*, maîtres du Saint-Laurent, fondaient les premiers postes dans l'intérieur, le long de l'Ohio et du Mississippi, et colonisaient la Louisiane (1682).

Les colons anglais commencèrent par se rendre maîtres de la plupart des établissements de la côte et de la région orientale. En 1776, ils s'affranchirent de la métropole à la suite d'une longue guerre où ils furent soutenus par la France. Depuis lors, ils n'ont cessé de s'agrandir ils ont acquis la Louisiane en 1803, la Floride en 1821, le Texas, le Nouveau-Mexique, l'Arizona et la Californie en 1846-1847, à la suite d'une guerre avec le Mexique.

Enfin, en 1867, les États-Unis se sont complétés en achetant le territoire d'Alaska à la Russie.

Organisation politique. — Les États-Unis forment une république fédérative comprenant *44 États*, 1 *district fédéral* (le district de Colombie où est bâtie la capitale fédérale, Washington), et *4 territoires organisés*, sans compter l'Alaska et le Territoire Indien.

Chaque État a son organisation politique et sa législature (Sénat et Chambre des représentants) qui édicte, pour tout ce qui n'est pas du ressort fédéral, des lois promulguées par le gouverneur et valables dans l'étendue de l'État. Le gouverneur et le lieutenant gouverneur de chaque État sont nommés par le suffrage universel. Les États sont reliés par le Congrès fédéral qui siège à Washington.

L'administration de la fédération est réglée par la Constitution de 1787 qui a réparti les pouvoirs entre trois corps indépendants et distincts : le pouvoir exécutif, le pouvoir législatif et le pouvoir judiciaire.

Le **pouvoir exécutif** est personnifié par le *Président*, nommé pour quatre ans et rééligible. L'élection est faite au scrutin secret et à la majorité des voix par des délégués nommés à cet effet par chaque État. Le Président choisit les ministres ou secrétaires à son gré, sans se préoccuper de l'opinion du Congrès. Le pouvoir exécutif est donc complètement indépendant du parlement. A côté du Président, il existe un *Vice-Président* qui lui succède s'il vient à mourir en fonctions.

Le **pouvoir législatif** est exercé par le Congrès qui est composé du Sénat et de la Chambre des représentants. Le *Sénat* se compose de deux membres par État, nommés individuellement pour six ans par la législature de chaque État. La *Chambre des représentants* compte 325 membres, nommés pour deux ans, au suffrage universel, par chaque État en nombre proportionnel à sa population. — Le Président a, sur les votes du Congrès, un droit de veto qui peut être annulé par le vote des deux tiers des membres de chaque Chambre.

Le **pouvoir judiciaire** réside dans une *Cour suprême*, composée d'un juge suprême et de huit juges nommés à vie par le Président avec la sanction du Sénat.

Populations.

1º Les États-Unis ont, depuis 1790, des *recensements réguliers* tous les dix ans. Ces recensements successifs ont donné les résultats suivants :

Années.	Population.	Accroissement par décade.	
1790	3 929 000	»	
1800	5 305 000	29,8	pour 100.
1810	7 239 000	30,8	—
1820	9 654 000	28,6	—
1830	12 866 000	28,5	—
1840	17 069 000	28,1	—
1850	23 191 000	30,4	—
1860	31 445 000	30,2	—
1870	38 558 000	20,4	—
1880	50 155 000	26,1	—
1890	62 622 000	24,9	—
1900	76 388 000	21,1	—

2º La population des États-Unis s'accroît d'une manière rapide, bien que le taux d'accroissement par décade tende à diminuer. Si le taux actuel se maintenait, les États-Unis auraient dans soixante-dix ans autant d'habitants que toute l'Europe.

L'accroissement n'est pas dû seulement à la natalité. La fécondité des familles américaines, les nègres exceptés, va diminuant. Dans plusieurs villes du Massachusetts, le nombre des enfants par famille a décru successivement d'une dizaine pour la première génération, de trois pour la sixième. Dans la Nouvelle-Angleterre, la première région colonisée, la natalité est inférieure à la mortalité, si bien que, sans l'arrivée d'étrangers, la contrée se dépeuplerait.

L'accroissement est en grande partie le fait de l'immigration. Malgré les entraves que les États-Unis ont créées, depuis quelques années, pour enrayer une immigration composée surtout de pauvres gens, chaque jour les transatlantiques versent sur les quais de New-York et des autres ports américains des foules hétérogènes venues de tous les pays d'Europe pour chercher fortune dans le Nouveau-Monde.

Le nombre total des immigrants, de 1821 à 1902, s'est

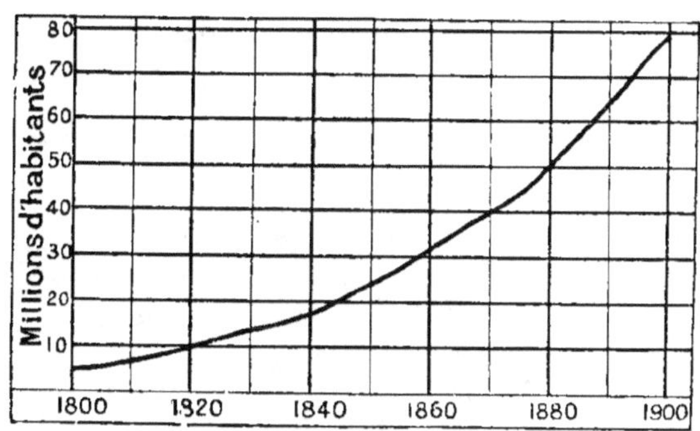

Accroissement de la population des Etats-Unis.

élevé à 20 635 000, dont 648 000 en 1902. Le tableau suivant donne le nombre des immigrants par pays d'origine :

	1821-1902	1902
Grande-Bretagne	7 154 000	46 000
Allemagne	5 147 000	28 000
Suède-Norvège	1 572 000	178 000
Italie	1 564 000	48 000
Autriche	1 555 000	172 000
Russie d'Europe	1 125 000	107 000
France	411 000	3 117
Chine	518 000	1 649

L'immigration diminue : pendant la période décennale 1881-1890, le nombre des immigrants s'était élevé à 5 189 000 ; de 1891 à 1900, il n'a été que de 3 744 000. C'est ce qui explique que l'accroissement relatif de la population ait été lui-même sensiblement plus faible.

3° La **densité** de la population des États-Unis est un peu inférieure à 10 habitants par kilomètre carré (France 75, Europe 59) : les États-Unis, dans leur ensemble, sont donc loin d'être encore très peuplés.

La densité est, du reste, très inégale d'un point à l'autre de l'Union. Les *États les plus peuplés* sont ceux du nord-est : Massachusetts 150 par kilomètre carré, Connecticut 70, New-York 57, Rhode Island 152, New-Jersey 95, Pensylvanie 54, Maryland 58, Delaware 55. Les *États les moins peuplés* sont ceux de l'ouest, qui sont presque déserts, en raison du climat extrème, de la sécheresse, de l'altitude, de l'aridité du sol, de la difficulté des communications : ni les grandes plaines du Far-West, ni les Montagnes Rocheuses, ni le pla-

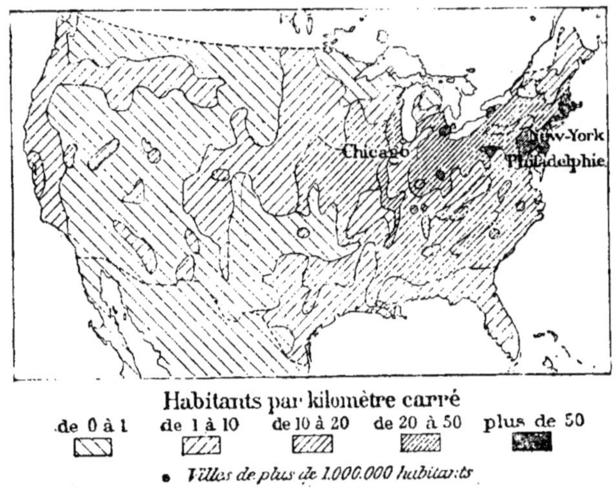

Densité de la population des États-Unis.

teau du Colorado et le Grand Bassin, ne comptent 2 habitants en moyenne par kilomètre carré. Même en Californie, pays privilégié pourtant, la densité ne dépasse pas 4 habitants par kilomètre carré.

Toutefois l'étude des divers recensements montre que, depuis un siècle, le centre de la population n'a pas cessé de se déplacer vers l'ouest. Jadis, les États voisins de l'Atlantique étaient seuls peuplés ; aujourd'hui, la colonisation gagne l'ouest qui se peuple lentement, mais sans arrêt.

Villes d'Amérique. — Ce qui gagne le plus à chaque recensement nouveau des États-Unis, ce sont les villes. La population rurale ne varie guère, tandis que la population urbaine augmente beaucoup.

Le recensement de 1900 a dénombré aux États-Unis 38 villes de
plus de 100 000 habitants, dont 3 ayant plus de 1 million d'habitants
et 3 autres plus de 500 000. Voici la liste des villes de plus de 200 000 habitants :

New-York .	3 437 000	Buffalo . . .	352 000	Washington .	278 000
Chicago . .	1 698 000	San Francisco	342 000	Newark . . .	246 000
Philadelphie	1 293 000	Cincinnati . .	325 000	Jersey City . .	206 000
Saint-Louis.	575 000	Pittsburgh. .	321 000	Louisville . .	204 000
Boston. . .	560 000	Nᵗᵉ-Orléans .	287 000	Minneapolis .	202 000
Baltimore .	508 000	Détroit . . .	285 000		
Cleveland .	381 000	Milwaukee. .	285 000		

En aucun autre pays du monde, les villes nouvelles n'ont une existence plus mobile. Une circonstance fortuite les fait jaillir du sol,
une autre en amène non moins vite la disparition.

Un pays vient de s'ouvrir à la culture; un gisement minier a été
découvert. Aussitôt les spéculateurs se précipitent : au cordeau, on
trace dans la prairie une large voie qu'on ne prend pas la peine de paver;
un hôtel, une banque, des magasins, des boutiques, un club, des
églises, des maisons d'habitation s'alignent le long d'un trottoir en
planches. Au bout de six semaines, les premiers rails courent sur la
prairie, les gares surgissent; les *elevators* se construisent pour le blé;
de hauts réverbères électriques s'allument dans la plaine. Et ainsi, en
quelques jours, sur la terre dont on vient d'arracher l'herbe, se dresse
une ville provisoire qu'on décore d'un nom pompeux, que les capita-
listes qui l'ont montée travaillent à peupler à grand renfort de réclames,
et qui, si elle *prend*, sera peut-être demain une ville comparable en
population, en industrie, en richesse, à telle de nos vieilles capitales
européennes. Chicago, Saint-Paul, Minneapolis, Denver, San Francisco
sont des villes qui ont pris[1]. Les Américains les appellent *mushroom-
cities*, c'est-à-dire villes-champignons.

Parfois, en revanche, la cité improvisée, morte avant d'être née,
saute en l'air, suivant l'expression américaine, c'est-à-dire se vide et
disparait l'année même de sa fondation. Elle s'était formée près d'un
dépôt provisoire, à côté d'un chantier de chemin de fer, sur un sol
aurifère ou supposé tel, sur un terrain vanté sans cause par un spéculateur. Soudain le chemin de fer s'est porté plus loin: la mine d'or
ou d'argent s'est épuisée, si toutefois elle existait; d'autres terrains

1. Voici l'accroissement de population de quelques-unes de ces villes :

	1830	1840	1850	1870	1890	1900
Chicago	»	4 479	29 963	298 977	1 099 850	1 698 575
San Francisco	»	500	34 776	149 473	298 997	342 782
Milwaukee.	»	1 700	20 061	71 440	204 486	285 315
Allegheny	»	»	21 261	53 180	105 287	129 896
Saint-Paul-Minneapolis	»	»	»	53 090	297 894	563 783

plus fertiles ont été signalés plus loin ; les maisons en planches ou *logs* sont démontées, emballées, transportées ailleurs, et la solitude règne à nouveau sur la prairie après avoir été un instant troublée par le mouvement de cette ville mort-née.

Races, langues, religion. — On trouve aux États-Unis plusieurs langues et plusieurs religions.

Les **races** représentées sont au nombre de quatre : blanche, noire, rouge, jaune ; les quatre grandes races humaines se rencontrent aux États-Unis. Le tableau suivant indique l'importance relative de chacune d'elles :

Blancs	66 990 000	87,75 pour 100.
Nègres et mulâtres . .	8 840 000	11,58 —
Peaux-Rouges.	266 000	0,4 —
Chinois et Japonais . .	205 000	0.5 —

Les **langues** parlées aux États-Unis sont très nombreuses. Chaque immigrant apporte avec lui sa langue particulière qu'il conserve plus ou moins longtemps. Toutefois *l'anglais* est partout la langue officielle et dominante ; même ceux qui restent attachés à leur idiome originel doivent apprendre la langue anglaise pour les besoins de la vie journalière.

Les **religions** sont aussi représentées, à peu près toutes, aux États-Unis. La liberté de culte est absolue.

Le *protestantisme* domine, comme il est naturel chez un peuple composé surtout d'Anglais, d'Allemands et de Scandinaves. Les catholiques étaient 6 251 000 en 1890. Le nombre des sectes religieuses existant aux États-Unis est d'au moins 150.

L'une des sectes les plus curieuses est celle des *Mormons* qui fut créée par Joseph Smith en 1820. Établis d'abord à Manchester, dans l'État de New-York, les Mormons durent bientôt émigrer vers l'ouest ; ils allèrent se fixer sur les bords du Grand Lac Salé. Le gouvernement de l'Union les y poursuivit parce qu'ils voulaient former un État rebelle, ayant son gouvernement, sa politique indépendante, ses lois propres, ses institutions particulières, telle que la polygamie avouée ; ils durent abolir officiellement la polygamie. En 1900, on dénombra 400 000 Mormons.

Les habitants des États-Unis. — On trouve aux États-Unis des Indiens, des Nègres, des Chinois et des Japonais, des Blancs.

1° Les **Indiens** sont les descendants des premiers occupants. Lors de l'arrivée des Européens, ils formaient de nombreuses tribus : les uns chassaient dans les prairies le bison dont ils boucanaient la chair ; ceux de la Californie pêchaient le saumon ; à l'est du Missouri, les Iroquois, les Séminoles vivaient d'agriculture, récoltaient du maïs. Tous ou presque tous étaient nomades ; ils possédaient, pour se diriger, une foule de signes et de dessins qui leur indiquaient les routes.

Ces tribus aborigènes étaient trop peu importantes et trop mal armées pour résister à l'envahissement des Blancs. A mesure que la colonisation a gagné vers l'ouest, que le bison pourchassé a disparu, que les terrains de culture ont empiété sur les prairies, les Indiens ont été refoulés peu à peu dans la région improductive des Rocheuses. En 1830, une loi les parqua dans 90 réserves, qui formèrent le *Territoire Indien*, situé sur les bords de l'Arkansas et de la Rivière Rouge du Sud. Là, quelques tribus, se civilisant au contact des Européens, ont appris la culture et se livrent à l'élevage : tels les Chirokis, les Cheyennes, les Chikasas, les Chactas, les Creeks ; les Chirokis ont même un journal hebdomadaire imprimé dans leur langue.

Il avait été décidé que la colonisation serait interdite aux Blancs dans les réserves indiennes. Mais, de temps en temps, en dépit des promesses faites, le gouvernement fédéral a la main forcée par l'impatience des colons et doit ouvrir quelques-unes des réserves à la colonisation. Ainsi pourchassés, assaillis par des ennemis de toute sorte, misère, faim, rage de se voir dépouillés, désespoir, fusil des spoliateurs, eau-de-vie, petite vérole, les Indiens diminuent sans cesse. Ils se vengent parfois par des explosions soudaines, tombent sur les villages, les hameaux, les fermes, les convois, enlèvent des chevaux, des troupeaux, puis s'enfuient avec les chevelures qu'ils ont scalpées. Mais que peuvent quelques milliers de Peaux-Rouges contre des millions d'Européens organisés et supérieurement armés ?

2° Les **Nègres** forment un élément bien plus important de la population des États-Unis. Ils y furent importés pour le travail des plantations de Virginie et des Carolines. Le premier navire d'esclaves arriva en 1620 ; le recensement de 1790 dénombra 757 208 hommes de couleur ; en 1808, l'importation des esclaves fut officiellement prohibée, mais continua de se faire clandestinement ; la guerre de Sécession a eu pour conséquence, en 1864, l'émancipation des nègres, qui possèdent tous les droits, mais inspirent toujours une invincible répulsion aux Yankees qui ne se mêlent pas avec eux. Depuis lors, ils n'ont cessé de s'accroître : ils sont aujourd'hui près de 9 millions.

C'est dans les États du sud-est, Louisiane, Mississippi, Alabama, Floride, Caroline du Sud, régions au climat chaud et humide, qu'on les trouve surtout concentrés. Ils gagnent insensiblement vers le nord. Mais ils semblent trop indolents d'esprit, trop passionnés amis du repos, des futilités, de la parure, pour faire une concurrence dangereuse aux

Américains du Nord. On évalue à 60 pour 100 la proportion des nègres qui ne savent pas lire. Agriculteurs dans les États du Sud et dans les campagnes, ils exercent dans les villes les petites industries locales,

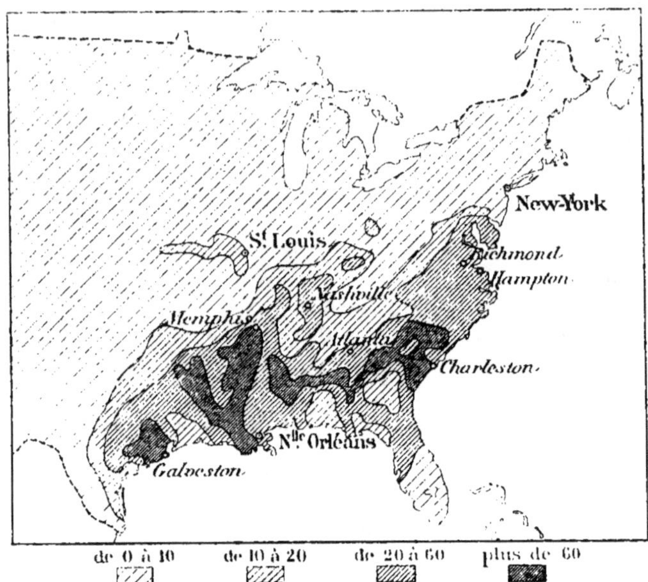

Population nègre aux États-Unis.

sont barbiers, charpentiers, maçons, garçons d'hôtel, décrotteurs, commissionnaires.

3° Les **Chinois** et les **Japonais** commencèrent à affluer aux États-Unis lors de la découverte des mines d'or de Californie (1850). Leur mouvement d'immigration se produisit avec une rapidité singulière; bientôt San Francisco et chaque ville du versant occidental des Rocheuses eurent leur quartier chinois, dédale de rues malpropres et fétides.

Laborieux, adroit, docile, capable de se plier à tous les métiers, en même temps remarquablement sobre, se nourrissant exclusivement de riz, se contentant pour tout luxe d'une bouffée d'opium ou d'une pincée de thé, le Chinois, *John Chinaman*, ainsi qu'il est surnommé aux États-Unis, travaillait mieux et à meilleur compte que les ouvriers blancs. On le prit pour exploiter les mines, dessécher les marais, construire les voies ferrées, mettre le sol en culture. Les ouvriers blancs, évincés, attaquèrent leurs rivaux; des rixes sanglantes se produisirent, et, pour y mettre fin, le gouvernement américain, ne pouvant décréter l'expulsion en masse de tous les Chinois, prit des mesures rigoureuses pour enrayer leur immigration.

4° Les **Blancs** forment aux États-Unis l'élément dominant, mais très disparate, où tous les peuples européens sont représentés. Il convient d'ajouter que presque toutes les nationalités disparaissent vite dans la nationalité « américaine ».

Les *Anglais* ont le premier rang. Ce sont eux qui ont fourni les premiers colons. Chaque année leur nombre se grossit de nouveaux immigrés venus de tous les points du Royaume-Uni, du pays de Galles, de l'Angleterre, de l'Écosse et surtout de l'Irlande. Les Irlandais arrivent en très grand nombre, mais ce sont de pauvres gens arriérés, incapables de défendre leur originalité; ils oublient si vite leur langue maternelle pour l'anglais qu'il existe aux États-Unis une seule église où l'on prêche en celtique d'Erin.

Les *Allemands*, qui arrivent en nombre assez élevé, bien qu'il ait sensiblement diminué, ne restent guère dans les provinces orientales; ils s'établissent de préférence dans la région agricole des lacs canadiens et du haut Mississippi, dans le Minnesota, le Wisconsin, l'Illinois et le Missouri. A Cincinnati, Chicago, Saint-Louis, ils forment une fraction notable de la population, ont leurs quartiers à part, leurs journaux, leurs brasseries, leurs théâtres. Au reste, ils maintiennent assez difficilement leur langue et s'absorbent assez vite dans la foule dite anglo-saxonne.

Les *Français*, venus directement de France, sont moins nombreux que les Allemands; mais l'élément français est représenté en outre par plus d'un million de Franco-Canadiens et par des descendants d'anciens colons français. Plus tenaces que les Teutons, ils gardent mieux leur allure naturelle et restent Français au milieu de la foule cosmopolite à laquelle ils se mêlent moins. On les trouve dans la Louisiane, ancienne colonie française; ils sont nombreux dans les États voisins du Bas-Canada, Maine, Vermont, Massachusetts, New-York; ils forment des groupes non négligeables dans la région du haut Mississippi et des lacs canadiens, où se trouvent des villes ou des villages nommés Vincennes, Paris, Belleville, Racine, Saint-Cloud. « Dans ces stations lointaines, dit un voyageur français, on retrouve vivantes plus d'une de ces chansons, plus d'une de ces danses populaires qui égayaient avant la Révolution les campagnes du nord de la France. »

La race américaine. — Quels que soient les contrastes originels qui existent entre tous les immigrants qui débarquent aux États-Unis, ils se fondent vite en un type unique qui, sous l'influence du milieu, a acquis des traits particuliers remarquables.

Frère Jonathan (c'est le surnom de l'Américain) se rapproche surtout de l'Anglais, son principal ancêtre. Il en diffère par quelques traits physiques; il est moins charnu, moins blanc et rose, plus anguleux; il laisse mieux voir sa charpente osseuse, comme s'il avait pris quelque chose du type indien. Au moral, l'Américain exagère la civilisation européenne avec ses défauts et ses qualités. Jeté dans un monde neuf, sans traditions, largement ouvert à toutes les entreprises individuelles, l'Américain est lui-même l'artisan de sa destinée. Dans ce monde inachevé, un métier mène à tous les autres; l'important est d'avoir l'œil ouvert, de se tenir en alerte, de déployer avec plus d'à-propos et d'intelligence les qualités qui assurent le succès. L'Américain se distingue par son esprit pratique, sa rapidité d'exécution, son activité dévorante, son incomparable ténacité, sa facilité à comprendre les idées neuves, tout cela joint à une hâte impatiente, presque fiévreuse. « C'est un pays de Juifs errants où l'on ne s'arrête jamais, dit le comte de Kératry, en parlant de New-York. Hommes, femmes, se pressent, se poussent, jouent des coudes sans aucun souci du voisin. Avant tout, il faut passer et arriver : le dollar n'attend point. »

Le monde américain a sa noblesse; un souffle héroïque y vibre; on y respire la poésie de la force et de la volonté humaines. Nulle part, dans le vaste monde, l'idée n'est plus près de l'action, mais on peut reprocher à cet idéal d'être trop souvent la soif de l'or. Si l'Américain l'emporte sur l'Européen par l'audace, l'esprit d'entreprise et d'initiative, et, bien que la générosité privée et publique soit incomparablement plus grande en Amérique qu'en Europe, il lui est généralement inférieur en délicatesse morale et en distinction intellectuelle.

État actuel et villes. — On peut distinguer, aux États-Unis, la *région du Nord-Est*, la *région du Sud-Est*, la *région centrale*, la *région des Rocheuses* et la *région du Pacifique*.

1° La *région du Nord-Est* comprend la côte de la Nouvelle-Angleterre jusqu'aux Alleghanys, et le bassin de l'Ohio, pays au climat humide et tempéré qui rappelle l'Europe occidentale. Les ressources végétales consistent en pâturages et en champs de céréales. Les mines y abondent et favorisent le développement industriel : houille de Pensylvanie, du Kentucky, du Tennessee, sources pétrolifères de Pensylvanie, dépôts de mercure du Kentucky, gaz hydrogéné, etc. Les rivières, encombrées de barrages, favorisent la création d'usines. Toute cette région était prédestinée à un magnifique avenir, même si les premiers colons n'y avaient pas abordé directement en venant d'Europe.

C'est dans cette région que se sont développées les premières colonies anglaises, principalement les colonies puritaines. On y trouve le Maine, le Massachusetts, le Connecticut, la Pensylvanie, l'Ohio, le Kentucky, le Tennessee, etc. La population y est à peu près aussi dense qu'en Europe.

Les villes principales de la côte sont : **Boston**, capitale du Massachusetts, vieille cité puritaine, longtemps la première ville de l'Union, aujourd'hui encore grand port d'exportation pour le bétail et le blé, et l'un des centres intellectuels du monde ; — *Providence*, ville de filatures et de fabriques ; — **New-York**, mieux placée que Boston pour communiquer avec l'intérieur grâce à la percée de l'Hudson et au canal de l'Érié : c'est le premier port d'exportation et d'importation de l'Union et l'un des premiers ports du monde ; depuis qu'on lui a réuni son faubourg de Brooklyn, c'est la ville la plus populeuse après Londres ; d'autres faubourgs qui n'en font pas officiellement partie, Jersey-City,

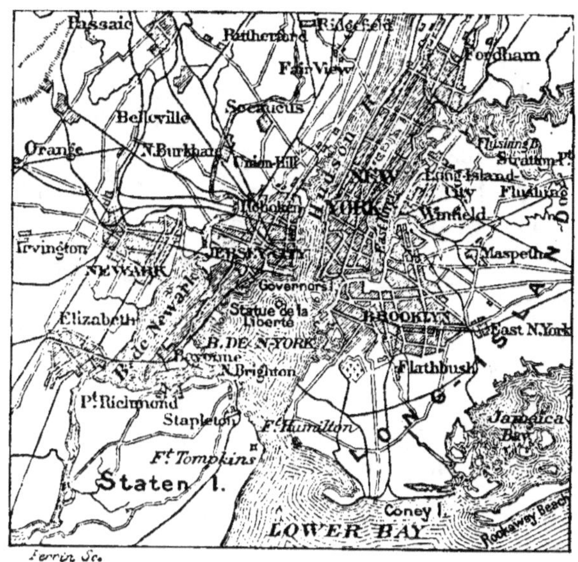

New-York.

Hoboken, en feront dans quelques années la plus grande ville du monde ; — **Philadelphie**, sur la Delaware, grand port de commerce et grande cité manufacturière ; — *Baltimore*, au fond de la profonde baie Chesapeake, grand port d'exportation pour le tabac du Maryland ; — *Washington*, sur le Potomac, capitale fédérale, aux confins des États du nord et du sud.

Les villes principales de l'intérieur sont : *Rochester* ; — sur le lac Ontario ; — *Buffalo*, au déversoir du lac Érié, et *Cleveland*, sur le même lac ; — *Pittsburgh*, à la jonction des deux branches supérieures de l'Ohio, ville de forges et de hauts fourneaux, à proximité des houillères de Pensylvanie; — *Allegheny*; — *Cincinnati*, sur l'Ohio, qui égorge et sale chaque année des centaines de milliers de porcs; — *Louisville*, sur l'Ohio, et *Indianapolis*.

2° La **région du Sud-Est**, formée de plaines d'alluvions profondes dans un climat déjà tropical que mouillent des pluies chaudes abondantes, est un pays de riches cultures. On y trouve des champs de tabac, puis, plus vers le sud, des rizières, des champs de cannes à sucre, des plantations de coton. La presqu'île de Floride, marécageuse et malsaine, est peu riche.

Le climat chaud et humide de cette région convient peu aux hommes blancs; les premiers planteurs y firent venir des nègres esclaves pour cultiver le sol. Quand ces États furent menacés de la suppression de l'esclavage, vers 1860, les planteurs du Sud, craignant d'être ruinés, essayèrent de faire une scission : de là, la guerre de sécession qui se termina par la victoire du Nord. Les nègres libérés sont restés comme ouvriers agricoles dans le pays, où leur nombre croît assez vite.

Cette région du Sud-Est comprend, comme États, les deux Virginies, les deux Carolines, la Géorgie, la Floride, l'Alabama, le Mississippi, la Louisiane. La population y est sensiblement moins dense qu'au nord, et les villes sont moins importantes.

Les principales sont : *Charleston* et *Savannah*, petits ports actifs, sur l'Atlantique; — la *Nouvelle-Orléans*, ville d'origine française, située sur le Mississippi, à peu de distance de son embouchure, grand port qui prospère malgré son climat meurtrier, parce qu'il est le débouché de la vallée du Mississippi et de toute la région cotonnière.

3° La **région centrale** est fertile partout où les pluies sont suffisantes; la fécondité va en diminuant de l'est à l'ouest jusqu'aux Rocheuses. Les ressources sont exclusivement agricoles.

La région des Lacs et du Haut-Mississippi constitue la région des *Prairies*, contrée plate, d'une inépuisable fertilité, mer d'herbes dans le passé, aujourd'hui mer infinie d'épis. Les céréales y croissent, et principalement le maïs, qu'on utilise pour l'alimentation et pour l'engraissement du bétail, spécialement des porcs. Cette partie comprend les États de Minnesota, de Wisconsin, d'Iowa, de Michigan, d'Indiana, d'Illinois, de Missouri. La densité de la popu-

Champ de cannes à sucre en Louisiane.

lation y varie en moyenne de 15 à 30 habitants par kilomètre carré.

Cette partie de la plaine centrale en renferme les principales villes qui sont *Milwaukee*, « la petite reine des lacs », sur le lac Michigan ; — **Chicago**, « la grande reine des lacs », située à l'extrémité méridionale du lac Michigan : cette dernière ville, simple fort en 1830, est aujourd'hui la seconde ville de l'Union ; bâtie à l'entrée des grands États producteurs de maïs, c'est à la fois un des greniers du monde et une des grandes productrices de viande ; reliée au Mississippi par un canal, pouvant recevoir par les lacs et des canaux profonds de très gros navires, desservie par plus de cinquante voies ferrées, elle est maîtresse de la majeure partie du commerce de la région centrale des États-Unis : c'est ce qui explique sa croissance rapide et sa prospérité ; — *Saint-Paul* et *Minneapolis*, les deux villes jumelles, sur le Haut-Mississippi ; — **Saint-Louis**, ville centrale, sur le Mississippi, près de son confluent avec le Missouri, nœud important de chemins de fer, entrepôt d'une région très riche en céréales, centre d'industries multiples, métallurgie, raffinerie, brasserie, minoterie.

Les parties situées au sud et à l'ouest de la plaine centrale sont beaucoup moins arrosées, et cette sécheresse les rend inaptes à produire. De vastes districts, que séparent de bonnes vallées, restent incultes : ce sont les *Bad Lands*, ou Mauvaises Terres ; par l'irrigation on les gagnera prochainement à la culture ; le travail de transformation s'y poursuit avec une activité merveilleuse. En attendant, la colonisation ne s'y portait que lentement. Cette partie comprend les deux Dakota, le Montana, le Nebraska, le Kansas, le Texas. La densité moyenne de la population n'atteint presque nulle part 5 habitants par kilomètre carré.

Les villes sont assez rares. Les principales sont : *Omaha* et *Kansas City*, sur le Missouri ; *Denver*, au pied des Rocheuses.

4° La **région des Rocheuses** est pauvre et déserte, avec ses plateaux froids et secs, ses lacs sans écoulement, ses rivières qui coulent inutiles au fond de cañons sombres. Elle reste stérile dans tous les vallons où les canaux n'apportent pas les eaux vives de la montagne ; des touffes d'herbes de la Saint-Jean, des nappes de sel, et, plus au sud, des cactus, c'est tout ce qu'on y voit. La vie agricole n'y a point d'avenir. Toutefois les Rocheuses possèdent une importante source de richesses ; leur sol regorge de gisements miniers divers, encore très imparfaitement reconnus.

Chicago.

Les États et territoires situés dans cette région sont :
l'Idaho, le Nevada, le Wyoming, l'Utah, l'Arizona, une partie

de l'Orégon, du Colorado et du Nouveau-Mexique. Sauf dans l'Utah, la densité kilométrique de la population est inférieure à 2, et presque partout à 1 habitant. Cette région est presque déserte.

La seule ville notable est *Salt Lake City*, près du grand lac Salé; c'est la cité des Mormons.

5° La **région du Pacifique** comprend deux pays assez différents :

Au nord, c'est le **Washington** et l'**Orégon**, humides, couverts de vastes marécages et grandes forêts qui ren-

Baie de San Francisco.

ferment des arbres de 100 et de 150 mètres de haut (*sequoia gigantea, wellingtonia*), les plus hauts du monde entier. La population y est relativement assez nombreuse; dans la zone côtière, on y compte jusqu'à 55 habitants par kilomètre carré. — On y trouve deux cités notables : *Seattle*, tout au nord, port sur une admirable baie, et *Portland*, au pied des Montagnes des Cascades, dans une vallée fertile.

Au sud, c'est la **Californie**, pays au ciel limpide, au climat sans rudesse, au sol riche en céréales et en vignes, au sous-sol admirablement pourvu de métaux de toute sorte; on ne saurait en énumérer toutes les Gold City et les Silver-City. La colonisation s'y avance assez vite depuis l'établissement des grands chemins de fer transcontinentaux; toutefois, la densité de la population ne dépasse pas 4 habitants par kilomètre carré dans l'ensemble de l'Etat de Californie.

Les principales villes sont : *San Francisco*, fondée en 1838 et devenue rapidement prospère en raison de sa situation sur une admirable baie; c'est le principal port de l'Union sur le Pacifique; — *Oakland*, qui est située sur la même baie, en face de San Francisco; — *Los Angeles*, au sud de la Californie.

Le territoire d'Alaska. — Le territoire d'Alaska, situé au nord-ouest de l'Amérique du Nord, appartient aux États-Unis depuis 1867. Il a trois fois l'étendue de la France.

C'est un pays très montagneux, dominé par les plus hauts sommets de l'Amérique du Nord (mont Mac-Kinley, 6 255 m., mont Logan, Saint-Élie), dont quelques-uns sont des volcans encore actifs; ces montagnes sont couvertes de gigantesques glaciers. Un fleuve arrose l'Alaska, le *Youkon*, long de 3 500 kilomètres, et tributaire du détroit de Béring; il est presque toujours glacé.

Le climat est affreux dans l'intérieur qui a une température moyenne inférieure à — 25 degrés pendant les trois mois d'hiver. Sur la côte du Pacifique, qui est exposée aux eaux tièdes du Kouro-Sivo, la chaleur relative permet aux forêts de se développer; on y trouve des animaux à fourrure, renards noirs et argentés, castors, martres. L'exploitation des forêts, la chasse de ces animaux à fourrure et la pêche constituent les ressources d'une faible population.

L'Alaska renferme 85 000 habitants. Les agglomérations

principales sont *Sitka*, dans l'ile Baranoff ; *Juneau*, plus au nord, sur la côte ; et *Youkon City*, dans l'intérieur, au centre d'une région de gisements aurifères, auxquels on accède par la passe de Chilkoot, où l'on franchit les montagnes littorales.

Au large de l'Alaska, les États-Unis possèdent les *iles Aléoutiennes* et *Pribyloff*, dont les rares habitants vivent de la pêche.

Colonies et dépendances. — Les États-Unis, non contents de l'immense territoire qu'ils occupent dans l'Amérique du Nord, ont, comme les grands pays européens, travaillé à se donner des colonies.

Le tableau suivant donne la liste de ces colonies et dépendances, avec leur superficie et leur population :

Porto-Rico (Antilles) .	9 314 kil. carrés	955 000 hab.
Philippines (Océanie).	296 310　—	7 000 000　—
Samoa　(id.). .	199　—	4 000　—
Guam　(id.). .	514　—	9 000　—
Hawaii　(id.). .	16 702　—	154 000　—

RÉSUMÉ

I. **Fondation et organisation politique**. — Le territoire des États-Unis, très anciennement peuplé, n'avait que peu d'habitants, des Peaux-Rouges, à l'arrivée des Européens qui le colonisèrent. Ces colons furent de toute sorte, Anglais, Hollandais, Suédois, Espagnols, Français. Affranchis à la fin du xviiie siècle, les colons anglais, par acquisitions et annexions successives, ont constitué les États-Unis contemporains, république fédérale qui comprend 44 États, 1 district fédéral et 4 territoires organisés.

A la tête de la République sont trois pouvoirs : l'exécutif (le président), le législatif (le sénat et la chambre des représentants), et le judiciaire (une cour suprême).

II. **Populations**. — La population s'est élevée de 4 millions (1790) à 76 588 000 (1900) ; cet accroissement est dû partie aux naissances, partie à l'immigration. La densité de la population n'est encore que de 10 habitants par kilomètre carré. Les États les plus peuplés sont ceux du nord-est ; les moins

peuplés sont ceux de la région des Rocheuses (de 1 à 4).
La population urbaine s'accroit beaucoup plus que la popula-

La passe de Chilkoot.

tion rurale; certaines villes ont eu un accroissement prodigieu-
sement rapide. D'autres, il est vrai, disparaissent non moins vite.

III. Races, langues, religions. — Les habitants des États-Unis appartiennent à quatre races : ce sont des *Indiens*, parqués dans les plus pauvres territoires, au pied des Rocheuses; des *nègres*, importés pour le travail des plantations, émancipés par la guerre de sécession, restés nombreux dans les États du sud-est où ils ne cessent de s'accroître; les *Chinois*, dont l'immigration a été arrêtée par le gouvernement; les *Blancs*, Anglais et Irlandais, Allemands, Scandinaves, Français et Franco-Canadiens; — toutes les langues sont parlées aux États-Unis, mais principalement l'anglais; — toutes les religions y sont pratiquées, principalement le protestantisme, divisé en une infinité de sectes.

IV. Etat actuel et villes. — On distingue aux États-Unis : 1° la région du Nord-Est, la plus civilisée et la plus peuplée, avec les villes de Boston, New-York, Philadelphie, Baltimore, Washington, Pittsburgh, Cincinnati; — 2° le Sud-Est, pays de cultures tropicales, avec Nouvelle-Orléans; — 3° la région centrale, prospère à l'est, déserte ou presque à l'ouest, avec Milwaukee, Chicago, Saint-Louis, Denver; — 4° la région des Rocheuses, pauvre et désolée; — 5° la région du Pacifique, riche en céréales et en mines, avec San Francisco.

V. Dépendances. — Des États-Unis dépendent le territoire d'Alaska, v. pr. Sitka, au nord-ouest de l'Amérique; Porto-Rico, dans les Antilles; Hawaii, les Samoa et Philippines, en Océanie.

GÉOGRAPHIE ÉCONOMIQUE

Conditions générales. — Nés d'hier, peuplés d'aujourd'hui seulement, les États-Unis sont placés dans des conditions économiques tout autres que l'Europe.

Dans notre vieux monde, toutes les places sont prises, tous les besoins connus, tous les champs d'activité et de production nettement circonscrits. « A telle minute donnée, a-t-on dit, il y a en France tant de places vacantes, non seulement de colonels, d'ingénieurs de l'État, de chefs de bureau, mais aussi de fabricants de locomotives et de pianos. A tout le moins, il y a tant de pianos et de locomotives à fabriquer; aux concurrents à se les répartir. » Le champ de l'initiative individuelle se trouve ainsi forcément restreint. Il n'en est pas de même en Amérique, pays jeune, en formation, où l'énergie productrice ne trouve aucune limite. Chacun peut s'y frayer passage vers la richesse s'il possède plus qu'un autre ou s'il déploie plus à propos les qualités qui l'assurent.

Par suite, l'activité industrielle s'y est décuplée pour les besoins d'une exploitation à outrance. Les facultés humaines se sont développées dans le sens de la production rapide, de l'emploi des forces mécaniques et chimiques qui centuplent la puissance des organes naturels de l'homme.

On comprend qu'aucun pays au monde n'ait eu un développement économique plus soudain, plus hâtif, plus intense, plus audacieusement confiant en l'avenir. Le progrès se fait à pas de géants. Quelques années suffisent pour réaliser des transformations si complètes qu'on a peine à y croire.

Voies de communication.

— Les États-Unis ont des voies de communication de toute sorte, routes, fleuves et canaux, voies ferrées.

1° Les **routes** sont assez peu nombreuses, sauf dans les États voisins de l'Atlantique qui étaient déjà colonisés avant l'invention des chemins de fer.

2° Les **voies fluviales** sont nombreuses. Les États-Unis ont la bonne fortune de posséder sur leurs frontières les grands lacs canadiens, immense Méditerranée qui les borde sur une longueur d'au moins 4 000 kilomètres et sur laquelle une flotte de plus de 2 000 navires alimente une centaine de ports. En outre, ils ont de nombreuses rivières, navigables naturellement ou qu'on peut rendre telles sans grande difficulté : de ce nombre, sont la plupart des fleuves du versant atlantique (Hudson, Delaware, Potomac), ainsi que le Mississippi et ses principaux affluents, Missouri, Ohio. Mais ces rivières sont mal disposées; elles coulent du nord au sud, alors que le mouvement des échanges se fait surtout de l'ouest à l'est.

Des *canaux* ont été construits pour unir directement, de l'ouest à l'est, le Mississippi à l'océan Atlantique. Les principaux sont : le canal de l'Érié à l'Hudson, à travers les Alleghanys, et le canal du lac Michigan au Mississippi par la rivière des Illinois. La longueur totale de ces canaux atteint 4 150 kilomètres.

3° Les **voies ferrées** forment un remarquable réseau; nul pays au monde n'en a un plus vaste. Il mesure 520 000 kilomètres, représentant un capital de 58 milliards et demi de francs. L'Europe, dans son ensemble, n'a que 296 000 kilomètres de chemins de fer.

Le réseau des États-Unis est surtout compact à l'est, où la population est plus dense, les villes plus nombreuses. Quatre grandes lignes transcontinentales vont de l'Atlantique au Pacifique :

Northern Pacific, de New-York à Astoria, par Chicago. 5 839 kil.
Central Pacific, de New-York à San-Francisco . . . . . 5 412 —
New-York à San Francisco, par Topeka et Santa-Fé . . 7 480 —
Southern Pacific, de Nouvelle-Orléans à San Francisco. 4 015 —

Pendant l'exercice 1900-1901, les recettes brutes de toutes les compagnies américaines se sont élevées à 7 890 millions de francs (France, 1 505 millions).

4° Les États-Unis possèdent en outre des *postes*, des *télégraphes* et des *téléphones*, savoir :

Postes . . .   78 200 bureaux
Télégraphes.   23 500   —   315 000 kil. de lignes.
Téléphones .   558 000 postes   5 935 000   —   de fils.

5° La **marine marchande** des États-Unis est moins importante. La grande partie du commerce extérieur se fait par des bateaux appartenant à des compagnies européennes; la proportion du tonnage américain dans le total du commerce extérieur des États-Unis ne dépasse pas 22 pour 100

Les efforts des États-Unis se portent surtout de ce côté et tendent à faire faire le commerce extérieur par un plus grand nombre de bateaux battant pavillon américain, construits et équipés par des Américains et leur appartenant.

Les chemins de fer aux États-Unis. — La création des chemins de fer aux États-Unis a été d'autant plus facile à l'est et dans le centre, que la nature même du sol plat se prêtait sans peine aux travaux de cette sorte. Les difficultés ne commencèrent qu'au passage des Rocheuses quand on voulut gagner le Pacifique.

Aussi les voies ferrées se sont-elles construites de tous côtés. Elles remplacent le réseau de routes de l'Europe, qui manquent presque totalement aux États-Unis. Du reste, on les établit d'abord comme on peut : des remblais mal tassés, des ponts et viaducs branlants, des courbes d'un très faible rayon. Si la ligne réussit, on l'améliore, et,

Dans les Montagnes Rocheuses.

après quelques années, elle atteint un degré de perfection et de luxe ignoré en Europe.

La première ligne fut construite dans le Massachusetts en 1830. Dix ans après, les États-Unis possédaient déjà 5 000 kilomètres de chemins de fer, mais c'est en 1848 surtout, après la découverte de l'or californien, que le réseau des chemins de fer s'accrut avec rapidité. La première ligne transcontinentale fut construite de 1862 à 1869 : ce fut le *Central Pacific*. Il fallut, pour franchir les Rocheuses, monter jusqu'à l'altitude de 2 569 mètres (station de Sherman), ouvrir des tranchées énormes, multiplier les travaux d'art gigantesques : cependant, grâce aux Chinois, on posa jusqu'à 17 kilomètres de rails par jour. Le trajet de San Francisco à New-York se fait actuellement en 4 jours et 4 nuits, avec une vitesse moyenne de 50 kilomètres à l'heure.

Agriculture. — Les États-Unis ont au moins 280 millions d'hectares de bonnes terres cultivables (cinq fois l'étendue de la France), et le reste est loin d'être stérile. Mais, faute de bras, et malgré d'incontestables progrès, il n'y en a pas plus de 150 millions actuellement en cultures.

Cela n'empêche pas les États-Unis d'être le premier pays agricole du globe. Ses principaux produits sont les *céréales*, le *coton* et l'*élevage*.

1° Les **céréales** sont le maïs, le blé et l'avoine. Le maïs se cultive dans la région située au sud des Lacs (Ohio, Illinois, Iowa, Missouri), où il sert à l'engraissement des porcs et à l'alimentation de la population, surtout des nègres. Le blé et l'avoine se cultivent plus au nord (Illinois, Wisconsin, Minnesota, Dakota), ainsi qu'en Californie.

Depuis 1865, l'étendue cultivée en maïs a plus que doublé, celle en blé presque triplé, celle en avoine presque quadruplé. La production a tellement augmenté que, malgré l'accroissement de la consommation, il reste annuellement, pour l'exportation, un excédent de 500 à 550 millions d'hectolitres de céréales diverses[1].

1. *États-Unis* : étendues cultivées en céréales (en milliers d'hectares).

	Maïs.	Blé.	Avoine.
1865	13 770	6 075	5 240
1890	29 148	14 615	10 585
1900	55 745	17 210	11 083

Production et consommation des céréales (millions d'hectolitres) :

	Production	Consommation.
Maïs	765	545
Blé	190	150
Avoine	294	218

Les États-Unis sont, plus encore que la Russie et que l'Inde, un des greniers du monde. Et, comme l'étendue actuellement cultivée n'est que la moitié environ de l'étendue cultivable, peut-être même, moins de la moitié, on voit combien considérables sont les ressources de l'agriculture aux États-Unis.

2° Le **coton** prospère dans le sud-est. Son terrain propre est une sorte de terre noire formée de la désagrégation du sol calcaire qu'on trouve sur les flancs de l'Alleghany méridional et dans les terres alluviales qui bordent le Mississippi jusqu'au 37e degré de latitude.

Un instant compromise par la guerre de sécession, menacée par la concurrence de l'Inde et de l'Égypte, la production cotonnière des États-Unis ne cesse aujourd'hui de s'étendre. Elle égale, à elle seule, les 55 centièmes de la production du globe (Inde 14 centièmes, Égypte 7, Chine 7[1]).

3° L'**élevage** se pratique surtout dans la région des Prairies; c'est le pays des *ranches* ou fermes modèles. D'immenses troupeaux y paissent à l'air libre sous la surveillance des *cow-boys*, ou vachers à cheval. Une classe de riches éleveurs, intelligente, entreprenante, toujours à la tête des œuvres publiques, s'est formée; ce sont les *cattle-kings*, ou rois du bétail.

L'élevage consiste surtout en chevaux, bêtes à cornes, moutons et porcs. Les États les plus riches pour la production chevaline sont le Texas, l'Illinois et le Wisconsin. L'élevage du mouton se fait surtout dans les régions montagneuses. Le nombre des chevaux a tendance à décroître faute d'emploi, la traction mécanique ayant remplacé, dans nombre de villes, la traction animale.

4° Les États-Unis donnent beaucoup d'autres produits agricoles, mais pas encore assez pour leur consommation : le *tabac* se récolte dans le Maryland, l'Ohio méridional et le Kentucky, mais il faut en faire venir de la Havane; — la

---

1. Production cotonnière des États-Unis (en millions de kilogrammes) :

	Production.	Importat.	Exportat.	Consommation.
1890	1 647	15	1 122	558
1900	2 405	21	1 512	914

canne à sucre se cultive en Louisiane, mais elle décroît depuis la guerre de sécession ; il faut faire venir du sucre des îles Hawaii, de Cuba, des Indes orientales ; — le *café* et le *thé* y sont cultivés, mais on en importe encore du Brésil, de Chine et des Indes ; — les *vignobles* de la Californie sont prospères, mais les États-Unis n'ont pas encore cessé de demander du vin à la France.

La plupart de ces cultures font aux États-Unis de si rapides progrès qu'on peut entrevoir le jour où leur production suffira aux besoins de la consommation nationale et donnera lieu à une exportation.

En résumé, l'agriculture des États-Unis est extrêmement florissante et constitue pour eux une source de prospérité croissante.

L'agriculture aux États-Unis. — Pour peupler le territoire des États-Unis, il a fallu donner le sol. Sans bourse délier, chaque citoyen américain, ou demandant à l'être, a droit à 64 hectares de terre, dont il devient propriétaire au bout de cinq ans ; moyennant 1100 francs, la terre lui appartient après six mois.

Ainsi se constituent d'immenses propriétés qu'on ne peut exploiter qu'à l'aide d'un puissant outillage de machines agricoles. Les États-Unis ne connaissent point notre paysan de France, attaché à la terre, cultivant la moindre parcelle de son domaine avec sollicitude, presque amoureux d'elle. Le fermier américain est un spéculateur cherchant à obtenir le plus gros rendement avec le moins de frais. Point de fumures, de drainages, de labours pénibles ; peu lui importe d'épuiser la terre. Il lui prend tout et ne lui rend rien. Son unique soin est l'irrigation dans les parties sèches. Il sème successivement toutes les parcelles de son territoire, passant à une autre quand la première commence à s'épuiser.

La culture est donc presque barbare ; mais l'étendue des terrains cultivables est si considérable, le climat si favorable, la force productrice d'un sol intact depuis des siècles si intense, que les États-Unis ont le premier rang du monde entier pour la production agricole.

Industrie. — Les États-Unis, première puissance agricole du monde, tendent aussi à devenir la première puissance industrielle. Toutes les industries y progressent d'année en année d'une extraordinaire façon, *industries extractives, industries métallurgiques, industries textiles.*

1° Les **industries extractives** comprennent l'extraction

de la houille et du pétrole, celle du minerai de fer, du cuivre et du plomb, celle de l'or et de l'argent.

La **houille** forme d'immenses gisements, en particulier dans la région des Alleghanys et au sud des Grands Lacs (Pensylvanie, Illinois, Ohio, Virginie, Alabama). Ni l'Angleterre, ni sans doute la Chine, ne possèdent des gisements comparables à ceux des États-Unis, dont on évalue la superficie à 750 000 kilomètres carrés, plus que l'étendue de la France. Aussi, la production ne cesse-t-elle d'augmenter.

Les États-Unis ont aujourd'hui le premier rang du monde pour la production de la houille; ils commencent à en exporter de notables quantités.

Ce rapide développement de la production carbonifère américaine est un des faits qui préoccupent le plus les centres métallurgiques européens, longtemps dépendants plus ou moins de la production anglaise[1].

Le **pétrole** se rencontre surtout en Pensylvanie, dans toute la région située à l'ouest des monts Alleghanys; il existe d'autres sources pétrolifères, moins importantes, dans le Kentucky, l'Ohio, l'Indiana, le Colorado et la Californie. Le pétrole fourni par ces États est plus lourd et d'une qualité plus irrégulière que celui de Pensylvanie.

La production du pétrole aux États-Unis augmente : de 1890 à 1900, elle a passé de 6 048 000 tonnes à 8 529 000 tonnes. Elle est inférieure toutefois, depuis 1896, à celle de la Russie. Mais, comme le pétrole de Pensylvanie est de meilleure qualité que le pétrole russe, les États-Unis conservent la première place pour la valeur du pétrole exporté.

Les **minerais de fer, de cuivre et de plomb** sont abondants et de plus en plus exploités.

L'Angleterre, qui avait eu, jusqu'en 1898, le premier

---

1. Production houillère des États-Unis (en milliers de tonnes) :

	Production totale.	Exportation.
1880	60 000	»
1890	140 885	1 955
1899	253 911	5 752
1900	255 102	913

rang pour la production du minerai de fer, se trouve aujour-
d'hui fortement distancée par les États-Unis [1].

Les minerais précieux, or et argent, se rencontrent
surtout dans la région montagneuse de l'Ouest ; l'or, dans la
Californie, le Nouveau-Mexique, l'Arizona et le Colorado ;
l'argent, dans la Californie. La production de l'argent reste
stationnaire, mais celle de l'or a beaucoup augmenté.

Les États-Unis sont, avec l'Australie, le premier pays du
monde pour la production de l'or ; ils sont en tête pour la
production de l'argent [2].

2° Les *industries métallurgiques* se sont développées
surtout en Pensylvanie et dans l'Ohio, où abondent le fer, la
houille et les autres métaux. Les progrès de ces industries
ont été considérables en très peu de temps [3].

Sur aucun point, l'industrie américaine ne menace plus
tous les pays producteurs du globe. C'est à ses progrès qu'il
faut attribuer la crise que cette industrie subit actuellement
presque partout. Les produits américains viennent jusque
sur les marchés anglais faire concurrence aux produits métallurgiques de l'industrie britannique.

Cet énorme développement de l'industrie métallurgique
aux États-Unis tient avant tout à la quantité de houille et à
la richesse du minerai ; mais il tient aussi aux dépenses de
main-d'œuvre que les Américains ont su réduire par l'emploi
de machines-outils.

1. Production du fer, du cuivre et du plomb (en tonnes métriques) :

	Minerai de fer.		Cuivre.		Plomb.	
1885	11 000 000 tonnes.		»		»	
1890	15 000 000	—	120 000 tonnes.		128 000 tonnes.	
1900	27 555 000	—	279 000	—	204 000	—

2. Production de l'or et de l'argent aux États-Unis (1 once = 28gr,349) :

	Or.		Argent.	
1890	1 588 880 onces.		54 500 000 onces.	
1901	5 880 576	—	59 655 788	—

3. Production métallurgique des États-Unis (en milliers de tonnes) :

	Fonte produite.	Acier en lingots.	Produits métallurgiques.	Exportation.
1891	8 280	5 904	5 591	—
1899	15 621	10 640	10 557	942
1900	13 789	10 582	9 629	1 154

3° Les *industries textiles* (laine, coton, soie) ont pris aux États-Unis un développement tel, qu'on prévoit le moment où la consommation américaine cessera d'être tributaire de la production européenne, et où les produits textiles américains viendront faire concurrence aux produits européens sur les marchés européens eux-mêmes.

De 1890 à 1900, l'industrie de la laine n'a augmenté qu'assez peu, mais celle du coton a gagné 50 pour cent, et celle de la soie plus de 100 pour cent. Nulle part auparavant, on n'avait eu d'exemple d'un progrès aussi rapide et aussi considérable. Et le mouvement en avant ne semble pas près de s'arrêter [1].

4° En résumé, les États-Unis occupent une place prépondérante dans la production industrielle du monde.

Jusqu'en 1850, l'industrie américaine resta médiocre ; les Américains exportaient leurs minéraux bruts et faisaient venir d'Europe presque tous les objets manufacturés dont ils avaient besoin. A partir de la guerre de sécession, le progrès devint particulièrement rapide. L'activité industrielle a gagné tout le pays à l'exception de la région du Pacifique et des Rocheuses trop insuffisamment peuplés. En 1890, les États-Unis étaient déjà une des trois ou quatre grandes puissances industrielles du monde. Aujourd'hui, ils forment une force envahissante contre laquelle nos habitudes de moindre énergie nous rendent la lutte difficile.

Commerce. — C'est dans les résultats du commerce exté-

---

1. Statistique des industries textiles aux États-Unis :

		1890	1900
Laine	Cardes pour laine cardée .	7 245	7 806
	Peigneuses à laine.....	855	1 510
	Métiers à tisser.	67 817	80 759
	Métiers de bonneterie...	56 462	75 721
Coton	Broches à filer.	14 188 105	21 057 985
	Métiers à tisser.	524 866	490 598
Soie	Broches à filer et retordre.	718 560	1 426 245
	Métiers à tisser.	20 822	48 245

rieur qu'on trouve la preuve la plus évidente du rapide développement des États-Unis.

1° Les progrès du commerce extérieur des États-Unis ressortent du tableau suivant, qui donne, en millions de francs, la valeur des importations et des exportations depuis 1850 :

	Importation.	Exportation.	Total.
1850	890	684	1 574
1870	2 312	2 102	4 414
1890	4 116	4 277	8 393
1900	4 145	7 390	11 535
1905	5 484	7 417	12 901

Ainsi, de 1850 à 1905, les importations ont quintuplé; les exportations, toujours en augmentation, sont devenues onze fois plus fortes.

L'importance du commerce d'exportation est de plus en plus prépondérante. En 1850, les États-Unis achetaient beaucoup plus au dehors qu'ils ne vendaient; en 1890, les importations et les exportations se balançaient; aujourd'hui les exportations dépassent beaucoup le chiffre des importations.

C'est le résultat de leur politique économique qui a tendu à établir une barrière contre les produits étrangers, afin d'assurer l'exploitation des richesses naturelles du pays et d'organiser son industrie. C'est surtout le résultat du développement industriel des États-Unis qui produisent aujourd'hui ce que jadis ils achetaient au dehors et qui vont de plus en plus concurrencer les autres pays sur les marchés étrangers.

2° Le **commerce d'importation** consiste en : *articles alimentaires* (sucre des Indes orientales, d'Hawaii, de Cuba et d'Allemagne; café du Brésil; fruits frais des Antilles, d'Espagne, de France et d'Italie; thé de la Chine, du Japon et des Indes anglaises; vins de France); — *produits manufacturés* (articles chimiques d'Allemagne; cotonnades et lainages d'Angleterre; soieries de France);— *matières premières pour l'industrie* (soie brute de Chine, laine d'Australie et de la République Argentine, étain, bois, cuivre).

Depuis 1890, le commerce d'importation a relativement

assez peu augmenté. Mais l'examen du détail montre que,
par suite des progrès de l'agriculture et de l'industrie

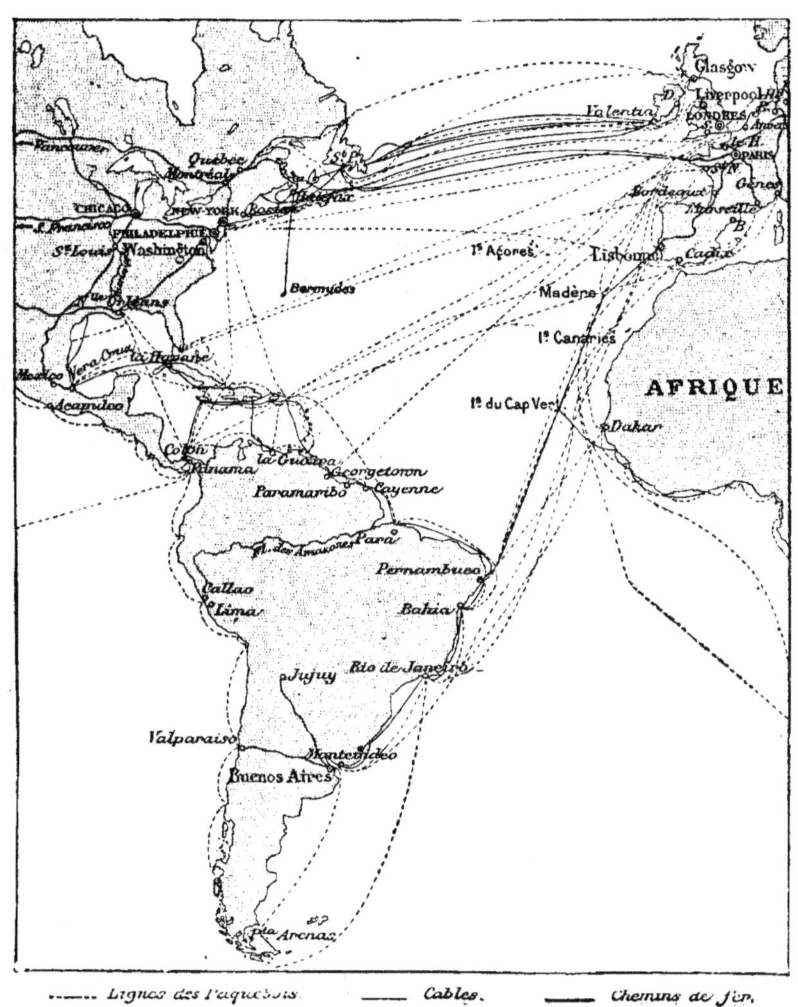

Navigation entre l'Europe et l'Amérique.

des États-Unis, et bien que la population se soit notablement
accrue, les importations d'articles alimentaires et de produits manufacturés ne cessent de diminuer sensiblement ; ce
qui augmente, c'est l'importation des matières premières

nécessaires à l'industrie, et cette augmentation est une nouvelle preuve du progrès industriel du pays[1].

3° Le **commerce d'exportation** consiste en : *produits agricoles* (blé, maïs, coton, viande, animaux, bois, expédiés principalement en Europe); — *produits manufacturés* (machines, articles de fer, cotonnades, expédiés en Europe et dans l'Amérique du Sud qui devient de plus en plus tributaire des États-Unis); — *matières brutes* (pétrole, houille, minerais divers).

De 1890 à 1905, le commerce d'exportation des États-Unis s'est augmenté de plus d'un quart pour les produits agricoles; il a triplé pour les produits manufacturés[2].

4° Les pays avec lesquels les États-Unis font le plus d'affaires, tant à l'importation qu'à l'exportation, sont donnés dans le tableau suivant avec la valeur des échanges, en millions de francs :

	Importation.	Exportation.	Total.
Angleterre	828	2 710	3 538
Allemagne	510	851	1 361
France	414	546	760
Canada	240	508	748
Mexique	201	195	396
Cuba-Porto-Rico	173	125	298
Japon	187	105	292
Chine	112	162	273
Hawaii	103	65	168

Les quatre pays du monde avec lesquels les États-Unis entretiennent les relations commerciales les plus suivies sont donc : l'*Angleterre*, à qui ils vendent trois fois plus qu'ils

1. Variations du commerce d'importation des États-Unis, de 1890 à 1900 (en millions de francs) :

	Art. aliment.	Prod. manufact.	Mat. premières.
1890	1 298	1 403	1 414
1900	1 096	1 222	1 825

2. Variations du commerce d'exportation des États-Unis, de 1890 à 1900 (en millions de francs) :

	Prod. agricoles.	Prod. manufact.	Mat. brutes.
1890	3 144	685	500
1900	4 525	2 207	554

n'achètent; l'*Allemagne*, à qui ils vendent deux fois plus qu'ils n'achètent; la *France*, à qui ils vendent un peu moins qu'ils n'achètent; le *Canada*, à qui ils vendent deux fois plus qu'ils n'achètent.

Conclusion. — Ainsi ce monde des États-Unis, nouveau et déjà très fort en dépit de sa jeunesse, compte désormais parmi les puissances de tout premier ordre dont dépend l'équilibre universel.

Leurs progrès ont été constants. Après avoir établi des droits très forts sur les produits d'Europe afin de favoriser le développement industriel du pays, les États-Unis, suivant la doctrine du président Monroe, aspirent à fermer tout le Nouveau Monde à l'Ancien et à en monopoliser tout le commerce.

Ce n'est pas tout. La nécessité de se créer des débouchés y a amené la création d'un *impérialisme* américain. Les États-Unis sont travaillés par un besoin d'expansion qui les a amenés à s'annexer Porto-Rico, dans les Antilles, dont ils convoitent d'autres morceaux. Ils ont aussi les yeux tournés vers l'Extrème-Orient asiatique, et se sont assuré trois escales sur la route qui y mène, Hawaii, les Samoa et les Philippines Et, comme cette expansion ne peut se faire sans provoquer des hostilités latentes et ouvertes, la République pacifique s'est trouvée contrainte aux armements. Toute sa politique et l'économie de sa vie, pour ainsi dire, s'est trouvée modifiée.

Il est difficile d'affirmer que cette prospérité durera toujours; un fait certain, c'est qu'elle ne paraît pas près de s'arrêter.

Les États-Unis, plus que toute autre partie de l'Amérique, ont été fondés et colonisés par les éléments de population pauvres, ou trop énergiques, que l'Europe voyait volontiers s'éloigner, ne sachant ou ne voulant pas les utiliser. Aujourd'hui, ce triage a produit un peuple exceptionnellement doué de volonté, d'activité et d'ambition; l'Europe n'a plus qu'une chance de salut, c'est de réveiller et de développer en elle-même les qualités qu'elle n'a pas su conserver.

RÉSUMÉ

I. Voies de communication — Les États-Unis ont des voies de communication multiples, peu de routes, mais de nombreuses rivières navigables, des canaux (4150 kil.), plus de 320000 kilomètres de voies ferrées dont quatre grandes lignes transcontinentales; des postes, des télégraphes, des téléphones. La marine marchande est, pour le moment, moins importante.

II. Agriculture. — Les principaux produits de l'agriculture sont les céréales (maïs, blé, avoine), le coton et l'élevage. Moins importants sont le tabac, la canne à sucre, le café, le thé, la vigne. Actuellement la moitié seulement des terres de bonnes qualités, le quart environ du pays, est mise en valeur, ce qui n'empêche pas les Etats-Unis d'être dès maintenant la première puissance agricole productrice du monde entier.

III. **Industrie.** — L'industrie progresse à pas de géants. Les principales industries sont : les industries extractives (houille, pétrole, minerais de fer, de cuivre et de plomb, or et argent); les industries métallurgiques (Pensylvanie, Ohio) et les industries textiles. Les progrès sont si rapides que quelques années suffisent pour doubler la production. Les Etats-Unis sont la première puissance industrielle du monde.

IV. **Commerce.** — Le commerce extérieur participe au même progrès. L'étude des tableaux statistiques montre : 1° que l'exportation tend de plus en plus à s'accroître, tandis que l'importation reste stationnaire; 2° que le commerce d'importation comprend de moins en moins des articles alimentaires et des produits manufacturés, de plus en plus des matières premières nécessaires à l'industrie; 3° que les Etats-Unis exportent de plus en plus des produits agricoles et des produits manufacturés; 4° que les pays avec lesquels les Etats-Unis font le plus d'affaires, sont l'Angleterre, l'Allemagne, la France et le Canada.

Les États-Unis ont fait des progrès si considérables dans le domaine économique qu'ils sont devenus pour l'Europe une rivale des plus dangereuses.

4. — LE MEXIQUE

Bornes, étendue. — Le Mexique, forme au sud des États-Unis, comme la pointe terminale par laquelle l'Amérique du Nord se rattache à l'Amérique centrale.

Ses limites sont : au nord, les *Etats-Unis*; à l'ouest et au sud, l'*océan Pacifique*; à l'est, le *golfe du Mexique*.

Le Mexique mesure 2 500 kilomètres du nord au sud; sa largeur est de 2 000 kilomètres au nord, de 210 au sud. Il a une superficie de 1 987 000 kilomètres carrés (près de 4 fois l'étendue de la France).

GÉOGRAPHIE PHYSIQUE

Relief. — Le Mexique est formé surtout de hautes terres. Il se compose de vastes plateaux, encadrés par de hautes montagnes dont le pied n'est séparé des mers voisines que par un étroit liseré de terres basses.

Les deux **soulèvements montagneux** ont leurs principaux sommets vers le sud. On distingue : 1° la **Sierra**

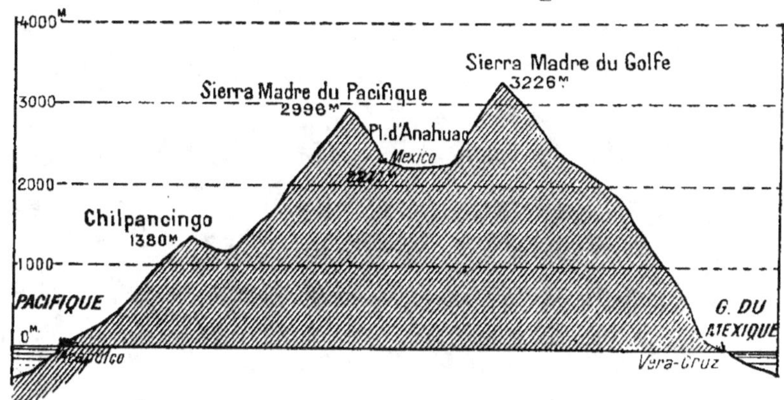

Coupe transversale du Mexique.

Madre du Pacifique, à l'ouest, avec le *Volcan de Colima*, le *Volcan de Jorullo*, le *Nevado de Toluca* (4570 m.) et le *Popocatepetl* (5591 m.), la « montagne fumante » des Aztèques, qui domine la ville de Mexico ; — 2° la **Sierra Madre du Golfe**, à l'est, avec le *pic d'Orizaba* ou *Citlaltepetl* (5577 m.), point culminant du Mexique et de toute cette partie de l'Amérique.

La plupart des hauts sommets du Mexique sont des volcans. Le pays est souvent bouleversé par des éruptions volcaniques et des tremblements de terre violents.

Le *plateau du Mexique*, qu'encadrent ces deux soulèvements, va en s'élevant du nord vers le sud ; il est rugueux et inégal, traversé de chaînes, coupé de vallées, creusé de bassins fermés. On l'appelle *Grand Bassin*, au nord, où il a une altitude moyenne de 1 100 mètres, et *plateau d'Anahuac*, au sud, où il est semé de lacs sans écoulement et ne

Le Popocatepetl.

s'abaisse guère au-dessous de 1 700 à 1 800 mètres ; la ville même de Mexico s'élève à 2 277 mètres d'altitude.

Les volcans au Mexique. — Les montagnes du Mexique appartiennent au cercle de feu du Pacifique. D'immenses coulées de lave, épandues à la surface du plateau d'Anahuac, témoignent qu'une action volcanique intense y régna jadis, surtout vers le sud, aux environs de Mexico. La plupart des hauts sommets qui dominent l'Anahuac sont des volcans éteints ou assoupis : l'Orizaba n'a pas eu d'éruption notable depuis plus de trois siècles ; le Popocatepetl n'émet plus que des vapeurs sulfureuses. Toutefois, même dans les temps modernes, des éruptions ont maintes fois bouleversé cette région. En 1759, le *volcan de Jorullo* se forma en une seule nuit au-dessus d'une plaine qu'il domine de plus de 500 mètres. Vers la fin de 1856, une éruption se produisit au nord de la ville de Guadalajara, sur un point où l'existence d'une montagne volcanique était jusqu'alors ignorée.

Le Mexique n'est pas exposé à des tremblements de terre aussi violents que ceux de l'Amérique centrale. Néanmoins, il éprouve fréquemment des commotions plus ou moins sensibles. On en a constaté jusqu'à 22 dans une période consécutive de 29 jours. A Mexico, ces oscillations ont ébranlé la plupart des clochers qui s'éloignent aujourd'hui assez sensiblement de la verticale, et beaucoup de maisons n'ont qu'un étage par crainte des tremblements de terre.

Climat. — Par sa position en latitude, le Mexique est une contrée tropicale ; durant six mois de l'année, le soleil

Climats du Mexique.

y darde ses rayons à pic, amenant avec lui le cortège de pluies et d'orages périodiques qui caractérisent les climats tropicaux. L'année s'y partage en deux saisons dont le contraste augmente du sud au nord : l'été ou saison des pluies, et l'hiver ou saison sèche. Au nord du Mexique, comme dans le Sahara, la saison des pluies existe à peine ; au sud, comme dans le Soudan, elle dure la moitié de l'année.

L'altitude du pays modifie en partie les effets de la latitude. On distingue en réalité au Mexique trois zones de climats : 1º les *Tierras Calientes*, régions basses, à température chaude, humide, constante, dévastées souvent par le vomito negro ou fièvre jaune, funestes à l'Européen ; —

2° les *Tierras Templadas*, comprises entre 1 000 et 2 000 mètres d'altitude ; la température n'y varie guère que de 23 à 25 degrés ; on n'y trouve ni le ciel brûlant ni l'atmosphère empoisonnée de la côte ; — 3° les *Tierras Frias*, ou terres froides, régions élevées, où parfois l'on souffre du froid, en particulier quand le vent du nord souffle en tempête. L'expression de froid n'y a cependant qu'une valeur relative : telle partie des terres froides est assez chaude pour permettre à la canne à sucre ou aux palmiers d'y prospérer.

Hydrographie. — Les fleuves mexicains ne sauraient avoir grande importance, en raison de la forme du relief et de la sécheresse du climat dans toute la partie septentrionale du Mexique.

Les deux principaux sont : le *Rio Grande del Norte*, qui ne lui appartient que comme frontière ; c'est un fleuve long, mais peu abondant, tributaire du golfe du Mexique ; — le *Rio Lerma* ou *Santiago*, torrent à cascades et rapides, qui sort du lac Chapala et se jette dans le Pacifique.

La plupart des eaux du plateau intérieur, trop peu abondantes pour se frayer passage jusqu'à l'une des deux mers qui baignent le Mexique, se perdent sur le plateau lui-même en y formant des lagunes et bassins fermés qui croissent ou diminuent suivant la saison et l'abondance des pluies. Le principal est le lac *Texcoco*, situé près de Mexico. La plupart de ces lacs sont en voie de diminution.

Côtes. — Le Mexique a des côtes sur deux mers, sur le Pacifique à l'ouest et au sud, sur le golfe du Mexique à l'est.

1° La **côte du Pacifique** est immédiatement bordée par les montagnes qui plongent leur pied dans les flots. Elle est élevée, assez découpée et saine ; rarement, aux environs d'Acapulco, par exemple, on y trouve des marécages.

Les points principaux de cette côte sont la *presqu'île de Californie*, longue et étroite ; le *golfe de Californie*, ou *mer Vermeille*, également long et étroit, semé d'îles montagneuses ; le cap *Corrientes* et le *golfe de Téhuantepec*, sorte d'inflexion du rivage plutôt que golfe véritable.

2° La **côte du golfe du Mexique** est basse, sablonneuse ou bordée de lagunes, et les bons ports y manquent : la Vera Cruz et Tampico sont moins des ports que des mouillages. Au sud-ouest est la grande *presqu'île du Yucatan*, qui enferme la *baie de Campêche* ; la côte en est bordée presque toute de lagunes malsaines.

Ressources naturelles. — Le Mexique possède des ressources abondantes et variées ; il a une végétation riche et de nombreux gisements miniers.

1° La **végétation** du Mexique, comme puissance et comme espèces, varie en même temps que le climat. Les *Terres chaudes* ont des fourrés d'arbres presque inextricables, les essences des pays chauds et humides, les cultures tropicales, bois d'ébénisterie et de teinture, cotonniers, palmiers, bananiers, canne à sucre, cacao, coton, tabac. Les *Terres froides* sont moins favorisées, par suite de l'insuffisance d'humidité ; on n'y trouve point de forêts, mais le maïs, le froment, l'orge, et même la canne à sucre y prospèrent.

2° Les **richesses minérales** du Mexique sont depuis longtemps fameuses. Le mercure, le platine, le cuivre, le plomb, le fer, le manganèse, la houille, s'y rencontrent dans le sol, en quantités plus ou moins importantes ; le soufre tapisse les parois des cratères volcaniques où on descend le chercher.

Avant tout, le Mexique abonde en *métaux précieux* ; l'or y existe en nombreux filons ; l'argent s'y trouve en abondance. On estime que la région minière comprend les quatre cinquièmes de l'étendue totale du Mexique. La Sierra Madre du Pacifique est mieux pourvue que celle du Golfe, qui est loin pourtant d'être déshéritée. « Il est reconnu, dit un voyageur, que la richesse minérale du Mexique explorée jusqu'à ce jour n'est qu'une goutte dans l'Océan, en comparaison des mines vierges qui existent dans toutes les directions. »

La nature mexicaine. — Le trait caractéristique de la nature mexicaine, c'est la variété des contrastes de végétation qu'elle présente et qui va de la luxuriance équatoriale jusqu'à l'indigence désertique, depuis les espèces de l'Équateur jusqu'aux arbres des pays froids. En quelques heures, le voyageur qui se rend de Mexico à Vera-Cruz par le chemin de fer, voit succéder aux céréales de nos pays le riz et la canne à sucre, aux chênes et aux pins les cocotiers et les palmiers, aux conifères qui rappellent la Russie les arbres à larges feuilles toujours vertes qu'on ne trouve que dans les pays très chauds. Dans l'ensemble, le Mexique est un pays fort riche en espèces végétales; le cacao, les arachides, la pomme de terre, le tabac, la tomate, nous en viennent.

Les **terres chaudes** forment la zone végétale la plus riche. Sous les averses d'un ciel traversé par un soleil qui brûle, l'homme blanc végète, la fièvre jaune y règne à l'état endémique, guettant les nouveaux venus, atteignant même ceux qui sont depuis longtemps acclimatés; mais la plante croît avec force, avec luxe. A côté des savanes à l'herbe épaisse se déroulent les cultures tropicales, canne à sucre, cacao, coton, tabac; s'élèvent les essences des pays chauds, palmiers, bananiers, cotonniers, bois d'ébénisterie et de teinture; se pressent en un fourré presque inextricable des arbres enserrés de lianes qui retombent de tous côtés en guirlandes.

Les **terres tempérées** présentent un curieux mélange d'essences tropicales et européennes qui poussent côte à côte, et prospèrent grâce à l'humidité permanente qui provient des neiges des montagnes. A côté des pins croissent les cocotiers; près des araucarias du Chili et de la Nouvelle-Zélande se montrent les caféiers de Libéria et d'Arabie; l'arbre à quinquina, le poivrier, le vanillier, le manguier, s'aperçoivent près d'arbres implantés du Japon, comme le néflier; le riz, le bananier, avoisinent l'oranger importé d'Europe.

Même en hiver, le gardénia, cette plante de serre chaude, s'épanouit en plein air sous ce climat égayé par un printemps continuel; le camélia, le laurier-rose, le magnolia, l'azalée sont en pleine floraison.

Les **terres froides** sont moins riches. La faute en est moins à l'insuffisance de la chaleur qu'à celle de l'humidité qui est plus sensible au nord, à mesure que les deux chaînes montagneuses s'éloignent, fermant aux nuages humides les immenses étendues de l'intérieur. Au sud, vers Mexico, s'étendent des champs de maïs, d'orge et de froment; le maïs y atteint des dimensions inconnues en Europe, 3 ou 4 mètres; on trouve même, malgré l'altitude, la canne à sucre dans les environs de Morelia et le Michoacan, « cette Andalousie du Mexique », et des palmiers dans les jardins de Mexico.

Plus au nord, la végétation s'étiole et on arrive graduellement au désert. L'eau y est si rare que la rencontre d'un étang ou d'un puits est un événement aussi important que dans le Sahara. La plaine est généralement sablonneuse, crevassée par la sécheresse, sillonnée par des tourbillons de sable impalpable, ou *remolinos*, jonchée de dunes de sables mouvants d'une aveuglante blancheur. Rien n'y pousse, à part quelques plantes grisâtres, épineuses, qui se défendent contre la sécheresse par l'abondance de sève contenue dans leurs feuilles charnues, du reste peu luxuriantes : tels sont le yucca et les diverses espèces de cactus, le pisahaya. sorte de colonne cannelée, garnie d'épines. si rigide. même quand souffle le vent. qu'on dirait un arbre pétrifié ; l'agavé. tout barbelé de pointes ; l'organos. dont les branches verticales et rectilignes ont l'apparence de tuyaux d'orgues. Au-dessus du plateau, les flancs des montagnes sont noirs de pins jusqu'à l'endroit où

Haie de cactus au Mexique.

cesse toute végétation et au delà duquel s'étalent les neiges persistantes.

En résumé. on peut répéter aujourd'hui ce que disait du Mexique. il y a quatre siècles, le fameux évêque Zumarraga : « Ce pays. bien exploité. deviendrait le plus riche du monde. On pourrait y cultiver tout ce qu'on voudrait : car on y trouve des climats froids. chauds et tempérés, des plaines. des montagnes et des vallées. »

GÉOGRAPHIE POLITIQUE ET ÉCONOMIQUE

Organisation politique. — Le Mexique fut colonisé par les Espagnols à partir de 1519, époque à laquelle Cortez y aborda. Il était alors habité par des populations de race

Ruines aztèques au Mexique.

rouge, Toltèques, Tchichimèques et Aztèques, qui y vivaient, divisés en nombreuses tribus et cultivant le sol. Ces populations étaient déjà quelque peu civilisées. Si elles pratiquaient les sacrifices humains, elles avaient une sorte de service des postes fait par des coureurs esclaves, un « hôtel des Invalides » et d'autres institutions qui ne sont point d'un peuple sauvage. Des obélisques, des temples, des palais sculptés, dont les vestiges subsistent, témoignent de leur génie; ils connaissaient l'astronomie, cultivaient et irriguaient avec sagesse, savaient travailler les métaux et tisser les étoffes, s'étaient combiné un calendrier où l'année était divisée en dix-huit mois de vingt jours avec cinq jours intercalaires. Les Espagnols les vainquirent, les décimèrent, leur imposèrent leur religion, leur langue, leurs mœurs.

C'est de 1810 à 1824 que le Mexique s'est affranchi du joug espagnol. Depuis lors, il a été agité par de nombreux coups d'État ou *pronunciamentos*. Il se développe plus régulièrement depuis 1867.

Il forme une république fédérative comprenant 27 États, un district fédéral où est bâtie la capitale, Mexico, et trois territoires. L'organisation politique ressemble à celle des États-Unis; le *pouvoir exécutif* appartient à un président, élu pour quatre ans par vote secret et indirect de la nation, et rééligible; le *pouvoir législatif* appartient à un Congrès, formé d'un Sénat et d'une Chambre des députés.

Population.

1° Le Mexique a des *recensements réguliers* à peu près tous les dix ans. Il y a des évaluations annuelles. Le recensement de 1900 a dénombré 13605000 habitants.

2° L'*accroissement* de la population mexicaine ressort du tableau suivant qui indique la progression à divers recensements :

1793	5 200 000 hab.	»	
1810	6 064 000 —	1,0	pour 100
1831	6 382 000 —	0,2	—
1857	8 283 000 —	1,1	—
1880	9 908 000 —	0,9	—
1900	13 605 000 —	1,8	—

Cet accroissement est lent si on le compare à celui des États-Unis. Cela tient à ce que l'excédent des naissances sur les décès est relativement faible; la mortalité est élevée au Mexique où la vie moyenne ne dépasserait pas 24 ans. En outre, l'immigration y est beaucoup moins forte que dans les États-Unis.

3° La **densité** de la population mexicaine est de 7 habitants en moyenne par kilomètre carré.

Tandis que, dans la plupart des pays, les plaines l'em-

portent sur les hautes terres par le nombre des habitants,
c'est le fait contraire qu'on constate au Mexique : les hautes
terres arrosées du sud, de Puebla à Guadalajara et de San
Luis Potosi à Morelos, sont de beaucoup la région la plus
populeuse; la densité des États qui y sont situés varie de 20
à 41 habitants par kilomètre carré.

Les zones bordières, chaudes et humides, malsaines,
dévastées par le vomito negro, sont relativement désertes,

Densité de la population du Mexique.

ainsi que les steppes sèches du nord : dans la Basse-Cali-
fornie, la Sonora et le Bolson de Mapimi, la densité n'atteint
pas ou dépasse à peine 1 habitant par kilomètre carré.

4° Les habitants du Mexique se partagent, suivant la
race, en trois groupes principaux : les blancs, les Indiens
et les métis. On compte :

Blancs.	2 700 000	20	pour 100.
Race indigène . .	5 100 000	37.5	—
Métis et nègres. .	5 750 000	42.5	—

Les *Blancs* sont en majorité des Espagnols ou des descendants d'anciens colons espagnols établis depuis longtemps au Mexique. On y trouve environ 15 000 Américains du Nord, puis des Français, des Anglais, des Allemands, des Italiens (de 2 500 à 4 000). Depuis assez longtemps déjà, un certain nombre d'habitants des Alpes françaises, en particulier de la vallée de Barcelonnette, vont s'établir dans le Mexique comme merciers et bonnetiers.

Les *Indiens* forment la majorité dans de nombreux États, principalement au sud ; ils ont repris une influence sur les destinées du pays : le président Juarez, qui lutta si énergiquement contre l'empereur Maximilien, était de souche indienne. Dans les grandes villes, par exemple à Mexico, ils ont leurs faubourgs distincts.

Les *métis* sont les descendants d'Espagnols et d'Indiennes ; ils ont les qualités et les défauts de la race espagnole elle-même, dont ils ont les principaux traits physiques, toutefois avec un teint plus bronzé et des traits plus accentués.

5° A l'exception de 2 millions d'indigènes qui ne parlent que les anciennes langues mexicaines et d'environ 500 000 dissidents religieux, tous les habitants du Mexique ont même langage, l'*espagnol*, même religion, le *catholicisme*.

Mais des jalousies et des haines violentes séparent les hommes des différentes races, si distincts par leur histoire et leur caractère. Ces conflits de races ne sont pas étrangers aux révoltes, aux coups d'État, aux guerres civiles, qui ont été pendant un siècle si fréquents au Mexique, comme ils le sont encore dans les républiques sud-américaines formées des mêmes éléments de population.

État actuel et villes[1]. — On peut distinguer au Mexique quatre régions principales : le *plateau méridional*, le *pla-*

---

1. Principales villes du Mexique (recensement de 1900) :

Mexico	344 000 hab.	San Luis Potosi	61 000 hab.
Guadalajara	101 000 —	Guanajuato	41 000 —
Puebla	93 000 —	Pachuca	57 000 —
Léon	80 000 —	Zacatecas	52 000 —
Monterey	62 000		

teau septentrional, la région littorale du Pacifique, la région littorale de l'Atlantique.

1° Le **plateau méridional** forme la région la plus saine, la plus riche et la plus peuplée. C'est lui qui renferme les villes les plus importantes.

On y trouve : **Mexico**, la capitale, située à 2 277 mètres d'altitude sur le plateau d'Anahuac que domine un cercle de montagnes et de collines, avec le Popocatepetl ; — *Puebla*,

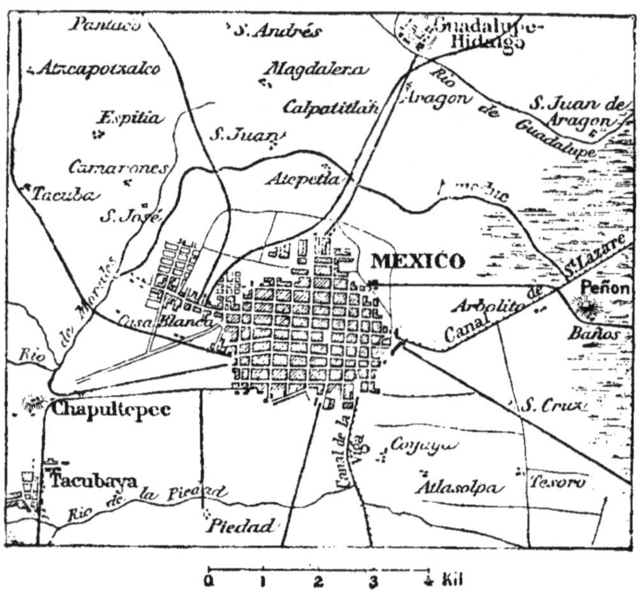

Mexico.

ville d'industries, au sud-est de Mexico ; — *Guadalajara*, au nord du lac Chapala, ville industrielle et grand entrepôt agricole, au centre de la plus importante région minière du Mexique ; — *Léon*, ville industrielle ; — *Guanajuato*, au centre d'une région de mines d'or et d'argent ; — *San Luis Potosi* et *Zacatecas*, villes agricoles et centres miniers, à l'extrémité septentrionale des plateaux fertiles.

2° Le **plateau septentrional** est beaucoup plus sec, par suite beaucoup moins fertile et moins peuplé. Le centre en est occupé par le *Bolson de Mapimi*, désert semé de lagunes vers lesquelles tendent des rivières temporaires, souvent bues par les sables avant d'y arriver.

La seule ville notable est *Monterey*, située à l'est, au pied d'une petite sierra.

3° La *région littorale du Pacifique* ne renferme que quelques ports, dont le principal est *Acapulco*, situé malheureusement sur un territoire d'une extrême insalubrité.

4° La *région littorale du golfe du Mexique* est encore plus malsaine, mais elle possède des ports plus importants que ceux du Pacifique parce qu'ils servent de points d'arrivée aux grands paquebots venus d'Europe, des États-Unis et des Antilles.

On y trouve : la *Vera-Cruz*, port de Mexico, située dans une plaine si malsaine que les Mexicains l'ont surnommée la « Ville des Morts » ; — *Tampico*, beaucoup plus au nord ; — *Campêche*, qui exporte des bois d'ébénisterie et de teinture ; — *Mérida*, capitale du Yucatan.

Géographie économique. — Le Mexique s'est beaucoup développé depuis que son gouvernement s'est fixé. Il s'est donné des voies de communication ; son agriculture, son industrie et son commerce sont en progrès marqué.

1° Les **voies de communication** se composent surtout de voies ferrées, qui se sont construites assez rapidement, malgré les difficultés qu'offraient les montagnes bordières. Le Mexique n'avait pas 200 kilomètres de chemins de fer en 1867 ; il en a maintenant 17 800 en exploitation.

Les lignes principales relient Mexico aux États-Unis ; l'une parallèle aux montagnes de l'ouest, dessert Léon, Zacatecas, Chihuahua, et franchit la frontière à El Paso del Norte ; l'autre suit les montagnes de l'est par San Luis Potosi et Monterey, et gagne la Nouvelle-Orléans. D'autres voies unissent les villes de l'intérieur à la côte du Golfe, Mexico à Vera-Cruz, San Luis Potosi à Tampico. De même Mexico est relié à la côte du Pacifique par la vallée du Rio Lerma.

2° L'**agriculture** est en progrès. Aux cultures de la cochenille et de l'indigo, ruinées par la concurrence, ont succédé celles du caféier, de la vigne et du maguey, plante précieuse qui fournit aux Mexicains leurs boissons favorites (pulque et mezcal), et des fibres dont on confectionne des tissus, des cordes et du papier.

Les autres cultures sont celles du maïs, du blé, du cacao, de la canne à sucre, du coton, du tabac et de la vanille.

3° **L'industrie** commence à se développer; toutefois elle est encore peu importante. Le Mexique est obligé d'exporter les métaux bruts qui sont extraits de son sol parce qu'il ne sait pas encore les travailler; il doit faire venir de l'étranger un grand nombre d'objets fabriqués.

Cependant le Mexique a des usines et des fonderies de métal, des manufactures et des filatures de coton. Les Indiens forment d'excellents ouvriers de fabrique, aussi patients, aussi méthodiques que des machines.

4° Le **commerce** a augmenté considérablement depuis 1890; en 1905 il dépasse 900 millions (importation, 379 millions; exportation, 526 millions).

Les *importations* consistent surtout en objets manufacturés, en machines, en tissus. Les *exportations* consistent en métaux bruts, métaux précieux (244 millions), cuivre, plomb; en fibres textiles, henequen (86 millions); en café, tabac, vanille.

Les trois quarts du commerce du Mexique sont faits avec les États-Unis; la Grande-Bretagne, l'Allemagne, la France, et un peu l'Espagne, se partagent le reste.

RÉSUMÉ

1. **Étendue.** — Borné par les États-Unis, l'océan Pacifique et le golfe du Mexique, le Mexique a 1 987 000 kilomètres carrés de superficie, soit près de quatre fois l'étendue de la France.

II. **Relief et climat.** — Le Mexique comprend : deux soulèvements montagneux, la Sierra Madre du Pacifique (Popocatepetl) et la Sierra Madre du Golfe (pic d'Orizaba 5 577 m.), formés en partie de montagnes volcaniques; de hauts plateaux d'une altitude de 1 100 à 2 500 mètres; et deux étroits lisérés de terres basses le long des deux mers qui le baignent.

Le climat, chaud et humide dans les parties basses, se tempère à mesure que l'altitude augmente. On distingue trois zones de climat au Mexique : les Terres chaudes, les Terres tempérées et les Terres froides.

III. Hydrographie et côtes. — Le Mexique n'a que de petits fleuves, ou mieux de petits torrents, dont le principal est le Rio Lerma ou Santiago. Les côtes sont rocheuses sur le Pacifique (presqu'île et golfe de Californie, golfe de Tehuantepec), basses et alluviales le long du golfe du Mexique (presqu'île du Yucatan, baie de Campêche).

IV. Ressources naturelles. — Le Mexique a des ressources végétales très variées en raison de la diversité du climat; il n'est point de plante qui ne puisse y croître, soit dans les terres chaudes, soit dans les terres tempérées, soit dans les terres froides. Les minerais de toute sorte abondent, en particulier l'or et l'argent qui constituent une énorme source de richesse, bien qu'on l'exploite activement depuis plusieurs siècles déjà.

V. Organisation politique et population. — Le Mexique forme une république fédérative de 27 États. Sa population est de 15 605 000 habitants; elle s'accroît assez lentement; la densité n'est que de 7 habitants par kilomètre carré, et, au contraire de ce qui a lieu en général, les régions les plus peuplées sont des régions de plateaux. Les Mexicains appartiennent à trois races principales; il y a les Blancs, les Indiens, les Métis; presque tous parlent l'espagnol et professent le catholicisme, survivances de l'ancienne domination espagnole.

VI. État actuel et villes. — Les principales villes sont : sur le plateau méridional, Mexico, la capitale, Puebla, Guadalajara, Léon, Guanajuato, San Luis Potosi et Zacatecas; — sur le plateau septentrional, Monterey; — sur le Pacifique, Acapulco; — sur le golfe du Mexique, Vera-Cruz.

VII. Géographie économique. — Le Mexique a commencé à se développer; il possède 17 800 kilomètres de voies ferrées; son agriculture, son industrie et son commerce sont en progrès. Mais il n'est encore qu'au début de son essor économique; il exporte ses minerais au lieu de les travailler lui-même, et il fait venir du dehors, principalement des États-Unis, de grandes quantités d'objets manufacturés ou fabriqués.

5. — L'AMÉRIQUE CENTRALE

Les isthmes de l'Amérique centrale. — On nomme Amérique centrale la suite d'isthmes qui relie l'Amérique du Nord à l'Amérique du Sud, entre l'océan Pacifique et la mer des Antilles. On la rattache géographiquement à l'Amérique du Nord et on considère l'isthme de Panama, qui est le plus étroit de ces isthmes, comme formant la limite naturelle des deux parties du continent américain.

Cette longue suite d'isthmes mesure une longueur de 2500 kilomètres. Elle en comprend cinq principaux :

1° L'*isthme de Tehuantepec* (240 kil.), au Mexique, entre le golfe de Tehuantepec et le golfe du Mexique ; à l'est, se trouve la péninsule de Yucatan ;

2° L'*isthme de Honduras* (260 kil.), entre l'océan Pacifique et le golfe Amatique, fond du golfe de Honduras ;

3° L'*isthme de Nicaragua* (220 kil.) ;

4° L'*isthme de Costa Rica* (105 kil.) ;

5° L'*isthme de Panama* (56 kil.), continué à l'est par les isthmes de *San Blas* et de *Darien* : ces trois isthmes marquent le point le plus resserré des isthmes qui relient l'Amérique du Nord à l'Amérique du Sud ; ils en marquent vraiment la séparation.

Géographie physique. — Dans l'ensemble, l'Amérique centrale rappelle le Mexique par les principaux traits de son relief, de son climat, de son hydrographie, de ses côtes, ainsi que par ses productions diverses.

1° Le **relief** est très accidenté. L'Amérique centrale est traversée par de hautes montagnes, plus voisines du Pacifique que de l'Atlantique. Toutefois, ces montagnes ne forment pas une ligne continue ; elles sont morcelées par de profondes coupures, anciens détroits comblés par des alluvions ou des exhaussements volcaniques, qu'une légère élévation des mers retransformerait en détroits.

Les principaux sommets sont : l'*Acatenango*, le *Fuego*
(4260 m.) et l'*Agua*, près de l'isthme de Honduras ; le *Coseguina*, qui domine la baie de Fonseca ; l'*Irazu* et le *Chirigui*,
dans l'isthme de Costa-Rica.

Presque toutes ces montagnes sont des volcans, dont
quelques-uns jettent encore des laves ou des boues. La con-

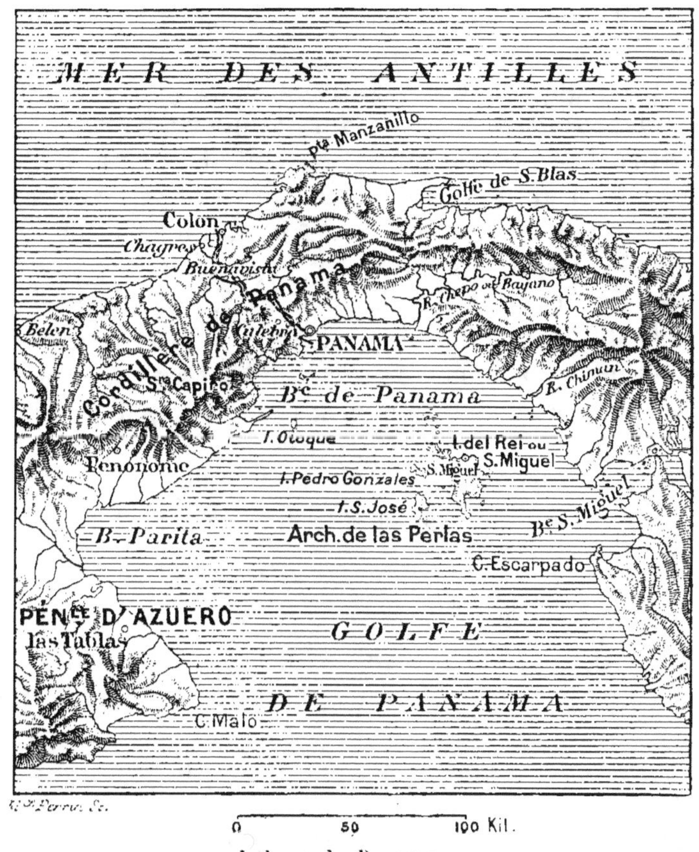

Isthme de Panama.

trée entière est le centre d'une activité volcanique intense,
et les tremblements de terre y sont aussi fréquents que violents. C'est à des failles ou à des fractures volcaniques
qu'est due la formation des nombreux lacs qu'on trouve
dans cette région, et dont les principaux sont le *lac de
Managua*, aussi grand que le Léman, et le *lac de Nicaragua*,
douze fois plus étendu et renfermant trois cratères.

2° Le **climat** est généralement chaud et humide. Mais il varie avec le relief : très chaud dans les parties basses, il est plus tempéré sur les pentes de 1 000 à 2 000 mètres, et devient relativement froid au delà de cette dernière altitude.

Dans l'ensemble, l'année s'y partage en une saison sèche, l'été, et une saison pluvieuse, l'hiver. Les pluies sont partout fréquentes et abondantes, mais plus sur le versant de la mer des Antilles que sur celui du Pacifique.

3° Les **fleuves** n'ont point d'importance ; le pays est trop tourmenté et trop étroit ; ce sont des cours d'eau tortueux coulant au fond de ravines profondes, de cascade en cascade, et ne s'apaisant qu'à proximité de la mer, au milieu de leurs dépôts alluviaux.

Le principal est le *San Juan*, qui déverse les lacs de Managua et de Nicaragua, et se termine dans l'Atlantique ; ses embouchures sont obstruées par des barres.

4° Les **côtes** sont baignées, d'un côté par le Pacifique, et de l'autre par la mer des Antilles.

La côte du Pacifique est abrupte ; elle dessine de profondes baies et de capricieuses presqu'îles. On y remarque le *golfe de Fonseca*, la *presqu'île* et la *baie de Nicoya*, le *golfe Dulce*, la *péninsule d'Azuero* et le *golfe de Panama*, protégé par l'archipel de las Perlas.

La côte de la mer des Antilles est formée de terres alluviales ; elle est basse, bordée de lagunes, longée de bas-fonds et d'écueils. On y remarque le *golfe de Honduras* et le *golfe Amatique*, à l'est de la péninsule de Yucatan ; le *golfe des Mosquitos* et la *lagune de Chiriqui*, à l'est du Costa-Rica.

5° Les **ressources végétales** diffèrent suivant l'altitude. L'Amérique centrale a trois étages de productions : dans la région basse, forêts coupées de marais et de savanes, bambous, bois d'ébénisterie et de teinturerie, cultures difficiles ; — au delà de 500 mètres, canne à sucre, caféier ; — après 2 000 mètres, céréales, pommes de terre, arbres fruitiers d'Europe.

6° Les **richesses minérales** abondent dans le sous-sol. En particulier, l'or et l'argent se rencontrent à peu près

partout. On y trouve de plus le fer et la plupart des autres
métaux utiles.

Les volcans de l'Amérique centrale. — Sur les hauts plateaux
de l'Amérique centrale, quarante montagnes encore brûlantes, bien
plus terribles et plus actives que celles de l'Anahuac, s'alignent pour la
plupart en une chaîne parallèle au rivage de la mer du Sud. En comp-
tant les cônes qui ne donnent plus aucun signe d'activité, on n'y trouve
pas moins de 87 volcans. C'est une des régions du globe où l'activité

Volcans de l'Amérique centrale.

volcanique est restée le plus intense : les tremblements de terre y ont
une extraordinaire violence.

Parmi les montagnes de feu dont les noms sont devenus fameux à
cause des effrayants désastres causés par leurs explosions, se trouvent
ceux qui entourent la Ciudad Antigua de Guatemala, le volcan de *Fuego*,
ou volcan de Feu (la plus haute cime du Centre-Amérique), et le volcan
de *Agua*, ou volcan d'eau, qui doit son nom à ses éruptions aqueuses.
En 1541, un déluge descendu des flancs de la montagne d'Agua détruisit
la Vieille Guatemala. Rebâtie à quelque distance, elle fut presque complètement détruite, en 1773, par un tremblement de terre : 9 000 personnes y furent écrasées sous les débris des maisons ; les épaisses
murailles de quelques édifices publics résistèrent seules à la secousse.
Guatemala a été ruinée de nouveau le 8 avril 1902.

« La rangée des cônes d'éruption se continue dans le Salvador. Ils y
forment plusieurs groupes superbes, moins formidables d'aspect, mais
plus pressés et plus terribles. On en compte 30 dans ce pays grand
comme trois de nos départements, sans mentionner d'innombrables fu-

merolles et les volcans de boue. Le Salvador est toujours sous la menace de phénomènes volcaniques et de tremblements de terre. La terre y frémit sans cesse. La ville de San Salvador a été maintes fois ruinée, notamment en 1815, 1839, 1854, 1873. Le volcan d'*Izalco* est presque constamment en activité : il est sorti de terre, le 23 février 1770, au milieu d'un champ, près d'une ferme, et depuis cette époque il n'a cessé d'augmenter en hauteur et en diamètre : il avait 400 mètres en 1770, 1516 mètres en 1852 et 1825 mètres en 1866; on l'a surnommé le *Phare du Salvador* parce que les jets de pierre fondue et la colonne de fumée rouge qui surmonte son sommet éclairent comme un phare pendant la nuit les côtes du Salvador.

Le Nicaragua, plus au sud, possède une vingtaine de volcans; le Costa-Rica en a 12, dont le fameux volcan d'Irazu.

Population et habitants. — L'Amérique centrale a été découverte par les Européens dans le premier quart du xvi⁰ siècle ; Colomb y aborda en 1502 ; Balboa et Davila l'explorèrent. Elle devint colonie espagnole et forma un seul État sous le nom de Capitainerie générale de Guatémala.

Aux indigènes, qui étaient nombreux au temps de la conquête et civilisés comme ceux du Mexique, sont venus se joindre des colons espagnols; des métis sont nés du mélange de deux races ; des nègres et des Chinois y ont été amenés ou sont venus pour cultiver le sol. Les habitants sont donc très mélangés, mais presque tous parlent l'espagnol et professent le catholicisme.

L'Amérique centrale compte 4 367 000 habitants, à peu près 6 par kilomètre carré. Comme au Mexique, les terres élevées sont assez peuplées; les régions basses, marécageuses, insalubres, couvertes de forêts, sont à peu près désertes.

Bien qu'il soit difficile d'établir avec précision l'importance numérique des différents groupes de population, on peut dresser le tableau suivant qui est suffisamment exact :

Indiens purs	2 865 000
Blancs et créoles	150 000
Nègres purs	80 000
Ladinos (race blanche et indienne)	1 200 000
Mulâtres (race blanche et noire)	60 000
Zambos (race nègre et indienne)	50 000
Chinois	2 000

État actuel et villes. — L'Amérique centrale s'est affranchie du joug espagnol en même temps que le Mexique, de 1810 à 1824. Six États autonomes s'y sont constitués, souvent en guerre entre eux. A plusieurs reprises, ils ont parlé de se joindre tous ou quelques-uns en une confédération, mais tous ces projets d'union ont échoué jusqu'à ce jour.

Le tableau suivant donne les six États de l'Amérique centrale, avec leur superficie et leur population ; les Anglais y possèdent le Honduras Britannique ou Belize.

	Superficie.		Population.		Densité.
Honduras Britannique.	21 000 kil. carrés		57 000 hab.		1,7
Guatemala	125 000	—	1 574 000	—	12
San Salvador	21 000	- -	1 006 000	—	48
Honduras	120 000	—	650 000	—	5
Nicaragua	124 000	—	500 000	—	4
Costa-Rica	59 000	—	316 000	—	6
Panama	82 600	—	285 000	—	3

1º Le ***Honduras Britannique*** est situé sur la côte sud-est du Yucatan. C'est un pays bas et malsain, couvert de forêts. Il a 57 000 habitants.

La capitale est *Belize*, sur une côte bordée de coraux.

2º Le ***Guatemala*** occupe le plateau le plus étendu et le plus élevé de la région. Sur ces terres tempérées prospérait autrefois la cochenille, dont la culture s'est trouvée ruinée depuis qu'on a trouvé le moyen d'extraire de la houille, l'aniline et d'autres matières colorantes. On y a remplacé la cochenille par le café. Le Guatemala exporte annuellement du café pour 30 à 40 millions de francs.

Sa population était évaluée en 1900 à 1 574 000 habitants. Elle augmenterait annuellement de 30 000 à 40 000 habitants.

Les deux principales villes sont : **Nouvelle-Guatemala** (71 000 habitants), qui a succédé à trois autres capitales antérieures détruites par éruptions volcaniques ou tremblements de terre ; *Quesaltenango*, à l'ouest, sur un haut plateau.

3º Le ***Salvador***, allongé le long du Pacifique, se compose principalement d'une haute plaine extrêmement fertile, dont la culture principale est le café, qui a remplacé l'indigo. Il exporte annuellement du café pour 15 à 20 millions de francs. On y exploite aussi quelques mines d'argent.

Le Salvador a 1 006 000 habitants, 48 par kilomètre carré;

Ruines indiennes dans le Guatemala.

l'accroissement moyen est de 20 000 à 25 000 par an.

Les principales villes sont : **San Salvador** (environ 60 000 hab.), capitale, souvent dévastée par les tremblements de terre; *La Libertad*, port sur le Pacifique.

4° Le **Honduras** s'ouvre presque en entier sur la mer

des Antilles. C'est un pays tourmenté, couvert de forêts, au sous-sol abondamment fourni d'argent et de fer. Ses principaux articles d'exportation sont les métaux précieux (8 à 10 millions de francs), des fruits et des bois.

Le Honduras a 650000 habitants, 5 par kilomètre carré.

Les principales villes sont **Tegucigalpa** (10 000 hab.), la capitale ; *Amapala*, port sur le Pacifique ; *La Ceïba*, port sur la mer des Antilles.

5º Le **Nicaragua** comprend une zone montagneuse et volcanique à l'ouest, de hauts plateaux propres à l'élevage et riches en mines au centre, une zone basse, marécageuse et couverte de forêts à l'est. La culture du café, l'exploitation de l'or et des forêts constituent ses principales ressources (exportation : café, 10 millions de francs ; or, 3 à 4 millions ; bois, 2 millions).

Le Nicaragua a 500 000 habitants. 4 par kilomètre carré.

Les principales villes sont : **Léon** (45 000 hab.), la capitale, située au nord, près du Pacifique ; *Managua*, l'ancienne capitale, sur le lac du même nom ; *Granada* et *Rivas*, sur le lac de Nicaragua.

6º Le **Costa-Rica** est un plateau volcanique, étroit et accidenté. Sa principale culture est celle du café (exportation, 20 millions de francs). On y exploite des mines d'or (exportation 1 200 000 francs).

La Costa Rica a 516 000 habitants, 6 par kilomètre carré.

Les principales villes sont : **San José** (25 000 hab.), sa capitale, bâtie à l'intérieur ; *Punta Arenas*, port sur le Pacifique ; *Limon*, port sur la mer des Antilles.

7º La **République de Panama**, affranchie de la Colombie en 1903, compte 285 000 habitants. Elle a pour capitale *Panama*, port sur le Pacifique, et pour autre ville notable *Colon*, port sur la mer des Antilles.

Le canal de Panama. — La largeur des isthmes de l'Amérique centrale est si faible, et le détour est tel pour les navires qui doivent passer de l'Atlantique dans le Pacifique en doublant l'Amérique du Sud par le détroit de Magellan, qu'il devait venir de bonne heure à la pensée des Européens de couper l'un de ces isthmes par un canal.

Dès le milieu du xvie siècle, des études furent entreprises dans ce but. Puis Philippe II interdit sous peine de mort de s'occuper d'un pareil projet, car, ainsi que le disait un de ses courtisans, « si Dieu avait désiré qu'il existât un détroit, il l'aurait ouvert lui-même ».

La question fut reprise vers le milieu du xixᵉ siècle : l'amiral Fitz-Roy, Michel Chevalier (1844), Louis-Napoléon Bonaparte (1846) s'en occupèrent successivement. Puis, en attendant l'exécution du canal, une voie ferrée fut construite entre Colon et Panama : elle fut achevée en 1855. D'autres

Travaux de creusement de l'isthme de Panama.

lignes transocéaniques furent commencées ou construites dans quelques autres isthmes.

Deux projets de canal ont été particulièrement discutés depuis 1880 en Europe et aux États-Unis : le projet de Nicaragua et le projet de Panama. — 1º Le *projet de Nicaragua* consistait à percer un canal à écluses reliant San Juan de Nicaragua, sur la mer des Antilles, à Brito, sur le Pacifique. Le canal aurait remonté la rivière San Juan jusqu'au lac de Nicaragua qu'il aurait traversé; il serait ensuite redescendu vers le Pacifique en profitant de deux petits torrents : la longueur totale du canal eût été de 290 à 300 kilomètres; — 2º Le *projet de Panama* consiste à percer un canal entre Colon et Panama, en profitant de la rivière Chagres et en traversant la colline de la Culebra. Le canal de Panama aura 60 kilomètres.

Le projet de Panama présentait sur l'autre des avantages indiscutables. Il était moins long, situé dans une région moins troublée par le volcanisme. Il a fini par être préféré. Des travaux y furent commencés par une Société française en 1881, puis partiellement arrêtés par la faillite de cette Société. En 1902, les États-Unis ont acheté ces travaux et commencé à travailler pour achever le canal de Panama. Il n'est pas douteux que ce canal, qui deviendra une des grandes voies de relations commerciales, donnera une importance nouvelle à toute cette région de l'Amérique centrale et à l'Amérique entière.

RÉSUMÉ

I. Les isthmes de l'Amérique centrale. — Les principaux isthmes de l'Amérique centrale sont les isthmes de Tehuantepec

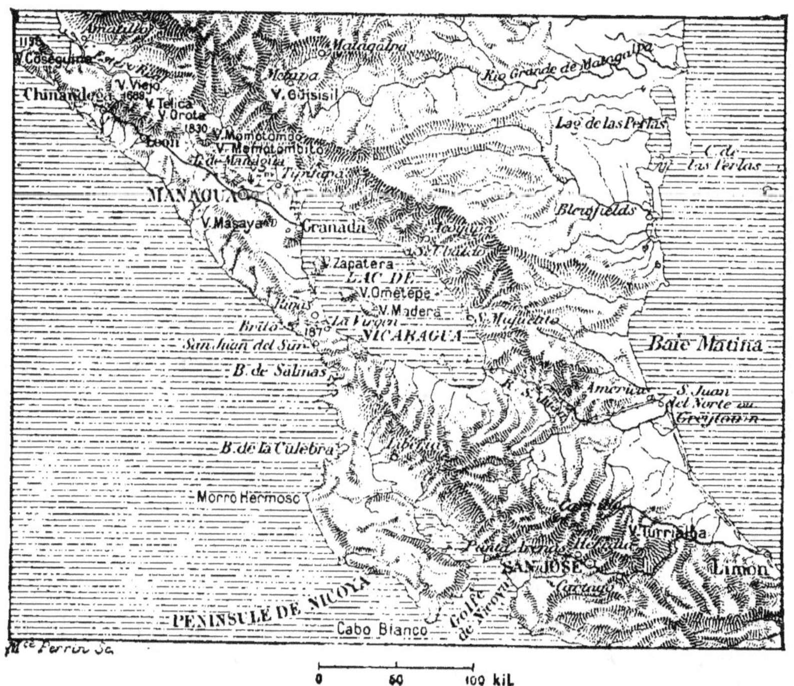

Isthme et lac du Nicaragua.

(au Mexique), de Honduras, de Nicaragua, de Costa-Rica, et de Panama (à la Colombie).

II. Géographie physique. — L'Amérique centrale a un relief très accidenté (nombreux volcans actifs Fuego, Agua, Coseguina,

Irazu), des côtes rocheuses sur le Pacifique et marécageuses sur la mer des Antilles, un climat et des ressources naturelles identiques à celles du Mexique, dont l'Amérique centrale n'est que le prolongement. La grande culture de toute la région est le café; il recèle de nombreux gisements miniers.

III. Populations, état actuel et villes. — Ancienne colonie espagnole, aujourd'hui morcelée en six États (plus une colonie britannique), l'Amérique centrale compte 5 925 000 habitants, Indiens, Blancs, Nègres, Chinois, Métis divers.

Les six États sont :

> Honduras britannique (colonies), cap. Belize;
> Guatemala, cap. Nouvelle-Guatemala;
> Salvador, cap. San Salvador;
> Honduras, cap. Tegucigalpa;
> Nicaragua, cap. Léon;
> Costa-Rica, cap. San José.
> Panama, cap. Panama.

IV. Le canal de Panama. — Il est depuis longtemps question de percer par un canal l'un des isthmes de l'Amérique centrale : on en parla dès le XVI⁰ siècle. Deux projets se sont longtemps disputé la priorité, celui de Nicaragua et celui de Panama. Le dernier a fini par être préféré comme moins long et d'un entretien plus sûr; les États-Unis ont acheté les travaux commencés par une société française. En attendant, les deux océans sont unis par une voie ferrée qui mène de Colon à Panama.

6. — LES ANTILLES

L'Archipel des Antilles. — Les Antilles sont le groupe d'îles qui s'allonge, à l'est de l'Amérique centrale, entre l'Amérique du Nord et l'Amérique du Sud. Elles séparent le golfe du Mexique, au nord-ouest; la mer des Antilles, au sud-ouest; et l'océan Atlantique, à l'est. Le *golfe du Mexique* a 4 000 mètres de profondeur; la *mer des Antilles*, ou *mer des Caraïbes*, a plus de 6 000 mètres dans la fosse Barlett, au nord-ouest de la Jamaïque; *l'océan Atlantique* en a jusqu'à 8 400, au nord de Porto-Rico.

Mer des Antilles.

E. Giffault, Del.

M. Perrin, Sc.

On divise les Antilles en trois groupes secondaires :

1° Les *Lucayes* ou *Bahama*, au nord-est, presque dans le prolongement de la presqu'île de Floride ;

2° Les *Grandes Antilles*, Cuba, Haïti ou Saint-Domingue, la Jamaïque et Porto-Rico, orientés de l'ouest à l'est, dans le prolongement de la presqu'île du Yucatan ;

3° Les *Petites Antilles*, au sud-est, divisées en îles du Vent (Guadeloupe, Dominique, Martinique, Sainte-Lucie, Saint-Vincent) et en îles Sous-le-Vent (Curaçao).

A première vue, on pourrait être tenté de considérer ces îles admirablement alignées comme les débris d'une ancienne terre qui aurait joint les deux Amériques de la même manière que les isthmes de l'Amérique centrale les unissent actuellement. Mais l'étude de leurs plantes et de leurs animaux, qui diffèrent beaucoup de ceux de l'une et de l'autre Amérique, démontrent au contraire que depuis longtemps ces îles forment un monde isolé.

Géographie physique. — Par leur géographie physique, relief, climat, productions végétales, les Antilles rappellent beaucoup l'Amérique centrale.

1° Le **relief** est montagneux. Les plus grandes îles, entre autres Cuba, renferment seules des plaines de quelque étendue. Les Antilles présentent plusieurs directions de soulèvement qui se prolongent d'une île à l'autre.

Dans les Grandes Antilles, on en distingue deux principaux qui se bifurquent dans Haïti. Le soulèvement méridional, auquel appartiennent les montagnes de Porto-Rico, forme la chaîne qui longe la côte méridionale de Saint-Domingue ou Haïti, depuis le canal de Mona jusqu'à la presqu'île du cap Tiburon, et reparaît encore dans la Jamaïque avec les *Montagnes Bleues*. Le soulèvement septentrional comprend les montagnes du nord de Saint-Domingue et la *Sierra Maëstra*, au sud de Cuba. Ces montagnes sont, au reste, assez peu élevées ; elles atteignent 3140 mètres au *Monte Vanilejo* dans Saint-Domingue, 2562 mètres au *pic de Turquino* dans Cuba, 2164 mètres dans la Jamaïque et 1124 mètres seulement dans Porto-Rico.

Dans les Petites Antilles, on distingue de même deux redressements disposés suivant deux arcs de cercle tangents. Le plus occidental comprend des îles volcaniques, Martinique, Sainte-Lucie, Saint-Vincent ; le plus oriental est constitué par des formations calcaires, Barbude, Antigua, Marie-Galante, Barbade. Les deux soulèvements sont tangents dans la Guadeloupe, île double formée de deux terres juxtaposées unies par un isthme étroit : à l'ouest, Basse-Terre, très accidentée, dominée par des mornes couverts de lave ; à l'est, Grande-Terre, basse, doucement mamelonnée, fissurée de crevasses et percée de grottes, comme il arrive d'ordinaire dans les régions formées de roches calcaires.

Le volcanisme n'existe, en cette région, que dans le soulèvement occidental des Petites Antilles, où il est extrêmement violent, comme le prouvent les éruptions qui, en 1902, détruisirent Saint-Pierre de la Martinique, et ravagèrent, avec tout le nord de cette île, les îles Sainte-Lucie et Saint-Vincent. Les tremblements de terre y sont partout fréquents et violents.

2° Le *climat* est tropical. Les Antilles ont un ciel chaud, orageux, tempéré par les brises de la mer et l'altitude, enfin des pluies abondantes. Les terres basses sont chaudes, humides, souvent dévastées par la fièvre jaune ; les terres élevées, plus saines, ont un climat quasi méditerranéen.

Aux Antilles, l'année comprend deux saisons : l'*hivernage* ou saison pluvieuse (mai-novembre), coïncidant avec le passage du soleil au zénith ; la saison sèche (novembre-avril). Le passage de l'une à l'autre est souvent marqué par des ouragans et de terribles cyclones.

3° Les *ressources végétales* des Antilles sont les seules importantes ; les gisements miniers sont rares.

Elles consistaient jadis en forêts immenses, formées de palmiers et de bois d'ébénisterie précieux qui firent fortune en Europe sous le nom de « bois des îles ». On les a en grande partie défrichées et remplacées par des cultures diverses, canne à sucre, café, coton, tabac, plantations d'arbres fruitiers, de vanille, de manioc, d'indigo, de céréales. Les Antilles ont une richesse végétale comparable à celle du Mexique.

Population et habitants. — Les Antilles sont les premières terres américaines colonisées par les Européens. C'est dans l'île Cat, une des Bahama, qu'aborda Christophe Colomb, en 1492. Les Espagnols, établis dans les Antilles, y exterminèrent la population indigène, Cibuneyes, Araouaques, Caraïbes, qui a complètement disparu. Ces races aborigènes ont été remplacées par des Européens, Espagnols, puis Français et Anglais; puis par des nègres, introduits comme esclaves pour les besoins de la culture, et aujourd'hui affranchis; enfin par des Chinois, qui sont employés comme ouvriers agricoles depuis l'abolition de l'esclavage.

L'archipel des Antilles renferme 6 220 000 habitants, 26 en moyenne par kilomètre carré. Les Nègres formeraient 56 pour 100 de cette population; les Blancs et créoles, 17 pour 100; les métis divers et les Chinois, 27 pour 100.

Les Blancs y ont fait dominer leurs religions et leurs langues. La plupart des habitants des Antilles professent le catholicisme. La langue espagnole est la plus généralement parlée; elle prédomine à Cuba, Saint-Domingue, Porto-Rico, et même à la Jamaïque. La langue française, assez défigurée, il est vrai, se parle dans les îles du Vent et à Haïti, où le français est la langue officielle.

Partage politique. — Depuis leur découverte, les Antilles ont excité la convoitise d'un grand nombre de peuples et, pour la plupart, ont passé en beaucoup de mains différentes. Très peu d'entre elles sont indépendantes.

Voici le partage politique actuel des Antilles :

Indépendantes.	Cuba	118 855 k. c.	1 572 000 hab.
	République haïtienne .	28 676 —	1 210 000 —
	République dominicaine	48 577 —	417 000 —
Antilles anglaises		54 794 —	1 604 000 —
Antilles appart. aux États-Unis		9 624 —	986 000 —
Antilles françaises.		2 848 —	412 000 —
Antilles hollandaises.		1 130 —	52 000 —

1° **Cuba** est la plus grande et la plus importante des Antilles ; longue de 1500 kilomètres, large de 40 à 150, elle mesure une superficie de 118 000 kilomètres carrés, le quart environ de la France. Montagneuse au sud-est, elle est plate ou peu ondulée ailleurs. Son climat est humide et chaud. Elle produit surtout du tabac et des cannes à sucre (exportation : tabac, 150 millions de francs ; sucre, 150 millions). Sa prospérité lui a valu le surnom de « Reine des Antilles ». La partie la plus riche et la plus populeuse est celle de l'ouest [1].

Cuba compte 1 572 000 habitants, 15 par kilomètre carré.

Les principales villes sont : **La Havane**, grand port de commerce, à l'extrémité nord-ouest de l'île ; *Matanzas*, près de la Havane ; *Puerto-Principe*, dans une riche région de culture ; *Santiago de Cuba*, sur la côte méridionale.

Cuba appartint à l'Espagne jusqu'en 1898 ; elle se rendit indépendante après une longue guerre où elle fut soutenue par les États-Unis. Plus de la moitié du commerce de Cuba se fait avec les États-Unis.

2° La **République d'Haïti** occupe la partie occidentale de la grande île d'Haïti ou Saint-Domingue. Elle est montagneuse, mais renferme de fertiles plaines dans les vallées. Les habitants, pour la plupart nègres, parlent français et se disent Français en souvenir de notre domination passée [2].

Haïti a 1 210 000 habitants, 42 par kilomètre carré.

Les principales villes sont : **Port-au-Prince**, capitale, port sur un golfe profond ; *Cap Haïtien*, port sur la côte septentrionale ; *Les Cayes*, port sur la côte méridionale.

3° La **République dominicaine** occupe la partie orientale d'Haïti ou Saint-Domingue ; beaucoup plus étendue

---

1. *Cuba* : principales villes (évaluation de 1902) :

La Havane . .	262 000 hab.	Matanzas. . . .	45 000 hab.
Cienfuegos. .	59 000 —	Puerto-Principe	25 000 —
Santiago. . .	45 000 —		

2. *République d'Haïti* : principales villes (recensement de 1897) :

Port-au-Prince.	61 000 hab.	Les Cayes. . .	25 000 hab.
Cap Haïtien. .	29 000 —		

que la République haïtienne, elle est cependant beaucoup moins peuplée. La langue du pays est l'espagnol[1].

La République dominicaine compte 417 000 habitants, soit à peu près 9 par kilomètre carré.

La principale ville est **Saint-Domingue**, située au sud.

4° Les *Antilles anglaises* comprennent une bonne partie de l'archipel, la grande île de la *Jamaïque*, les *Lucayes* ou *Bahama* et la plupart des *Petites Antilles*, savoir :

Jamaïque	10 859 k. c.	766 000 hab.	70 par k. c.
Dép. de la Jamaïque .	1 159 —	10 000 —	9 —
Lucayes ou Bahama. .	15 960 —	54 000 —	4 —
Saint-Christophe . .	176 —	29 000 —	169 —
Antigua	251 —	54 000 —	156 —
Dominique.	754 —	29 000 —	58 —
Sainte-Lucie	614 —	50 000 —	81 —
Saint-Vincent. . . .	381 —	48 000 —	127 —
Grenade	450 —	63 000 —	147 —
Barbade.	450 —	195 000 —	455 —
Trinité.	4 859 —	273 000 —	56 —
Divers.	941 —	53 000 —	56 —

La Jamaïque est la principale des Antilles anglaises. C'est une île montagneuse, au climat torride, où domine la culture de la canne à sucre. Sa capitale est *Kingston*, port important sur la côte méridionale[2].

La Trinité a pour capitale *Port of Spain*, port important.

5° Les *Antilles des États-Unis* sont *Porto-Rico*, prise à l'Espagne en 1898. En outre, les États-Unis sont en marché avec le Danemark pour acheter les *Antilles danoises* (Sainte-Croix, Saint-Thomas et Saint-Jean).

Porto-Rico	9 314 k. c.	953 000 hab.	102 par k. c.
Sainte-Croix	195 —	20 000 —	105 —
Saint-Thomas.	62 —	12 000 —	195 —
Saint-Jean	55 —	1 000 —	18 —

1. *République dominicaine* : principale ville (éval. de 1888) : Saint-Domingue : 20 000 hab.

2. Principales villes des Antilles dépendantes :

Kingston . .	58 500 hab.	Basse-Terre . .	12 000 hab.
San Juan . .	52 000 —	Pointe-à-Pitre. .	17 000 —
Ponce . . .	28 000 —	Fort-de-France .	16 000 —

Porto-Rico a pour principales ressources : le café, le tabac et les produits de la canne à sucre (sucre, mélasse, rhum). Les principales villes sont *San Juan*, port sur la côte du nord-est, et *Ponce*, sur la côte méridionale.

6° Les **Antilles françaises** sont : la *Guadeloupe*, la *Martinique* et quelques îlots dépendants (*Marie-Galante, la Désirade*).

Guadeloupe	1 603 k. c.	182 000 hab.	114 par k. c.
Dép. de la Guadeloupe.	267 —	23 000 —	88 —
Martinique.	988 —	207 000 —	210 —

La Guadeloupe est formée de deux îles juxtaposées et très dissemblables : la Basse-Terre, montagneuse, humide, avec

La Guadeloupe.

la Grande Soufrière (1 676 m.) et la Grande Rivière à Goyaves ; la Grande-Terre, calcaire, plate, sans collines, sans eaux, sans bois. La canne à sucre constitue sa principale richesse. Ses deux villes les plus importantes sont : *Basse-Terre*, chef-lieu, au sud-ouest ; *la Pointe-à-Pitre*, sur l'isthme de jonction des deux îles.

La Martinique est volcanique. Elle est dominée par le volcan de la Montagne Pelée (1500 m.), qui, endormi depuis 1851, s'est réveillé en 1902 et a couvert de cendres toute la partie septentrionale de l'île, en y faisant 40 000 victimes. (Voir gravure p. 25.)

La Martinique a des bois profonds, des plantations de

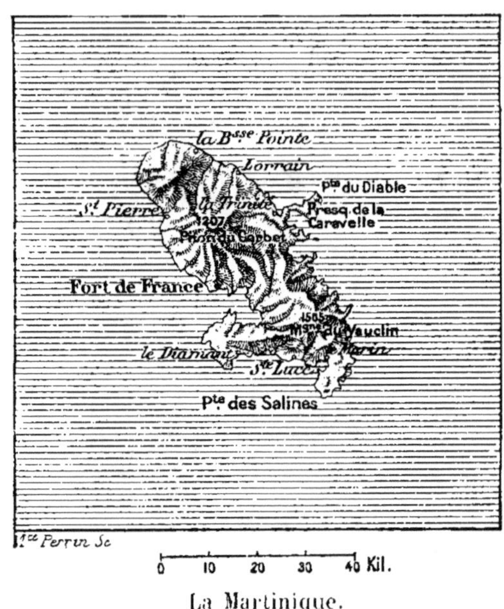

La Martinique.

cannes à sucre, de cacao. Ses principales villes sont : *Fort-de-France*, sur une bonne rade de la côte occidentale et *Saint-Pierre*, ville commerçante, située au nord-ouest, au pied de la Montagne Pelée qui l'a complètement détruite en 1902.

7° Les **Antilles hollandaises** sont : *Curaçao, Oruba* et *Buen-Aire*, c'est-à-dire trois îles Sous-le-Vent, situées le long et à peu de distance de la côte du Venezuela.

RÉSUMÉ

I. L'archipel des Antilles. — L'archipel des Antilles, baigné par trois mers (Atlantique, golfe du Mexique, mer des Antilles), comprend trois groupes d'îles : 1° les Lucayes ou Bahama; 2° les Grandes Antilles (Cuba, Haïti, la Jamaïque et Porto-Rico); 3° les Petites Antilles, divisées en iles du Vent (Guadeloupe, Martinique) et iles Sous-le-Vent (Curaçao).

II. Géographie physique. — Les Antilles ont un relief montagneux et sont situées dans une zone à tremblements de terre et à éruptions volcaniques (éruption de la Montagne Pelée, à la Martinique, en 1902). Le climat est brûlant et humide. Les ressources végétales consistent en forêts et cultures tropicales (canne à sucre, café, cacao, tabac).

III. Population et habitants. — L'archipel renferme 6 220 000 habitants, 26 en moyenne par kilomètre carré. Les habitants sont en majorité des Nègres; puis viennent les Blancs, des métis divers, des Chinois. Religion catholique; langues espagnole et française.

IV. Partage politique. — Sont indépendantes : Cuba, la reine des Antilles, cap. La Havane; — la République d'Haïti, cap. Port-au-Prince; la République dominicaine, cap. Saint-Domingue (toutes deux dans l'île de Haïti).

Appartiennent : 1° à l'Angleterre, la Jamaïque (cap. Kingston), les Lucayes ou Bahama, la plupart des Petites Antilles; — 2° aux États-Unis, Porto-Rico (cap. San Juan) et les anciennes Antilles hollandaises; — 3° à la France, la Guadeloupe (cap. Basse-Terre) et la Martinique (Fort-de-France); — 4° à la Hollande, Curaçao.

QUATRIÈME PARTIE

L'AMÉRIQUE DU SUD

I. — DESCRIPTION GÉNÉRALE

Bornes, étendue. — L'Amérique du Sud est située partie dans l'hémisphère boréal et partie dans l'hémisphère austral. L'équateur le traverse au nord. Elle est comprise entre le 15e degré de latitude nord et le 55e de latitude sud.

Ses bornes sont : à l'ouest, l'océan *Pacifique* ; au nord, la *mer des Antilles* ; à l'est, l'océan *Atlantique*.

Sa superficie est de 17 800 000 kilomètres carrés.

Relief. — Le relief de l'Amérique du Sud présente la même disposition que celui de l'Amérique du Nord. Il com-

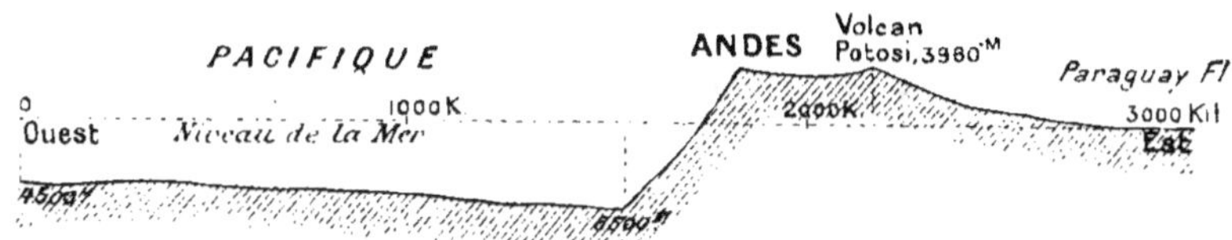

Coupe transversale de l'Amérique du Sud.

prend trois parties : à l'ouest, une région de hautes montagnes et de plateaux parallèles au Pacifique ; à l'est, une région de montagnes moyennes parallèles à l'Atlantique ; au centre, une région de vastes plaines allant de la mer des Antilles à l'Atlantique méridional.

1º La **région montagneuse de l'ouest** comprend une

suite de montagnes qui se prolongent sans interruption des isthmes de l'Amérique centrale au cap Horn, extrémité méridionale de l'Amérique du Sud. Ces montagnes, la **Cordillère des Andes**, sont après l'Himalaya, la plus haute chaîne du globe. Elles portent des sommets dont un dépasse 7 000 mètres, dont beaucoup dépassent 5 000 et 6 000 mètres. Les principaux de ces sommets sont : au nord, le *Cotopaxi* et le *Chimborazo*; au centre, le *Misti*, le *Sajama*, le *Sorata* et l'*Illimani*: au sud. le *Copiapo* et l'*Aconcagua* (7 500 m.), point culminant du continent américain tout entier.

Les cols des Andes sont rares et presque tous ouverts à une grande hauteur; il est d'autant plus difficile de les franchir qu'ils sont en général peu éloignés de la mer. Beaucoup d'entre eux sont voisins de la région des neiges et exposés à des ouragans violents.

Ils enserrent de hauts plateaux dont les principaux sont : au nord, le *plateau de Quito*, sous l'équateur; au centre, le *plateau de Bolivie*, avec le lac de Titicaca. Ces plateaux sont couverts de nombreuses traces volcaniques, et la plupart des grands sommets des Andes sont des volcans.

2° La *région montagneuse de l'est* comprend deux massifs distincts qu'on nomme plateaux, bien qu'ils soient coupés de vallées profondes. Ce sont : le **plateau des Guyanes**, dominé par le *mont Roraïma* et la *Sierra Parima*; le **plateau du Brésil**, dominé par la *Serra do Espinhaço* (mont Itatiaya, 2 712 m.).

3° La *plaine centrale* a un relief si peu accentué que, sur beaucoup de points, les eaux forment des marais et que des bassins fluviaux importants mêlent parfois leurs eaux.

Climat. — L'Amérique australe s'étend tout entière dans la zone tropicale et dans la zone tempérée. Le climat est chaud dans les plaines, plus frais sur les hautes montagnes et dans la partie méridionale, où se font sentir des vents et des courants froids venus du pôle.

Dans l'ensemble, l'Amérique du Sud est la partie du monde la mieux arrosée. Quelques régions reçoivent peu de pluie; au sud du golfe de Guayaquil, le haut rempart des Andes, arrosé de pluies diluviennes sur son versant oriental, ne reçoit pas une goutte d'eau sur les escarpements tournés vers le Pacifique, et sur ce côté s'étendent de véritables

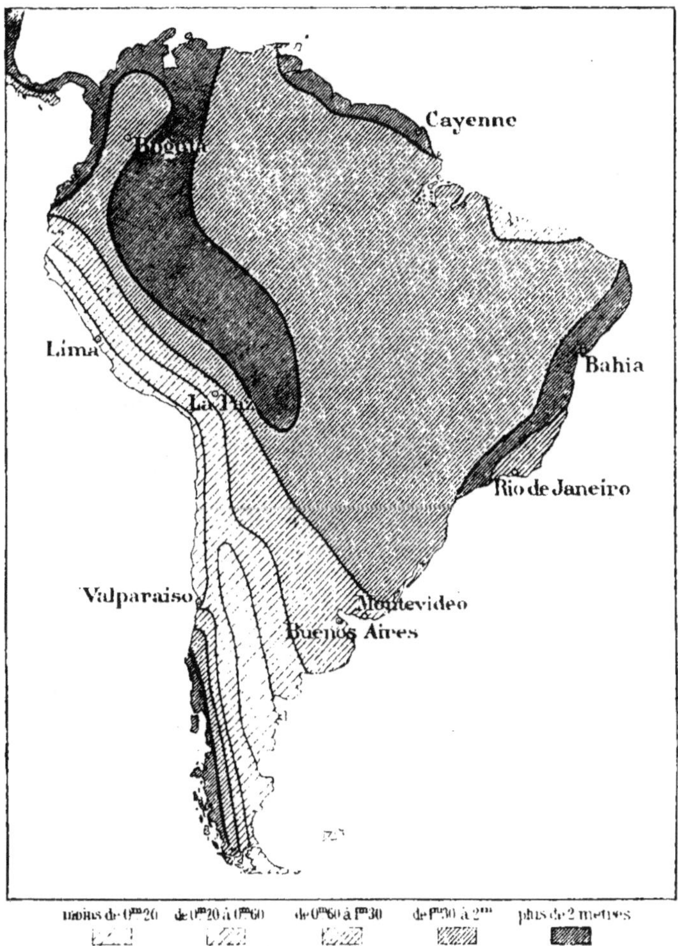

Pluies de l'Amérique du Sud.

déserts où les rares fontaines ne laissent suinter l'eau saline que goutte à goutte, où les substances chimiques recouvrent le sol en efflorescences multicolores. Mais, comparés à ceux d'Afrique, ces espaces presque totalement dénués d'humidité n'occupent qu'une étendue insignifiante.

Hydrographie. — Pays de hautes montagnes et de grandes plaines très arrosées, l'Amérique du Sud possède des fleuves remarquables par leur longueur et leur débit : l'un d'entre eux, le fleuve des Amazones, est le plus abondant de

Amazone 6.000 Kilomètres
La Plata 3.560 Kil.
Orénoque 2.500 Kil.
Magdalena 1.700 Kil.
Loire 1000 Kil.

Longueurs comparées des fleuves de l'Amérique du Sud.

la terre entière. Tous coulent à l'est des Andes, et se partagent entre deux versants, qui sont le versant de la mer des Antilles et le versant de l'Atlantique.

1° Le **versant de la mer des Antilles**, le moins important de beaucoup, ne comprend qu'un fleuve notable, le *Rio Magdalena*, qui coule entre deux rameaux des Andes ;

2° Le **versant de l'océan Atlantique** comprend l'*Orénoque*, le *Marañon* ou *fleuve des Amazones*, le *San Francisco* et le *Rio de la Plata*.

L'**Orénoque** traverse une région de plaines herbeuses et se termine par un vaste delta ; un de ses affluents, le *Casiquiare*, est en même temps tributaire du Rio Negro, affluent de l'Amazone.

Le **Marañon** ou **Fleuve des Amazones** (6 000 kil.) naît dans les Andes, traverse une zone d'immenses forêts en coulant de l'ouest à l'est presque sous l'équateur, et se termine par un énorme delta. Il reçoit : sur sa rive droite, le *Purus*, le *Madeira*, le *Tapajoz*, le *Xingu* ; sur sa rive gauche, le *Rio Negro*.

Le **Rio de la Plata** est formé par la réunion de trois cours d'eau, le *Paraguay*, le *Parana* et l'*Uruguay* ; il se termine par un estuaire long de 400 kilomètres et large de 100.

Côtes. — L'Amérique du Sud est baignée par trois mers qui sont l'*océan Pacifique*, la *mer des Antilles* et l'*océan Atlantique*.

1º **L'océan Pacifique** baigne l'Amérique du Sud à l'ouest, depuis l'isthme de Panama jusqu'au cap Horn. La côte, toute bordée de montagnes, est rocheuse, mais elle n'a que des découpures peu profondes.

On y remarque le *golfe de Guayaquil* et les îles *Gallapagos* au nord; les îles *Juan Fernandez*, l'île *Chiloé*, l'*archipel des Chonos* et l'île *Wellington*, au sud.

2º La **mer des Antilles** baigne au nord l'Amérique du Sud, depuis l'isthme de Panama jusqu'aux Petites Antilles. La côte en est rocheuse et découpée.

On y remarque la *péninsule de Goajire* et le *golfe de Venezuela* prolongé par le *lac de Maracaïbo*.

3º **L'océan Atlantique** baigne l'Amérique du Sud au nord-est, à l'est et au sud-est, depuis les Petites Antilles jusqu'au cap Horn. La côte est en général rocheuse et découpée, mais on n'y trouve aucune indentation profonde.

On y remarque : au nord-est, la *baie de Santa Rosa* et l'*île Marajo*; à l'est, le *cap San Roque*, la *baie de Tous-les-Saints* et le *cap Frio*; au sud-est, la *baie de Rio-de-Janeiro* et l'*estuaire* du *Rio de la Plata*; au sud, les *îles Malouines* ou *Falkland*, le *détroit de Magellan* et la *Terre de Feu*, qui est comme un morceau détaché de l'Amérique du Sud, qu'elle prolonge d'une manière remarquable.

Ressources diverses. — L'Amérique du Sud a des ressources abondantes et variées.

1º Les **ressources agricoles** consistent principalement en café, sucre, cacao, tabac, coton, bois de teinturerie et d'ébénisterie, pâturages. A l'exception de quelques régions désertes, faute d'eau, situées le long du Pacifique, l'Amérique du Sud n'a pas de terres incultes.

On y distingue : au nord de l'équateur, une *région de llanos*, plaines herbeuses, semées de rares bouquets d'arbres; dans le bassin de l'Amazone, sous l'Équateur, une *région de selvas*, forêts touffues, presque partout impénétrables; plus au sud, jusque vers le 40ᵉ degré de latitude, une *région de pampas*, prairies immenses que le défrichement transforme peu à peu en champs de céréales.

2° Les **ressources minérales** consistent principalement en or, argent, cuivre et diamants; la houille et le fer semblent peu abondants.

Les principales régions sont les régions montagneuses, en particulier la chaîne des Andes, le plateau du Brésil et aussi le plateau des Guyanes.

Peuplement et population. — L'Amérique du Sud a été découverte par les Européens en même temps que l'Amérique du Nord, et la colonisation s'en est rapidement emparée.

Elle était d'abord peuplée par une race indigène, moins cuivrée de peau que les Indiens de l'Amérique du Nord, et plus nombreuse. Les principales tribus, *Chibcha*, *Quichua*, *Aymara*, habitants des hauts plateaux des Andes, avaient atteint un degré de civilisation égal, sinon supérieur, à celui des Aztèques. Ces peuples indigènes furent cruellement décimés par les conquérants blancs, jaloux d'étendre leur domination et d'accaparer les richesses du pays.

Deux peuples européens ont surtout colonisé ce pays et lui ont donné leur empreinte, les *Espagnols* et les *Portugais*. Ils y ont fait prévaloir leurs langues et leur religion, le catholicisme. L'Amérique du Sud est devenue une Amérique latine. Toutefois, la colonisation européenne s'est, jusqu'à ce jour, moins portée vers l'Amérique australe que vers l'Amérique boréale, ce qui tient à la situation relativement éloignée de l'Amérique du Sud par rapport à l'Europe.

L'Amérique du Sud a encore comme habitants : des *nègres*, anciens esclaves amenés d'Afrique, aujourd'hui affranchis, et des *Chinois*, qui commencent à se répandre au Brésil et dans les pays du Pacifique.

La population de l'Amérique du Sud s'élève aujourd'hui à 59 millions d'habitants, soit de 2 à 3 en moyenne par kilomètre carré. Cette population s'accroît sans arrêt, mais lentement. Elle est inégalement répartie ; la région des selvas et toute la pointe méridionale sont presque désertes.

Partage politique. — Les Espagnols et les Portugais ont

colonisé toute l'Amérique du Sud ; mais les colonies qu'ils avaient fondées se sont affranchies toutes en même temps, de 1810 à 1824, et se sont constituées en États indépendants.

Densité de la population de l'Amérique du Sud.

Tous ces États ont adopté la forme républicaine. On en compte dix. En outre, trois peuples européens y possèdent encore de petits territoires, les trois Guyanes.

Les principaux États de l'Amérique du Sud sont :
1° Pays indépendants :

Colombie	3 600 000 hab.	cap.	Bogota.
Venezuela.	2 444 000 —	—	Caracas.
Équateur	1 400 000 —	—	Quito.
Pérou.	4 559 000 —	—	Lima.
Bolivie	2 003 000 —	—	La Paz.
Chili	3 061 000 —	—	Santiago.
Brésil.	14 954 000 —	—	Rio de Janeiro.
Paraguay	635 000 —	—	Asuncion.
Uruguay.	978 000 —	—	Montevideo.
République Argentine. .	4 927 000 —	—	Buenos-Aires.

2° Colonies européennes :

Guyane anglaise. . . .	295 000 hab.	cap.	Georgetown.
Guyane hollandaise . .	82 000 —	—	Paramaribo.
Guyane française . . .	50 000 —	—	Cayenne.

RÉSUMÉ

I. Étendue de l'Amérique du Sud. — L'Amérique du Sud a pour bornes le Pacifique, la mer des Antilles et l'Atlantique. Son étendue est de 17 800 000 kilomètres carrés (Amérique du Nord, 23 millions).

II. Relief. — Elle comprend trois parties très différentes de relief : 1° une zone de hautes montagnes, à l'ouest, Cordillère des Andes (Chimborazo, Illimani, Aconcagua, 7 320 m.), plateau de Quito et plateau de Bolivie ; 2° une zone de montagnes moyennes à l'est, monts et plateaux des Guyanes, monts et plateaux du Brésil ; 3° une vaste plaine centrale, aux pentes indécises.

III. Climat et hydrographie. — Le climat, chaud partout sauf sur les montagnes et tout à fait au sud, est partout humide. Aussi l'Amérique du Sud a-t-elle des fleuves très abondants. Deux versants : 1° de la mer des Antilles, rio Magdalena ; 2° de l'océan Atlantique, Orénoque, Marañon ou Fleuve des Amazones, Rio de la Plata (Paraguay, Parana, Uruguay réunis).

IV. Côtes. — L'Amérique du Sud est baignée par trois mers : 1° par le Pacifique ; côte rocheuse, golfe de Guayaquil, îles Gallapagos, archipel des Chonos ; 2° par la mer des Antilles :

golfe de Venezuela et lac de Maracaïbo ; 3° par l'Atlantique ; cap San Roque, baie de Tous-les-Saints, Rio de la Plata, îles Malouines ou Falkland, détroit de Magellan et Terre de Feu.

V. Ressources diverses. — L'Amérique du Sud a : 1° des ressources végétales abondantes, sauf dans quelques parties trop sèches ; forêts, pâturages ou pampas, plaines herbeuses ou llanos, cultures du café, de la canne à sucre, du cacao, du tabac ; 2° des ressources minérales, minerais précieux et abondants dans les parties montagneuses, Andes, Brésil, etc.

VI. Population et partage politique. — L'Amérique du Sud compte 39 millions d'habitants, 2 à 3 par kilomètre carré, Indiens, Nègres, Chinois, Blancs (Espagnols, Portugais). — Sont encore soumis à des peuples européens, la Guyane anglaise, la Guyane hollandaise et la Guyane française. Sont indépendants, dix États, constitués tous en républiques : Brésil, Argentine, Chili, Uruguay, Paraguay, Bolivie, Pérou, Équateur, Venezuela, Colombie.

2. – LES ÉTATS DU NORD-EST

Vue générale. — Trois États occupent presque toute la partie de l'Amérique du Sud, qui est située au nord de l'Équateur. Ce sont la Colombie, le Vénézuela et les Guyanes.

Description physique. — Les traits physiques, relief, climat, hydrographie, côtes, productions, sont les mêmes pour ces trois pays.

1° Le *relief* comprend deux massifs montagneux, d'importance inégale, séparés par une plaine basse.

Les soulèvements montagneux de l'ouest sont les plus considérables. Ils sont formés par le rayonnement de la Cordillère des Andes, qui comprend deux, trois, plusieurs chaines, orientées en divergeant vers le nord-nord-est. Les plus hauts sommets se dressent au centre ; ce sont, pour la plupart, des volcans. On peut citer le volcan *Purace*, au sud ; le volcan *Tolima* (5584 mètres), au centre ; la *Mesa de Herveo* et la

Sierra Nevada de Santa Marta, au nord. De violents tremblements de terre dévastent fréquemment cette région.

Les montagnes de l'est sont bien moindres. Les principales sont la *Sierra Parima*, la *Sierra Pacaraima* et les monts *Tumuc-Humac* : ces montagnes ne dépassent guère 2 500 mètres.

2° Le **climat** est équatorial, mais tempéré par l'altitude. On y trouve trois zones : les *terres chaudes*, jusqu'à 600 mètres, les *terres tempérées*, de 600 à 2 200 mètres, les *terres froides*, c'est-à-dire au climat relativement froid, au-dessus de 2 200 mètres. Les pluies sont partout abondantes. Les neiges persistantes ne descendent pas au-dessous de 4 500 mètres.

3° Les **fleuves**, alimentés par d'abondantes pluies, ont un fort débit, mais sont coupés de rapides et de chutes.

Les principaux sont : l'*Atrato*, la *Cauca* et la *Magdalena*, qui coulent entre les soulèvements des Andes ; — l'*Orénoque*, grossi du Caura, du Caroni, du Guaviare, de la Meta et de l'Apuré ; — l'*Essequibo*, le *Maroni*, l'*Oyapock*, rivières des Guyanes.

L'**Orénoque** est le plus considérable ; avec ses affluents, il forme une ramure navigable de 7 000 kilomètres ; sa largeur atteint 20 kilomètres à la tête du delta ; lors des crues, il s'élève de 12 à 15 mètres, inondant au loin ses rives, parfois jusqu'à 100 kilomètres de chaque côté ; il se termine par un delta de 17 500 kilomètres carrés, c'est-à-dire grand comme trois départements français. Un de ses affluents supérieurs, le *Casiquiare*, est en même temps tributaire du Rio Negro, affluent de l'Amazone.

4° Les **côtes** sont de deux sortes. A l'ouest, sur le Pacifique, la côte est rocheuse, frangée seulement de petites baies. Au nord, sur la mer des Antilles, elle est alluviale et basse, mais présente plusieurs baies assez bien abritées et sûres ; la plus importante est le *lac de Maracaïbo*, sorte de grand bassin intérieur, auquel on accède par un étroit passage ouvert sur le *golfe de Venezuela*.

5° Les **ressources naturelles** sont multiples.

Au point de vue de la végétation, il faut distinguer les

plaines humides, les montagnes et les plaines sèches : les *plaines humides* sont couvertes d'épaisses forêts tropicales, coupées de clairières où prospèrent le cacao, le tabac, la canne à sucre, le coton, la vanille ; — les *montagnes* offrent des zones étagées de productions : après 600 mètres, le cocotier et le cacaoyer disparaissent ; vers 2 200 mètres, disparaissent, à leur tour, le bananier, la canne à sucre, le manioc ; au delà, s'étendent encore des champs de froment, d'orge et

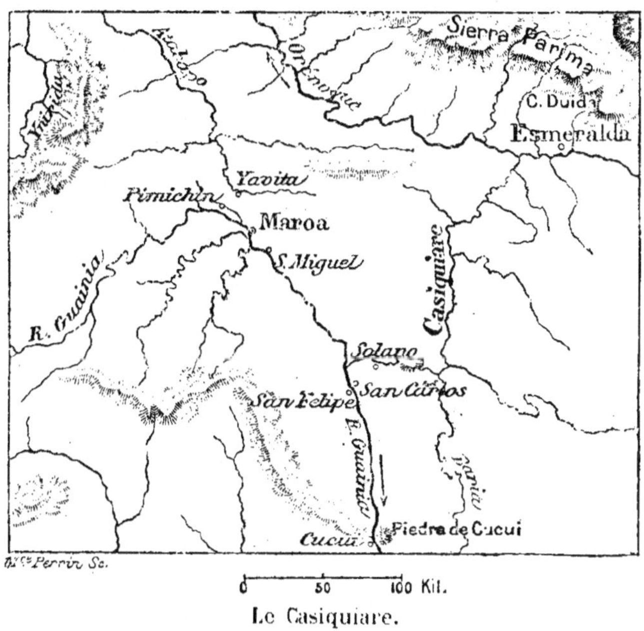

Le Casiquiare.

de pommes de terre ; — les *plaines sèches* sont occupées par les *llanos*, plaines herbeuses qui servent principalement à l'élevage.

Au point de vue minéral, on trouve : le fer et le charbon, dans les Andes ; l'or, dans le bassin du Caroni ainsi que dans les Guyanes, qui ont aussi des minéraux utiles.

Les llanos. — Les *llanos* occupent la majeure partie du bassin de l'Orénoque et de la plaine qui est située au nord de l'équateur dans l'Amérique du Sud.

L'eau n'y manque pas, mais elle y est moins abondante que sur les côtes, à cause des montagnes qui arrêtent les nuages marins : une saison sèche bien marquée y nuit au développement de la végétation forestière ; la chaleur elle-même, en l'absence des brises de mer, y est plus excessive.

Les llanos ne manquent pas d'arbres : la plupart des buttes et des renflements de terrain sont couronnés de bouquets semblables de loin à des ilots sur l'Océan, et des lisières de végétation touffue bordent les rivières. Là croissent les essences qui ne redoutent point une longue suite de sécheresses, petits palmiers à éventail (copernicia), mimosas épineux, chaparros rabougris. Les arbres y seraient encore plus nombreux sans la dent funeste des animaux.

Les llanos sont, par excellence, une zone herbeuse. Pendant la saison sèche, ces herbes jaunissent et les tempêtes agitent des tourbillons de poussière. Avec les pluies renait la vie ; les plaines se revêtent d'une végétation épaisse et variée que paissent des troupeaux de bœufs, de chevaux. Par malheur, les llanos ont des feuilles tranchantes, des arbustes vénéneux, des fruits empoisonneurs, des nuées de moustiques et d'insectes à la piqûre mauvaise, comme la *nigua* qui perce la peau, pénètre sous le derme, y pond des œufs et détermine la gangrène ; ils ont des serpents d'eau si forts qu'ils étouffent de leurs plis les plus robustes taureaux ; enfin, la fièvre y règne, engendrée par les mares qu'occasionnent les fleuves débordés : chaque année, elle y cause de nombreux décès.

Populations et partage politique.

— Huit à dix millions de Peaux-Rouges habitaient, dit-on, ces régions à l'arrivée des Espagnols. Quelques tribus, entre autres les *Chibcha* ou *Muysca* du pays de Cundinamarca, étaient assez civilisées, savaient travailler l'or, sculpter des pierres dures, tisser des étoffes, cultiver le mais, le manioc, la pomme de terre, et construire des chemins dallés.

Les Espagnols y arrivèrent vers 1500 ; ils fondèrent la vice-royauté de Santa-Fé et la capitainerie de Caracas ; mais les colons vinrent en assez petit nombre. Plus tard, les Français, les Hollandais et les Anglais arrivèrent à leur tour et créèrent quelques établissements dans les Guyanes.

Ces derniers peuples ont conservé, jusqu'à nos jours, les colonies qu'ils avaient fondées, mais les Espagnols ont perdu les leurs. Leurs habitants se soulevèrent contre l'Espagne, de 1820 à 1824, en même temps que le Mexique et l'Amérique centrale. Quand l'affranchissement fut conquis, ils se partagèrent entre deux grands États, la Colombie et le Venezuela, souvent en guerre l'un contre l'autre, souvent aussi troublés à l'intérieur par la rivalité des partis politiques, entre autres par celle des partisans d'un régime unitaire et des partisans d'un régime fédératif.

En résumé, cette partie de l'Amérique du Sud renferme cinq États : Colombie, Venezuela, Guyane anglaise, Guyane hollandaise, Guyane française; — elle renferme des Indiens.

Les llanos.

bien réduits aujourd'hui par les cruautés de colonisateurs cruels; des colons européens, assez peu nombreux, et vivant surtout dans les régions élevées dont le climat leur convient mieux; des nègres et quelques Chinois, qu'on y a fait venir pour cultiver la terre; des métis divers. La religion dominante est le catholicisme; la langue est l'espagnol.

Colombie. — La Colombie occupe la partie nord-ouest de

l'Amérique du Sud jusqu'à l'entrée des isthmes de l'Amérique centrale. Elle mesure 1 350 000 kilomètres carrés (deux fois et demie la France).

1° Outre l'isthme de Panama, qui semble appelé à un très brillant avenir, la Colombie comprend trois régions naturelles distinctes : à l'ouest, le long du Pacifique, et dans les vallées des Andes, des *terres basses*, chaudes et humides produisant le cacao, le coton, le café, le tabac, la canne à sucre, la vanille; au centre, une *zone montagneuse*, fournissant des bois d'ébénisterie et de teinture, propre à l'élevage du bétail, riche en mines d'or, d'argent, de platine, de fer, de cuivre, de plomb, de houille; — à l'est, des *llanos*, où l'élevage peut être pratiqué en grand.

2° Le pays est peu peuplé. Au dernier recensement (1881), il avait 3 600 000 habitants, soit 3 en moyenne par kilomètre carré. Cette population est faible sur la côte, où elle est décimée par la lèpre; elle est faible aussi dans les llanos, où elle est attaquée par la rougeole et la variole. La région montagneuse est la plus peuplée.

Longtemps république fédérale, la Colombie a pris la forme unitaire en 1886; les huit États, qui formaient jadis les États-Unis de Colombie, ne sont plus que des départements dépendant d'une assemblée souveraine.

Les principales villes [1] sont : **Bogota** ou **Santa-Fé de Bogota**, bâtie dans une savane, à 2 600 mètres d'altitude, capitale du pays; *Médellin*, près de mines d'or très exploitées; *Antioquia*, dont la population, qui descend, dit-on, de Juifs et de Maures, est particulièrement active; *Barranquilla*, port, entrepôt du commerce de la riche vallée de la Magdalena. La Colombie posséda longtemps l'État aujourd'hui indépendant de Panama; il s'affranchit de sa domination en 1903.

3° L'état économique de la Colombie laisse fort à désirer. Les guerres continuelles, intestines ou extérieures, qui déci-

---

1. *Colombie* : principales villes (recensement de 1902) :

Bogota.	120 000 hab.	Bucaramanga	25 000 hab.
Médellin.	53 000 —	Barranquilla	15 000 —
Cartagena	25 000 —		

ment ce pays, l'ont empêché de se développer comme il aurait pu. Le petit nombre de ses habitants est une autre cause de stagnation.

Les voies ferrées font presque complètement défaut (en 1900, 550 kilomètres en exploitation). L'agriculture colombienne parvient à peine à nourrir ses habitants, et l'élève du bétail, particulièrement développée aux environs de Bogota, a moins d'extension de nos jours qu'au temps des Chibcha. L'industrie, très rudimentaire, se borne à l'exploitation de mines. Le commerce extérieur, très faible, ne dépasse pas 150 millions de francs.

Venezuela. — Le Venezuela est situé sur la mer des Antilles, à l'est de la Colombie. Il a 1 027 000 kilomètres carrés. Il doit son nom de *Petite Venise* aux habitations sur pilotis qu'y trouvèrent les premiers explorateurs dans la lagune de Maracaïbo.

1° Comme la Colombie, le Venezuela comprend trois zones végétales de productions : une *zone côtière*, montagneuse, propre, suivant l'altitude, aux cultures les plus diverses ; une *région de llanos*, très étendue, consacrée à l'élevage ; une *zone forestière*, commencement de la forêt du Brésil équatorial, dans le delta de l'Orénoque et au sud de ce fleuve.

Le Venezuela a des mines, mais moins prospères que celles de la Colombie.

2° Le Venezuela est peu habité. Au dernier recensement (1894), il avait 2 444 000 habitants, soit 2 en moyenne par kilomètre carré. La majeure partie de la population réside dans la zone côtière et sur les flancs de la grande chaîne de Mérida.

La population venezolane augmente lentement, mais d'une manière continue. L'excédent annuel des naissances sur les décès est d'environ 50 000 à 55 000. L'immigration annuelle a varié de 500 à 600 dans la période décennale de 1885 à 1894.

Le Venezuela est une république fédérative comprenant 20 États, 1 district fédéral, 4 territoires. Sa constitution est analogue à celle des États-Unis.

Ses principales villes[1] sont : **Caracas**, la capitale, située sur un plateau élevé à plus de 800 mètres d'altitude, très sain, mais trop souvent ébranlé par les tremblements de terre ; elle communique avec la côte par un chemin de fer ;

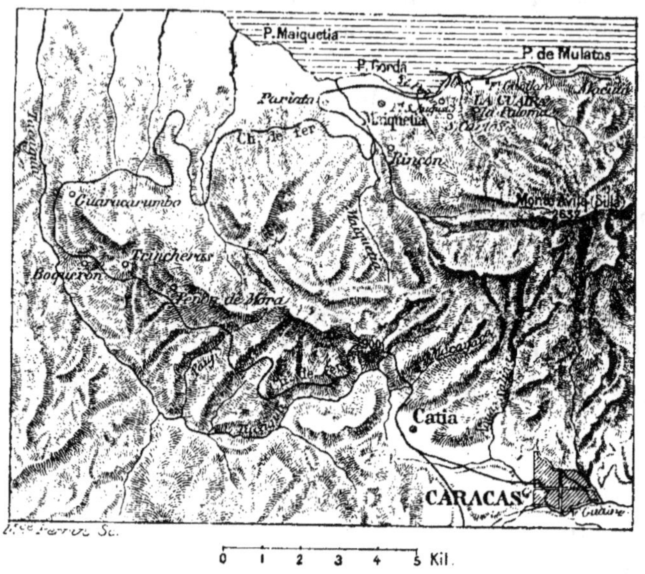

La Guaira et Caracas.

— *la Guaira*, port de Caracas, rade peu sûre sur une côte malsaine ; *Valencia*, reliée par une voie ferrée à Puerto Cabello ; *Maracaïbo* et *Barquisimeto*.

3° Le Venezuela est plus prospère que la Colombie, sans l'être encore beaucoup. Il est également insuffisamment peuplé et trop souvent décimé par les guerres.

Les voies ferrées ont peu de longueur (en 1900, 852 kil.). L'agriculture se développe, en particulier les cultures du maïs, du cacaoyer, de la canne à sucre, du café, et l'élevage progresse dans les llanos. L'industrie est peu importante. Le commerce extérieur ne dépasse pas 160 millions de francs.

1. *Venezuela* : principales villes (recensement de 1894) :

Caracas . . .	72 000 hab.	Maracaïbo . .	34 000 hab.
Valencia. . .	38 000 —	Barquisimeto.	31 000 —

Village de Roucouyennes dans les forêts de la Guyane.

Guyane anglaise. — La Guyane anglaise est située au nord-est de l'Amérique du Sud, entre le Venezuela et la

Guyane hollandaise. Ses limites sont les bouches de l'Orénoque et le rio Corentyne. Elle mesure 246 000 kil. carrés;
c'est la plus étendue des trois Guyanes.

La Guyane anglaise a 295 000 hab., nègres, coolies hindous et nègres des Antilles, engagés pour le travail des plantations, Indiens plus ou moins sauvages, et environ vingt
mille blancs, en majorité Portugais. Sa capitale est *Georgetown*, sur le fleuve Demerara, près de la mer[1].

L'industrie sucrière y est très active. Les plantations de
cannes à sucre couvrent 55 000 hectares.

Guyane hollandaise. — La Guyane hollandaise est
située entre la Guyane anglaise et la Guyane française. Ses
limites sont le rio Corentyne et le rio Maroni. Elle mesure
129 000 kil. carrés.

Elle a 82 000 hab., dont moins de 500 Européens. Sa
capitale est *Paramaribo*, sur le fleuve Surinam.

Marais littoral à la lisière d'une forêt profonde, la Guyane
hollandaise a surtout des plantations de cacao.

Guyane française. — La Guyane française touche à la
Guyane hollandaise, dont elle est séparée par le Maroni, et
au Brésil dont elle est séparée par l'Oyapock. Vers l'intérieur, elle s'étend jusqu'aux monts Tumuc-Humac. Elle mesure 78 900 kil. carrés.

La Guyane française compte 30 000 hab., dont 1200 blancs,
relégués ou aventuriers venus pour y chercher des paillettes
d'or dans les alluvions des rivières. Sa capitale est *Cayenne*,
bon port, dans une petite île littorale.

Marais boueux sur le littoral, forêt épaisse ou savane à
l'intérieur, la Guyane, malgré son insalubrité, offrirait des
ressources à la colonisation. Le littoral a des plantations de
cannes et de cacao; les forêts donnent de beaux bois d'ébénisterie; les savanes sont propres à l'élevage. En outre, la

---

1. *Guyanes* : principales villes :

Georgetown .	56 000 hab.	Cayenne. . .	12 000 hab.
Paramaribo .	31 000 —		

Guyane renferme des mines diverses. Mais, après deux siècles d'efforts intermittents ou mal dirigés, la colonie reste, pour ainsi dire, à créer.

RÉSUMÉ

I. Description physique. — Les États du nord de l'Amérique du Sud ont un relief varié (grandes montagnes à l'ouest, avec le Tolima et la Sierra Nevada de Santa Marta ; vastes plaines au centre ; petites montagnes à l'est, Sierra Parima) ; un climat tropical, sauf où il est tempéré par l'altitude ; des fleuves abondants (Atrato, Magdalena, Orénoque, Maroni, Oyapock) ; des côtes rocheuses sur le Pacifique ; basses, avec la lagune de Maracaïbo, sur la mer des Antilles ; enfin, des ressources variées, forêts, cultures tropicales, llanos ou plaines herbeuses, mines diverses.

II. Partage politique. — Jadis le pays appartenait presque entièrement à l'Espagne, dont il s'est affranchi en 1820. Aujour-

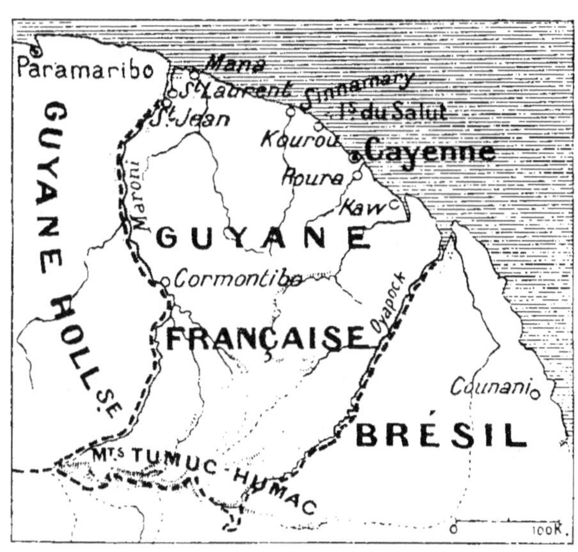

La Guyane française.

d'hui deux États s'y sont formés, la Colombie et le Venezuela. L'Angleterre, la Hollande et la France se partagent les Guyanes qu'ils ont colonisées aux siècles antérieurs.

III. Colombie. — Grande deux fois et demie comme la France, la Colombie a 5 878 000 habitants. Sa capitale est Bogota. Le pays a des mines et des ressources végétales importantes, mais son état économique n'en reste pas moins très précaire. Elle a perdu, en 1903, l'isthme et le port de Panama.

IV. Venezuela. — Grand deux fois comme la France, le Venezuela a 2 444 000 habitants. Sa capitale est Caracas. Le pays a peu de mines, mais les cultures s'y étendent (cacao, maïs, canne à sucre, café). Le pays est loin d'avoir pris le développement dont il est susceptible.

V. Guyanes. — Les trois Guyanes sont : la Guyane anglaise, capitale Georgetown ; la Guyane hollandaise, capitale Paramaribo ; la Guyane française, capitale Cayenne. — La Guyane anglaise est la plus étendue, la plus peuplée et la plus prospère des trois.

3. — LES ÉTATS DU PACIFIQUE

Vue générale. — Quatre États de l'Amérique du Sud sont tournés vers le Pacifique : ce sont l'Équateur, le Pérou, la Bolivie et le Chili.

Le Chili sera étudié un peu plus loin. L'Équateur, le Pérou et la Bolivie présentent les mêmes traits physiques généraux et sont habités par des hommes de même race, parlant la même langue et professant la même religion.

Description physique. — Relief, climat, hydrographie, côtes, ressources se ressemblent en ces trois pays.

1° Le *relief* est montagneux : à l'exception d'un étroit liséré de terres basses près de la côte, on n'y trouve que de hautes montagnes et des plateaux.

Les **Andes**, avec leurs longs redressements, sillonnent ces pays du nord au sud ; elles comprennent deux chaînes parallèles qui s'écartent plus ou moins, laissant entre elles des plateaux que des sierras secondaires subdivisent en sous-plateaux.

Les sommets principaux sont : au nord, le *Chimborazo*

(6 254 m.) et le *Pichincha*, dans la chaine occidentale ; l'*An-tisana*, le *Cotopaxi* et le *Sangay*, dans la chaine orientale ; presque tous sont des volcans actifs ; ils se dressent autour du *plateau de Quito* (2 800 m.), qu'Humboldt appelait une fournaise ardente dont ces volcans étaient les redoutables cheminées ; — au sud, le *Nevado de Huascan* (6 721 m.), le *Misti*, le *Tacora*, le *Sajama*, le *Sorata* ou *Illampu* et l'*Illi-*

Le Chimborazo.

mani, qui tous dépassent 6 000 m. ; ils dominent un plateau également volcanique, le *plateau de Bolivie*, sur lequel dort à 3 815 m. d'altitude le lac de Titicaca, dont l'étendue diminue graduellement.

Vers l'est, les Andes s'abaissent brusquement vers une plaine basse, presque sans relief ; vers l'ouest, elles sont séparées de la mer par une zone étroite, toute hérissée de hauteurs confuses que les rivières ont creusées de ravins, de cañons, de gorges sauvages aux parois abruptes.

2° Le *climat* est équatorial et tropical ; la chaleur y est forte partout où l'influence de la latitude n'est pas contrebalancée par celle de l'altitude. Comme dans le Mexique et l'Amérique centrale, et pour la même raison, on y distingue des terres chaudes, des terres tempérées et des terres froides.

L'humidité est moins également distribuée. Les pluies sont abondantes sur le versant oriental des Andes, et presque nulles sur le versant occidental, sauf dans la partie qui touche à l'équateur. Les vents, qui arrivent du sud chargés de nuages, les laissent évaporer en pénétrant dans des régions de plus en plus chaudes : de 1847 à 1877, la ville de Payta ne reçut pas une seule averse ; sur la côte péruvienne, on compte si peu avec la pluie que certaines lignes de chemin de fer sont construites dans le lit même d'un torrent.

3° Les *fleuves* n'ont d'importance que sur le versant oriental des Andes : c'est là que naissent le **Marañon**, et quelques-uns de ses grands affluents, entre autres le puissant *Ucayali*, plus long et plus volumineux que le Marañon lui-même.

A l'ouest, vers le Pacifique, ne coulent que des torrents d'allure désordonnée : le *Guayas* en est le principal.

Sur les plateaux andins coule le *Desaguadero*, déversoir du lac de Titicaca.

4° Les *côtes* de cette région sont baignées par le Pacifique. Elles sont le plus souvent basses et marécageuses avec des indentations rares et des ports peu sûrs.

On peut citer : au nord, le *golfe de Guayaquil*, protégé par l'île Puna ; au sud, la *baie de Pisco*, fermée par les îles Chincha.

5° Les **ressources naturelles** sont très variées. On distingue trois zones naturelles : à l'ouest, la *Costa*, côte ou littoral, qui s'élève graduellement du bord de la mer jusqu'à 1 500 ou 2 000 mètres ; très riche comme végétation dans les parties arrosées, elle est absolument nue dans les parties sèches ; on y trouve du cuivre, du nitrate de soude, etc. ; — au centre, la *Sierra*, montagnes et plateaux, comprenant la région intra-andine, dont l'altitude varie entre

2 000 et 4 000 mètres : elle a des vallées riantes et chaudes, où prospèrent les plantes de l'Europe tempérée, et même la canne à sucre et l'indigotier ; elle a des champs de céréales et de pommes de terre, des pâturages que broutent le guanaque, le lama, la vigogne, l'alpaca ; ce n'est qu'au delà de 4 000 mètres, dans la *puna brava*, que la végétation cesse ; la Sierra est proprement la région minière ; or, argent, cuivre, plomb ; — à l'est, la *Montaña* (pente boisée), qui s'abaisse en longues déclivités : c'est une région chaude et humide, qui se prêterait aux cultures tropicales, mais qui, pour le moment, est couverte d'épaisses forêts.

Les zones naturelles de la région andine. — La disposition des Andes, la direction de leurs soulèvements, leur hauteur, leur bifurcation en plusieurs chaînes encadrant des plateaux, déterminent dans la région andine plusieurs zones naturelles qui présentent entre elles d'éclatants contrastes.

La **Costa** est la région côtière, zone étroite dont la largeur moyenne ne dépasse guère 200 kilomètres. Au nord, la Costa équatorienne, très humide, est parée d'une riche végétation, mais l'excès d'humidité, qui est favorable aux plantes, y nuit à l'homme, et un voyageur en résume plaisamment les productions en trois mots : cacao, fièvre jaune, révolutions.

Bien différente est la Costa péruvienne, dur rivage, terre chaude, où le soleil brûle, où il ne pleut presque jamais, et où le sol n'est abreuvé que par une imperceptible brume, la *garua*, qui l'humecte à peine. Aucune fertilité : c'est un pays plus désert que le Sahara, fertile seulement au fond des ravins, ou *quebradas*, qui coupent le plateau et par lesquels s'épanchent en torrents intermittents les neiges des hauts sommets andins. Dans ces vallées s'élèvent de grandes fermes, ou *haciendas*, autour desquelles on cultive la canne à sucre, le cotonnier, la vigne, le riz, le maïs et à peu près tous les fruits de notre Europe méditerranéenne.

La **Sierra** présente, jusque sous l'équateur, un climat assez semblable à celui de l'Europe tempérée. La température y subit des variations brusques, et, d'une chaleur presque torride, s'abaisse en peu d'instants jusqu'au-dessous du point de glace : il y pleut assez fréquemment et la neige n'y est point inconnue. Mais ces rigueurs sont plus favorables à l'homme que la température brûlante de la Costa, et n'empêchent point les cultures d'y réussir. La Sierra possède de riches vallées ; en particulier, les gorges des rivières produisent le riz et la canne à sucre. C'est la zone la plus peuplée.

Au delà de 3 000 mètres, la Sierra fait place à la *puna*, région plus froide et plus désolée. La moyenne de la température y est comprise entre 2 et 6 degrés. La puna a une flore spéciale, caractérisée par les *pajonales* qui fournissent au bétail une suffisante pâture. La puna a pour caractère d'être morne ; le ciel, le sol, les flaques d'eau, les petits lacs dormants, tout est sévère. Le regard se perd sur l'immensité de ces landes, situées presque à la hauteur du Mont-Blanc, couvertes d'une herbe chétive, sans saveur et sans couleur. Le lama, avec sa démarche grave et calme, le mouvement ondoyant de son cou, la mobilité de ses oreilles, le regard curieux et intelligent de ses grands yeux noirs, est le seul être vraiment heureux de ces hauteurs.

Les plus sauvages de ces solitudes forment la *puna brava*, ou puna sauvage. Elles s'étendent entre 4000, 4500 et 5000 mètres, où commencent les neiges persistantes et les glaciers. Cette région est si haute que le *soroche*, ou mal des montagnes, avec des saignements de nez, du vertige, des maux de tête, en rend le séjour difficile aux Puneros, impossible aux Européens. Quelques arbustes y croissent cependant, courbés par un vent continuel et si glacé que le voyageur, pour se garantir des morsures de l'air, doit parfois se couvrir le visage d'un masque.

La **Montaña**, ou versant oriental des Andes, jouit d'un climat tropical : les pluies y sont fréquentes et copieuses ; l'air y est saturé d'humidité et la température se maintient en moyenne entre 21 et 22 degrés. Aussi présente-t-elle l'aspect d'un océan de verdure. D'immenses forêts s'y suivent d'horizon en horizon, merveilleusement touffues, jusqu'à l'immense *selva* brésilienne, forêt insondable dont les cours d'eau forment les seules voies de pénétration.

Populations et partage politique.

— Avant l'arrivée des Européens, la région andine était habitée par les *Quichua* et les *Aymara*, Indiens civilisés à la tête desquels était un *inca* ou empereur. Les Espagnols arrivèrent au xvie siècle avec Pizarre et fondèrent la vice-royauté de Lima ; l'abondance des mines y attira vite de nombreux aventuriers.

L'insurrection mit fin à la domination espagnole en 1821. L'Équateur se joignit d'abord à la Colombie, dont il se sépara en 1830. Le Pérou et la Bolivie, unis d'abord en un seul État, rompirent leurs liens après la mort du libérateur, Simon Bolivar. Depuis lors, ces trois États se sont développés chacun à part. Mais leurs limites respectives sont prétextes à discussions fréquentes entre eux et avec leurs voisins.

Au point de vue politique, cette région comprend donc trois États : Équateur, Pérou, Bolivie ; — au point de vue des populations, elle est habitée par des Indiens, des blancs pour la plupart espagnols, des nègres, quelques Chinois et des métis d'origine diverse. Le catholicisme est la religion de tous ; l'espagnol est la langue officielle, mais les Quichua parlent toujours leur vieil idiome, quelque peu corrompu, il est vrai.

Les Indiens du Pérou. — La population dominante des plateaux andins est encore aujourd'hui la race indigène, formée surtout de *Quichua*, dans le Pérou, et d'*Aymara*, en Bolivie.

Ces hommes, à peau généralement olivâtre, aux traits fortement

Dans la Puna brava.

accentués, étaient parvenus à un état de civilisation avancée plusieurs siècles avant l'arrivée des Européens. Ils savaient l'art de la culture et des irrigations, travaillaient les métaux, confectionnaient des étoffes qu'ils teignaient de couleurs éclatantes et solides. Architectes et ingénieurs remarquables, ils élevaient au Soleil, leur père et leur dieu, des temples ruisselant d'or, à leurs princes de magnifiques palais, à leurs morts des *huacas*, ou tombeaux, où l'on a trouvé des merveilles de céramique, de peinture, de sculpture et d'orfèvrerie. Quatre grandes routes pavées partaient de Cuzco, leur capitale, vers les quatre points cardinaux. Ils avaient étendu au loin leur puissance, et les *Incas* commandèrent un temps à la moitié de l'Amérique du Sud.

Cette brillante civilisation n'a pas survécu aux cruautés de la conquête espagnole. Traqués par des envahisseurs qui convoitaient âprement leurs mines de métaux précieux, ils furent poursuivis, massacrés. Ils vivent aujourd'hui à peu près ignorants de leur glorieux passé. De loin en loin cependant, ils se révoltent contre les blancs et les massacrent sans pitié.

Équateur. — L'Équateur est le plus septentrional de ces États; il est limité au nord par la Colombie; son nom lui vient de sa situation sous l'équateur. Sa superficie est de 307 000 kilomètres carrés (y compris les îles Gallapagos), soit les trois cinquièmes de la France.

1° L'Équateur comprend une zone côtière, excessivement chaude et humide; une région andine tempérée, le *plateau de Quito*, dominée par d'énormes volcans, Chimborazo, Cotopaxi, Sangay; et, vers l'Amazone, une autre zone humide et chaude.

La variété du climat y permet toutes les cultures de la zone équatoriale et de la zone chaude tempérée. Les montagnes recèlent quelques mines d'or et d'argent.

2° Le pays est peu peuplé. Le dernier recensement dénombra 1 204 000 habitants; en comprenant les Indiens sauvages, on peut évaluer la population totale à 1 400 000 habitants, soit 4 par kilomètre carré. La majorité habite sur les plateaux, et est formée par des métis divers.

L'Équateur est une république unitaire comprenant 17 provinces; la constitution rappelle celle des États-Unis.

Les principales villes[1] sont : **Quito**, la capitale, située sur un haut plateau où les plantes de l'Europe méditerranéenne prospèrent à côté du cacaoyer et de la canne à sucre; le voisinage des volcans lui vaut d'assez fréquents tremblements de terre dont quelques-uns l'ont dévastée; — *Guayaquil*, principal port de l'Équateur, à l'embouchure du Guayas, courte mais profonde rivière.

3° Au point de vue économique, l'Équateur est peu

---

1. *Équateur* : principales villes :

Quito	80 000 hab.	Cuenca. . . .	30 000 hab.
Guayaquil . .	51 000 —		

développé. Cette situation tient au petit nombre des habitants en même temps qu'aux nombreuses révolutions qui ont agité le pays.

L'Équateur n'a que trois petites voies ferrées, ayant en tout 96 kilomètres. Le principal produit agricole est de beaucoup le cacao. L'industrie existe à peine. Le commerce extérieur ne dépasse pas 146 millions de francs, dont 78 à 80 millions à l'exportation; les exportations de cacao s'élèvent à elles seules à 55 millions; celles de l'argent à 1 750 000 francs, et celles de l'or à 690 000 francs.

Pérou. — Le Pérou est situé sur la côte du Pacifique, au sud de l'Équateur. Sa superficie est de 1 769 000 kilomètres carrés, trois fois et demie celle de la France.

1º Le Pérou est dominé par les Andes centrales. Il comprend trois régions principales : la *Costa*, sèche et aride; la *Sierra*, alternativement formée de vallées riantes et chaudes, et de croupes ou de plateaux mornes et froids que dominent des volcans et des cimes neigeuses; la *Montaña* toute en forêts et en llanos.

Le Pérou a de multiples cultures. Il a, en outre, du cuivre, des nitrates de soude, des gisements de pétrole, dans la Costa; des couches de guano, dans les îles Chincha; des filons d'or et des minerais d'argent, associés à l'antimoine, au cuivre et au plomb, dans la Sierra et la Montaña.

2º Lors de la dernière évaluation (1896), le Pérou avait 4 559 000 habitants, soit un peu moins de 3 par kilomètre carré d'étendue. On comptait alors 560 000 blancs et 55 000 Chinois.

Le Pérou est une république unitaire, avec un président, deux vice-présidents, un Sénat et une Chambre de députés.

Les principales villes[1] sont : **Lima**, la capitale, bâtie à

---

1. *Pérou* : principales villes (évaluation de 1896) :

Lima. . . .	115 000 hab.	Cuzco	50 000 hab.
Callao . . .	48 000 —	Cacaos. . . .	25 000 —
Arequipa . .	55 000 —		

14 kilomètres de la mer et à 175 mètres environ d'altitude ;
— *Callao*, port de Lima et principal port du Pérou, avec un
mouvement annuel d'environ 2 800 navires ; *Arequipa*, souvent bouleversée par des tremblements de terre ; *Cuzco*,
l'ancienne capitale de l'empire des Incas, bâtie à 3 400
mètres d'altitude, dans une haute vallée de la Cordillère ;

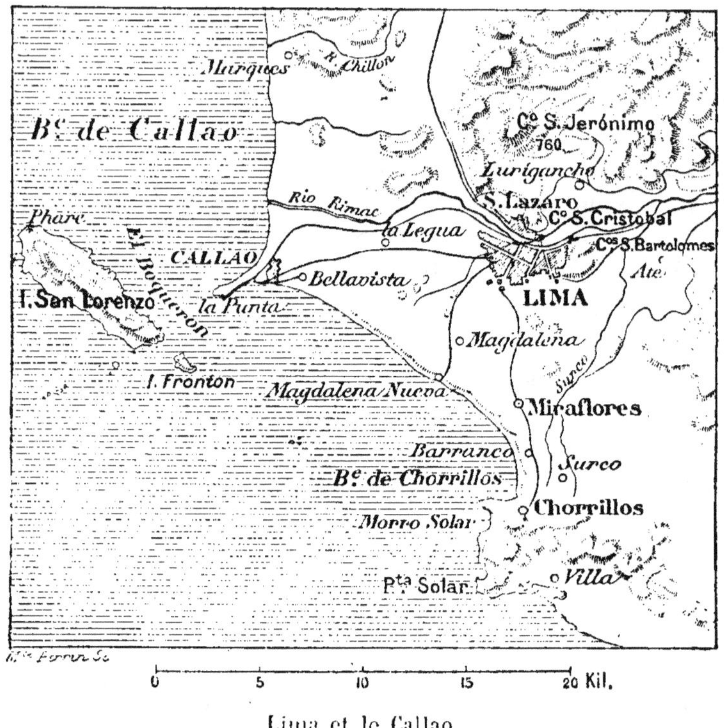

Lima et le Callao.

Cerro de Pasco et *Puno*, célèbres par leurs mines d'argent.

3° Malgré l'abondance de ses mines, le Pérou est loin
d'être un État riche et prospère.

Il a 1 667 kilomètres de voies ferrées, dont les principales
sont les lignes du Callao à Lima et au Cerro de Pasco et de
Mollendo à Arequipa et Puno avec embranchement sur Cuzco.
Le principal produit agricole est le sucre de canne. L'industrie existe à peine. Le commerce s'élève à 170 millions de
francs, dont 112 à l'exportation (minéraux précieux 45 millions, sucre 57 millions).

Bolivie. — Située au sud-est du Pérou, la Bolivie ne touche plus à aucune mer depuis une guerre avec le Chili qui lui a enlevé ses provinces méridionales (1879-1885). Sa superficie est de 1 554 000 kilomètres carrés, deux fois et demie celle de la France.

1° La Bolivie comprend : une région de hautes terres, dominée par de hauts volcans de 6 000 mètres d'altitude,

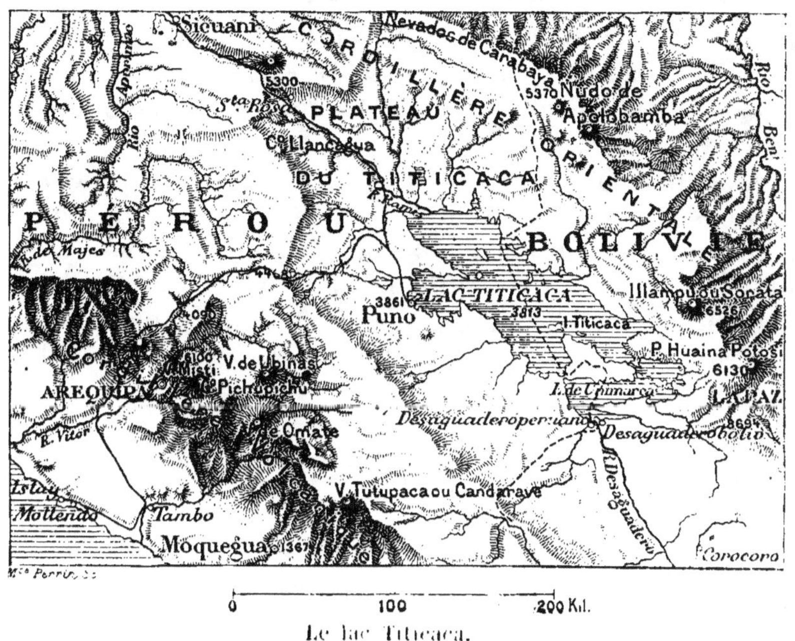

Le lac Titicaca.

Sorata, Illimani, et qui entoure le lac de Titicaca ; une région de plaines basses inclinées, à l'est, vers l'Amazone et le Rio de la Plata.

Les produits sont les mêmes qu'au Pérou : cacao, sucre, riz, or, argent, étain, etc.

2° Au dernier recensement (1900), la Bolivie avait 1 855 000 habitants, sans compter 150 000 Indiens sauvages, ce qui porte la population totale à 2 005 000 habitants, 2 par kilomètre carré. Les blancs sont au nombre d'environ 250 000.

La Bolivie est une république unitaire, ayant même constitution que le Pérou.

Les principales villes[1] sont : **la Paz**, la capitale depuis 1857, bâtie au bord du haut plateau qui longe, au sud-est, le lac de Titicaca ; — *Sucre* ou *Chuquisaca*, l'ancienne capitale, bâtie de même sur un haut plateau ; *Cochabamba*, au milieu de riches terres à blé ; *Potosi*, qui dut à ses mines d'argent une célébrité universelle et compta jusqu'à 170 000 habitants, au commencement du xviiie siècle.

3° Outre le manque de bras, la Bolivie souffre du manque de communications directes avec l'extérieur : elle n'a de débouchés que par le lac de Titicaca et le chemin de fer péruvien de Molendo, à l'ouest, ou par le chemin de fer chilien d'Antofagasta, au sud.

Actuellement, la Bolivie a 1 055 kilomètres de chemin de fer. Les principaux produits végétaux sont le caoutchouc, qu'on récolte dans la Montaña, et la coca. L'industrie est nulle, sauf l'industrie minière. Le commerce extérieur ne dépasse pas 102 millions de francs (principaux articles d'exportation : argent, 24 millions ; étain, 17 à 18 millions ; caoutchouc, 11 millions).

RÉSUMÉ

I. Description physique. — Les trois États andins du nord, Équateur, Pérou, Bolivie, sont traversés du nord au sud par les Andes qui y élèvent de hauts sommets, en général volcaniques, Chimborazo, Sangay, Sorata, Misti, Illimani, et y encadrent de grands plateaux, plateau de Quito et plateau de Bolivie. Ces montagnes déterminent trois régions naturelles très distinctes : à l'ouest, la Costa, humide et riche au nord, sèche et déserte au sud ; au centre, la Sierra, tempérée, riche, sauf dans la puna, au-dessus de 3 000 mètres ; à l'est, la Montaña, chaude, humide, couverte de forêts.

II. Partage politique. — Ancienne colonie espagnole, ce pays s'est affranchi en 1821 ; il s'est morcelé en trois républiques :

1. *Bolivie* : principales villes (recensement urbain de 1900) :

La Paz. . . .	57 000 hab.	Oruro	16 000 hab.
Cochabamba .	30 000 —	Potosi	14 000 —
Sucre	28 000 —		

Équateur, Pérou, Bolivie. Religion catholique ; langue espagnole. Les Indiens forment le fond de la population de ces trois États, soit purs, soit métissés.

III. Équateur. — Grand comme les trois cinquièmes de la France, l'Équateur a 1 400 000 habitants. Sa capitale est Quito. Le principal produit agricole est le cacao, qui alimente les deux tiers de l'exportation. État économique en somme très arriéré.

IV. Pérou. — Grand trois fois et demie comme la France, le Pérou a 4 559 000 habitants. Sa capitale est Lima. Les principaux produits sont les minéraux précieux (or et argent), et le sucre.

V. Bolivie. — Grande deux fois et demie comme la France, la Bolivie a 2 003 000 habitants. Sa capitale est la Paz. Les principaux produits sont l'argent, l'étain et le caoutchouc. La Bolivie souffre de n'avoir plus de débouché direct sur l'océan Pacifique.

4. — LE CHILI

Bornes, étendue. — Agrandie par des guerres heureuses contre le Pérou et la Bolivie (1878-1883), ainsi que par un accord avec la République Argentine, la république du Chili occupe toute la côte méridionale de l'Amérique du Sud sur le Pacifique. C'est un long ruban compris entre les Andes et la mer.

Le Chili mesure 4 000 kilomètres de longueur du nord au sud, 150 à 200 kilomètres de largeur de l'ouest à l'est : il a la largeur de l'Italie centrale sur une longueur six fois plus grande. Il mesure 796 000 kilomètres carrés, une fois et demie la superficie de la France.

Du Chili dépendent l'île de Pâques, en Océanie, et les îles Juan-Fernandez, à 600 kilomètres à l'ouest de Valparaiso.

Relief et côtes. — Au point de vue du relief, le Chili comprend trois bandes parallèles, alignées du nord au sud : la Cordillère andine, une chaine côtière, et une dépression longitudinale de largeur variable.

La **Cordillère des Andes** atteint ses plus grandes hauteurs sur les frontières du Chili. Au nord, elle est dominée par les volcans *Sajama*, *Antofalla*, *Juncal*, qui ont 6000 mètres. Au centre, se dressent le *Copiapo*, le *Cerro del Mercedario* (6798 m.) et l'*Aconcagua* (7510 m.), point culminant de l'Amérique du Sud et de tout le Nouveau Monde : dans cette partie centrale, les pentes trop raides et l'air trop sec empêchent qu'il y ait beaucoup de glaciers et de neiges persistantes ; mais les cols sont très élevés : le principal, le *col de la Cumbre*, a 5760 mètres d'altitude ; on franchit difficilement les Andes chiliennes. Au sud, les Andes sont beaucoup moins élevées ; nulle part, elles ne montent à 4000 mètres ; mais, dès 1600 mètres, on y trouve des glaciers et des neiges persistantes.

Le Chili est un des centres volcaniques les plus actifs du globe. La plupart de ses montagnes sont ou ont été des volcans en travail. C'est à leur présence que sont dus les tremblements de terre qui secouent si souvent le sol chilien. En 1868, une commotion soudaine renversa la ville d'Arica et deux vagues énormes engloutirent quatre bourgs de la côte ; en 1877, une autre vague monta jusqu'à 20 mètres sur la ville de Méjillones. Parfois des volcans s'ouvrent au milieu même de la mer, empoisonnant les flots de leurs vapeurs sulfureuses et rejetant à la côte les poissons asphyxiés.

La **chaîne côtière** est beaucoup moins élevée et ne dépasse 2000 mètres qu'en peu de points.

La **vallée intermédiaire**, partout médiocrement élevée, s'abaisse vers le sud, se parsème d'abord de lacs, puis affleure la mer, enfin devient détroit, se prolongeant entre les îles extérieures des archipels magellaniques et la Cordillère andine, dont le pied baigne dans l'eau profonde.

La **côte**, rectiligne dans l'ensemble, n'a que de faibles indentations. Toutefois, vers le sud, la chaîne côtière, rompue de toutes parts, affecte la forme de traînées d'îles montagneuses, dont les principales sont l'île *Chiloé*, plus grande que notre Corse, l'archipel des *Chonos* et l'île *Wellington*. La Cordillère andine est elle-même toute découpée de fiords semblables à ceux de la Colombie britannique.

La moitié occidentale de la *Terre de Feu*, prolongement méridional de l'Amérique du Sud, dont elle est séparée par le *détroit de Magellan*, appartient au Chili.

Climat. — Le Chili est situé entre le 18e et le 56e degré de latitude sud. S'il était dans l'hémisphère boréal, une extrémité serait placée sous la latitude du Sénégal, et l'autre sous celle du Danemark. On comprend que le nord, le centre et le sud du Chili soient loin d'avoir le même climat.

Les vents dominants du Chili soufflent soit du nord au sud, soit du sud au nord. Le vent du sud, qui longe la côte chilienne, se réchauffe graduellement en s'approchant de l'équateur et devient de plus en plus sec. Le vent du nord se fait, au contraire, plus humide à mesure que, vers le sud, il perd sa haute température. Conséquence, l'humidité décroît du sud au nord jusqu'à devenir nulle : on compte, dans la Terre de Feu, en moyenne 25 jours par mois de pluie ou de neige, à Valdivia 120 jours pluvieux par an, à Santiago 21, à Coquimbo 3 ou 4, à Copiapo 1. Plus au nord, dans le désert d'Atacama, le ciel reste souvent et longtemps nuageux, mais ces nuages ne se résolvent en rosée que sur les hauteurs, et la pluie ne tombe jamais sur la plaine.

On distingue, au Chili, trois grandes zones de climat : au nord, une *zone chaude et sèche*, au climat continental, où les extrêmes de température abondent, journées brûlantes et nuits glacées ; — au centre, une *zone chaude et médiocrement humide*, dont le climat rappelle celui des régions méditerranéennes, de l'Italie ou encore de la Californie, dans l'Amérique du Nord ; — au sud, une *zone très humide et froide*, où les précipitations pluvieuses, qui sont incessantes, abaissent la température et valent au pays, baigné du reste par un courant froid venu du sud, une température sensiblement inférieure à celle qu'indiquerait la latitude.

Ressources diverses. — Les différentes régions du Chili ont des ressources très diverses.

La *végétation* n'est riche que dans la région centrale ; on y trouve des vignes, des arbres fruitiers, des champs de céréales, des pâturages. Le nord, trop sec, est un désert ; le sud, très humide, est couvert de forêts dont la vigueur diminue à mesure qu'on s'avance vers le pôle.

Les *richesses minérales* sont abondantes. Elles consistent en or, argent, salpêtre, cuivre, houille. L'importance des gisements miniers diminue graduellement, d'une manière assez régulière, du nord au sud : le nord est mieux pourvu que le centre, et le centre que le sud.

Fondation et gouvernement. — Le Chili était, avant la conquête européenne, habité par le peuple des *Araucans* et par quelques autres tribus indigènes. Les Espagnols commencèrent à s'y établir au xvıe siècle ; mais longtemps les Araucans leur résistèrent avec énergie ; ce n'est que petit à petit que les Espagnols réussirent à imposer au Chili leur domination.

Le Chili s'affranchit, de 1810 à 1820, comme la plupart des colonies espagnoles de l'Amérique.

Il forme aujourd'hui une république unitaire, comprenant 24 provinces. Le pouvoir exécutif appartient à un président nommé pour cinq ans ; le pouvoir législatif est exercé par un sénat et une chambre des députés.

Population. — 1° Au dernier recensement (1901), la population du Chili s'élevait à 3 061 000 habitants, soit 4 habitants en moyenne par kilomètre carré.

2° Le Chili a un accroissement de population assez rapide. L'excédent annuel des naissances sur les décès dépasse 10 000. L'émigration européenne au Chili est moins active qu'au Brésil et dans la République Argentine, ce qui tient surtout à la situation écartée du Chili par rapport à l'Europe ; elle est cependant de 60 000 personnes environ par an. Par contre, les Chiliens émigrent relativement beaucoup ; ils s'en vont vers la Plata et vers le Pérou, comme mineurs, terrassiers, ouvriers, colons.

Actuellement, en moyenne, le Chili s'accroît de 60 000 à 70 000 habitants par an. Il semble que le percement de l'isthme de Panama, en ouvrant une route plus directe entre le Chili et les États-Unis de l'Atlantique, devra favoriser l'immigration au Chili, en même temps que tout le développement économique de ce pays.

3° La densité moyenne de la population chilienne est de 4 habitants par kilomètre carré. La répartition de la population est du reste très inégale.

Les provinces du nord, Antofagasta, Atacama n'ont pas 1 habitant par 2 kilomètres carrés d'étendue ; de même, au sud, les provinces de Chiloé et de Llanquihue n'ont que 2 à 4 habitants par kilomètre carré, et les Territoires magellaniques n'en ont 1 que par 5 kilomètres carrés.

C'est au centre, entre le 27ᵉ et le 42ᵉ degré de latitude que le Chili a presque tous ses habitants ; la densité atteint 23 habitants dans la province de Concepcion, 52 dans celle de Santiago, 56 dans celle de Valparaiso.

4° La population du Chili se compose d'Araucans, de Blancs et de métis d'Espagnols et d'Indiens.

Les *Araucans* habitent surtout dans les provinces méridionales, où ils ont été peu à peu refoulés par les Blancs. Ils n'ont cessé de diminuer ; c'est à peine si l'on en compte aujourd'hui 40 000 restés à l'état pur.

Les *Blancs* sont principalement des Espagnols, ou mieux des descendants d'Espagnols.

Les *métis* sont de beaucoup l'élément ethnique le plus nombreux ; ils forment au moins les quatre cinquièmes de la population. Ils sont espagnols par le langage et la religion, encore que leur langage soit de l'espagnol très modifié ; ils sont bien plus européanisés que les habitants de la Bolivie, du Pérou et de l'Équateur. Mais, dans leur physionomie extérieure, de même que dans leur caractère, on retrouve des traits nombreux de leurs ancêtres araucans.

État actuel et villes. — Il faut distinguer au Chili trois régions principales, le *Nord*, le *Centre* et le *Sud*[1].

1. *Chili* : principales villes (recensement de 1901) :

Santiago . . . 296 000 hab.	Talca . . . . . 39 000 hab.
Valparaiso . . 155 000 —	Chillan . . . . 53 000 —
Concepcion . 49 000 —	Antofagasta . 16 000 —
Iquique . . . 42 000 —	

1º Le **Nord** comprend le pays qui s'étend entre le 18e et le 27e degré de latitude. La chaleur y est grande, la sécheresse extrême au point que les cadavres s'y conservent des années à l'air libre sans se corrompre; pour avoir de l'eau potable, les habitants sont réduits à distiller l'eau de mer. C'est une zone désertique sans arbres, sans gazons. Les pentes élevées des montagnes, qui reçoivent quelque rosée, ont des arbustes à feuillage rare, épineux ou résineux, n'offrant à l'air qu'une faible surface d'évaporation. Dans les parties basses, il n'existe quelque végétation que le long des cours d'eau et dans le fond de quelques vallées.

Pauvre en produits agricoles, cette zone abonde en mines. On y trouve l'or dans la province d'Atacama, des gisements d'argent et de cuivre à Copiapo, des dépôts de guano sur le littoral, et surtout d'immenses étendues de salpêtre.

La population y est très peu nombreuse et concentrée pour la plupart dans les ports qui bordent la côte.

Les principales villes sont : *Antofagasta*, d'où part une voie ferrée vers la Bolivie; *Iquique*, *Méjillones* et *Coquimbo*, débouchés de la région minière du nord.

2º Le **Centre** comprend le pays qui s'étend entre le 27e et le 42e degré de latitude. Le climat y devient vers le sud de plus en plus humide, de plus en plus tempéré. Les terres alluviales portent de riches cultures, céréales, légumes, arbres fruitiers, vigne. Les collines et les plateaux qui s'étagent jusqu'aux Andes produisent des herbes qui en font une riche contrée d'élevage. On y trouve encore quelques mines, principalement des mines de cuivre.

Les principales villes sont : **Santiago**, la capitale du Chili : elle s'élève entre la mer et les monts à 555 mètres d'altitude et à 150 kilomètres de l'océan Pacifique; — *Valparaiso*, port de Santiago à laquelle elle est unie par une voie ferrée; c'est un des ports les plus fréquentés du Pacifique, et son activité s'accroîtra encore par le percement de l'isthme de Panama ainsi que par l'ouverture du chemin de fer transandin qui, par Santiago, le col de la Cumbre et Mendoza, unira le Grand Océan à Buenos-Aires sur l'Atlantique; malheureusement Valparaiso, comme Santiago, d'ailleurs, est trop souvent dévastée par les tremblements du sol ; — *Concepcion* et *Valdivia*, débouchés de la région agricole du centre.

3° Le **Sud**, entre le 42e et le 56e degré de latitude, est couvert de forêts. Sur les flancs des montagnes que baigne une perpétuelle humidité, croissent jusqu'à la limite des neiges des forêts de cyprès, de hêtres, de bouleaux, de fuch-

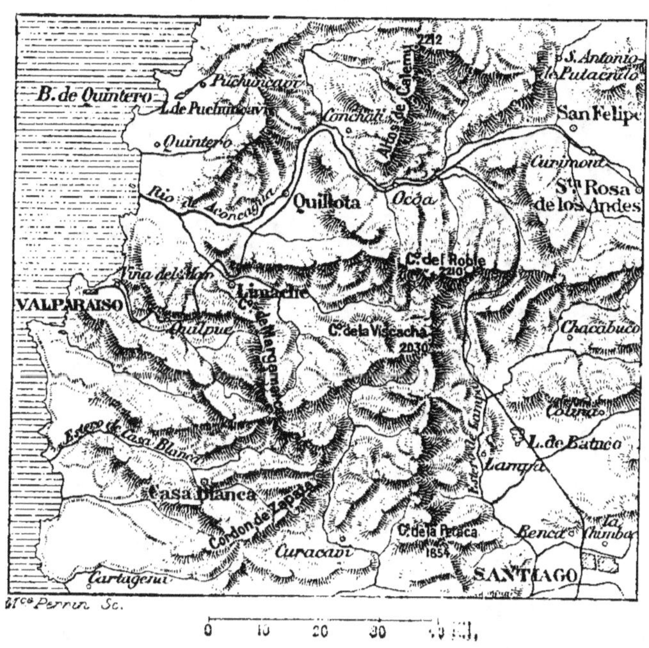

Santiago et Valparaiso.

sias arborescents. Quelques mines d'une houille médiocre, des paillettes aurifères roulées par les torrents ou enfouies dans le sable des grèves, constituent avec les forêts la richesse principale de cette région. Les essais tentés pour y cultiver les céréales ont jusqu'à présent échoué : les vents constants, les gelées qui surviennent quelquefois dans les mois d'été, ne leur permettent pas de venir à maturité, bien que la chaleur soit plus que suffisante quand, pendant l'été, le soleil reste près de dix-huit heures au-dessus de l'horizon et que le crépuscule se confond avec l'aube.

La seule agglomération importante de cette partie du Chili est *Punta Arenas*, sur le détroit de Magellan.

La *Terre de Feu*, déjà située sous un climat glacé, n'a presque que des brousses, des marécages et des tourbières. On y trouve très peu d'habitants.

Géographie économique. — Le Chili, habité par un peuple viril, alerte, dur au travail, se développe assez vite. Des guerres de conquête, entreprises de 1879 à 1883 contre

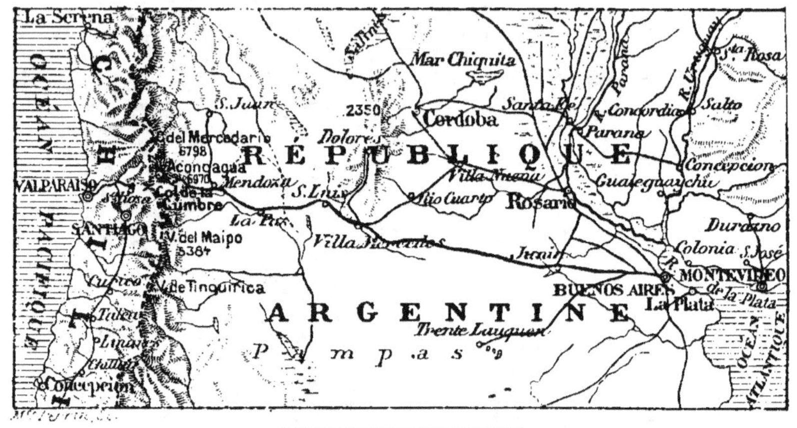

Chemin de fer transandin.

la Bolivie et le Pérou à propos des richesses minérales des provinces du nord, furent pour le Chili l'occasion d'une longue victoire et lui valurent des annexions importantes. C'est, du reste, avec la République Argentine, le seul des États sud-américains qui ait un budget en équilibre.

1° Les **voies de communication** consistent surtout en voies ferrées; les fleuves manquent. Le Chili a 4600 kilomètres de chemins de fer en exploitation. Les principales villes de l'intérieur ont aujourd'hui leur voie ferrée qui les relie à la côte.

La grande voie ferrée transandine, en unissant Valparaiso à Buenos-Aires par le col de la Cumbre, à travers les Andes, aura une importance considérable pour le développement économique du Chili.

2° **L'agriculture** était jadis très florissante ; le Chili était le grenier du Pacifique. Elle est un peu délaissée aujourd'hui pour le travail des mines, et c'est à peine si elle suffit à l'alimentation du peuple chilien.

3° **L'industrie** est encore peu développée, à l'exception de l'industrie minière qui est très active et qui constitue la principale ressource du pays.

4° Le **commerce** se développe progressivement. Il augmente d'année en année. Pour l'année 1900, les chiffres ont été les suivants :

Importations	264 millions de francs.
Exportations.	370 — — —

La comparaison de ces chiffres avec ceux du Pérou, de la Bolivie, de l'Équateur, de la Colombie et du Venezuela, fait ressortir la prospérité du Chili[1].

En résumé, le Chili a pu subir des crises et des temps d'arrêt momentanés dans son développement, mais sa situation générale est prospère. C'est actuellement un des pays d'avenir de l'Amérique du Sud. Il gagnera encore au percement de l'isthme de Panama qui le rapprochera de l'Europe et de la partie la plus vivante des États-Unis.

RÉSUMÉ

I. Bornes, étendue. — Long ruban de 4 000 kilomètres de longueur sur 150 à 200 de largeur, le Chili a 796 000 kilomètres carrés d'étendue, soit une fois et demie la superficie de la France.

II. Relief et côtes. — Le relief comprend : 1° à l'est, la Cordillère Andine, haute de 6 000 mètres au nord, de plus de 7 000 au centre (Aconcagua, 7 320 m.), de 2 000 à 3 000 au sud, où de grands glaciers la couvrent jusqu'au bord de la mer ; 2° à

---

1. A l'exportation, les principaux articles sont :

Salpêtre . .	252 millions.		Argent. . .	5 millions.	
Cuivre . . .	34	—	Orge. . . .	3	—
Iode	6	—	Froment . .	5	—
Or.	3	—			

l'ouest, une chaîne côtière, bien moins haute ; 5° au centre, une vallée qui se change au sud en chenal marin (île Chiloé, Chonos, île Wellington). — Le Chili, dans son ensemble, est un centre volcanique des plus actifs. Au sud, est la Terre de Feu.

III. Climat. — Il est très divers du nord au sud de ce si long pays. L'humidité, très abondante au sud, de plus en plus rare au nord jusqu'au pays d'Atacama, où elle est nulle, détermine avec la latitude trois zones climatiques : au nord, une zone à climat continental d'une sécheresse extrême ; au centre, une région à climat méditerranéen ; au sud, une zone à climat sensiblement uniforme, froide, d'une extrême humidité.

IV. Ressources diverses. — La végétation n'est florissante que dans la zone centrale (vignes, arbres fruitiers, céréales) ; les richesses minérales abondent, en particulier le salpêtre, le cuivre, la houille, l'or, l'argent. C'est dans le nord qu'on trouve surtout ces richesses minières.

V. Gouvernement et population. — Ancienne colonie espagnole, république unitaire, le Chili a 3061000 habitants, 4 par kilomètre carré ; presque tous sont groupés dans la zone centrale. La population augmente lentement mais sans arrêt. Religion catholique ; langue espagnole ; peuple indigène des Araucans.

VI. État actuel et villes. — Il faut distinguer : 1° le Nord, désert sans végétation, mais riche en mines ; villes, Antofagasta, Iquique ; 2° le Centre, région agricole très riche, avec Santiago, la capitale, Valparaiso, grand port, Concepcion ; 3° le Sud, couvert de forêts, froid, humide, peu peuplé.

VII. Géographie économique. — L'agriculture ne progresse pas, mais l'industrie minière est très active et fournit à l'exportation d'importants produits. Ses voies ferrées se développent. En somme, le Chili est un pays de ressources.

5. — LE BRÉSIL

Bornes, étendue. — Le Brésil occupe toute la partie centrale et orientale de l'Amérique du Sud et touche à tous les États, sauf un, le Chili. Il mesure 4000 kilomètres de l'ouest à l'est, en sa partie la plus large, et possède un développement de côtes de près de 7 500 kilomètres.

Sa superficie est de 8 337 000 kilomètres carrés, soit environ 16 fois la France, et près de la moitié de l'Amérique du Sud tout entière.

GÉOGRAPHIE PHYSIQUE

Relief. — Le Brésil comprend deux parties bien distinctes : une plaine et un plateau.

La plaine couvre tout le nord. Elle est large et si plate que les inondations des fleuves s'y étendent sur des centaines de kilomètres. A peine trouve-t-on quelques gradins pierreux, débris d'anciennes roches, qui déterminent des chutes ou des rapides sur les rivières qui les franchissent.

Le plateau occupe le sud et le sud-est. Sa forme est vaguement triangulaire. Il présente ses plus grandes hauteurs au sud et à l'ouest, et s'incline vers le nord-ouest. Son altitude ne varie guère que de 600 à 1 500 mètres, mais des renflements en bombent la surface. Les principaux sont la *Serra do Mar*, ou Chaîne de la Mer, la *Serra da Mantiqueira* et la *Serra do Espinhaço*, dont le point le plus élevé est le mont Itatiaya, qui s'élève à 2 712 mètres, et sur lequel les neiges tiennent rarement plus de quinze jours par an.

Climat. — Le climat du Brésil varie beaucoup du nord au sud, comme il est naturel dans un pays compris entre le 5e degré de latitude nord et le 35e de latitude sud, et formé d'immenses plaines basses et d'immenses plateaux.

La plaine du nord et du nord-ouest, traversée par l'équateur, est très chaude et très humide ; la moyenne de la température est de 28 degrés. D'abondantes averses y tombent pendant presque toute l'année, et la saison dite « des sécheresses », qui n'y dure pas même trois mois, n'est seulement qu'une saison moins humide.

Le plateau doit à son élévation une modération relative.

Il a à peu près le climat de la zone tempérée du Mexique et de l'Amérique centrale, il est assez ensoleillé pour convenir aux cultures tropicales, et assez salubre pour y permettre l'acclimatation des Européens qui est impossible dans la tiédeur moite de la zone des plaines. L'humidité y est pourtant abondante ; elle y varie de 1^m,50 à 2 mètres de pluie. Pendant les six mois d'hiver, la pluie est rare ; pendant les six mois d'été, au contraire, elle tombe en averses drues et accompagnées presque chaque jour de violents orages.

Au sud du tropique, c'est-à-dire au sud de Rio-de-Janeiro et de São Paulo, le climat, toujours humide, se rafraîchit encore. La gelée n'y est pas inconnue l'hiver, et l'été, tempéré par le *pampero* qui vient du pôle par les plateaux de la Patagonie et les pampas, y est rarement torride.

Hydrographie. — Le Brésil, recevant beaucoup de pluie, a des fleuves nombreux et puissants. Les principaux sont le *Marañon* ou *Fleuve des Amazones* et le *Rio San Francisco*. En outre, le Brésil possède les sources des trois cours d'eau qui forment le Rio de la Plata, *Parana*, *Paraguay* et *Uruguay*.

Tous ces fleuves coulent vers l'océan Atlantique ; le premier est un fleuve de plaines, large et lent ; les autres sont des fleuves de plateaux, coupés de cascades et de rapides.

1º Le **Marañon** ou **Fleuve des Amazones** prend sa source dans les Andes, à plus de 4000 mètres d'altitude. Son cours supérieur, dans les montagnes, est très incliné, coupé de rapides et de cascades ; au pied des Andes, il n'est plus qu'à 200 mètres au-dessus du niveau de la mer, et il a encore près de 5000 kilomètres à parcourir avant de l'atteindre. Dans son cours moyen, il coule de l'ouest à l'est, parallèlement à l'équateur et presque dessous ; son lit a une largeur considérable, ses eaux s'en vont lentement vers la mer, comme une mer d'eau douce, au milieu des forêts équatoriales. Il se termine par un vaste estuaire qui embrasse la grande *île de Marajo* et plusieurs îles beaucoup moindres.

Le Marañon reçoit : à droite, l'*Ucayali*, le *Purus*, le *Madeira* (5425 kil.), le *Tapajoz*, le *Xingu* et le *Tocantins* ;

qui se jette dans l'estuaire même; — à gauche, le *Napo*, le *Yapura* et le *Rio Negro*.

Le Marañon a environ 6 000 kilomètres de longueur; ce

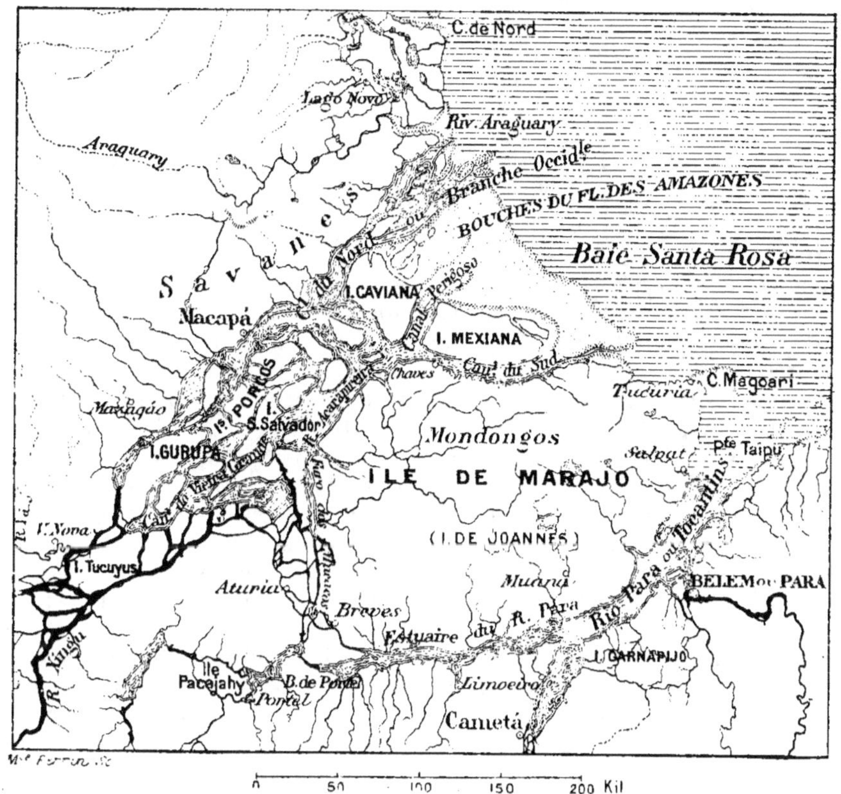

Embouchure du fleuve des Amazones.

n'est pas le fleuve le plus long de la terre (le Nil a 7 000 kilomètres), mais c'est le plus volumineux.

2° Le **Rio San Francisco** (2 900 kil.) descend de la Serra do Espinhaço et coule à travers le plateau brésilien du sud-ouest au nord-est. Son cours est coupé de cascades et de rapides, dont les plus importants se trouvent dans le cours inférieur, à la traversée des montagnes qui se dressent parallèlement à la côte.

Le fleuve des Amazones. — L'Amazone se forme de plusieurs branches qui sont elles-mêmes de très grandes rivières et qui prennent naissance dans la chaîne des Andes, à une petite distance de l'océan Pacifique. La plus longue de ces branches, et celle qui roule le plus d'eau, est la rivière Ucayali, bien qu'on regarde le Marañon comme la branche mère. Quant au nom de fleuve des Amazones, il lui fut donné, dit-on, par un lieutenant de Pizarre qui eut à lutter sur ses bords contre des tribus d'Indiens qu'il prit pour des femmes.

L'altitude des diverses sources de l'Amazone au-dessus du niveau de la mer varie entre 2 000 et 4 500 mètres; mais de chute en chute, à travers la pente échelonnée des Andes, l'altitude s'abaisse rapidement, pour atteindre, à la sortie du pays montueux, un niveau qui s'élève à peine de 200 mètres au-dessus de l'Océan. Le confluent du Napo n'est déjà plus qu'à 117 mètres d'altitude; Obidos, à 700 kilomètres de l'embouchure, à 55 mètres. Dans les quatre cinquièmes de son parcours, l'immense Amazone déroule lentement ses larges sinuosités à travers une plaine de 2 000 à 2 500 kilomètres, que l'Atlantique couvrirait tout entière s'il s'élevait de 100 mètres seulement au-dessus de son niveau actuel. Cette faible pente explique assez l'étendue des lagunes et des eaux stagnantes créées par les inondations, la multiplicité des dérivations latérales, *igarapés* ou *paranas*, qui accompagnent le cours du fleuve, et enfin la quantité de branches transversales qui sur nombre de points forment un inextricable réseau, où parfois le courant indécis se porte indifféremment, selon les saisons, dans des directions opposées.

La largeur de l'Amazone, sa profondeur et le volume de ses eaux répondent à la longueur de son cours, au nombre et à la grandeur de ses affluents. A Tabatinga, à plus de 5 000 kilomètres de l'Atlantique, la largeur est de 2 500 mètres; au confluent de la Madeira, elle est de 5 kilomètres; au-dessus de Santarem, à 500 kilomètres de la mer, elle est de 16 kilomètres; cependant elle se rétrécit à moins de 1 800 mètres au détroit d'Obidos. L'estuaire, à son débouché, est d'environ 50 kilomètres. Près de quelques-uns des grands confluents, la vue s'étend à l'horizon sur des eaux sans rivages; on se croirait en pleine mer. La profondeur est variable, mais toujours considérable; elle est de 185 mètres à l'embouchure; on évalue la moyenne de 75 à 100 mètres.

On voit par là quel prodigieux sillon l'Amazone s'est creusé à travers le continent. Les Brésiliens l'appellent avec orgueil « la Méditerranée américaine ». Comme la mer, l'Amazone a ses tourmentes, et, pendant la tempête, ses vagues se dressent à une hauteur effrayante. La marée y remonte jusqu'à 1000 kilomètres. Par contre, les eaux blanchâtres de l'Amazone se distinguent longtemps en pleine mer, formant comme un fleuve d'eau douce au milieu des eaux salées de l'Océan.

L'Amazone est le fleuve le plus considérable qui existe par le volume de ses eaux. Cela tient à ce qu'il coule, ainsi que tous ses affluents, dans la zone équatoriale qui est la plus humide de toutes. Les rivières coulant au nord se gonflent en été et en automne, tandis que les tributaires provenant du sud de l'équateur débordent durant notre hiver. Il y a ainsi toujours quelques rivières en crue dans le bassin de l'Amazone, et une sorte de compensation s'établit entre les crues des divers affluents. Quant au fleuve principal, il reçoit surtout les pluies d'équinoxe, et sa grande crue a lieu au printemps. En un mot, quand le Napo, le Yapura, le Rio Negro coulent à pleins bords, l'Ucayali, le Madeira et le Tapajoz sont à l'étiage ; puis quand les premiers commencent à baisser, les seconds commencent à grossir.

En résumé, l'Amazone roule de 17 000 à 18 000 mètres cubes à l'étiage ; il a un débit moyen de 80 000 mètres cubes ; dans les très grandes crues, quand le fleuve déborde ses rives sur une largeur de plus de 100 kilomètres, le débit peut s'élever à 250 000 mètres cubes.

Côtes. — Les côtes du Brésil mesurent un développement de 7 500 kilomètres. Elles présentent deux aspects principaux :

1° Au nord du cap San Roque, le long de la grande plaine septentrionale, la côte est en général basse, sablonneuse, dangereuse pour la navigation. On y remarque prin-

Baie de Rio de Janeiro.

cipalement la *baie de Santa Rosa*, baie parsemée d'îles dans laquelle se jette l'Amazone.

2° Au sud du cap San Roque, le long du plateau bré-

silien, elle est, au contraire, rocheuse, élevée, bordée
d'écueils, mais riche en baies et en ports. Ses principaux
enfoncements sont le *golfe de Bahia*, la *baie de Rio de Janeiro*
et le *golfe de Paranagua*. La baie de Rio, encadrée dans une
serra accidentée, riche en replis, semée d'îles et d'îlots, est
une des plus belles et des plus sûres du monde entier.

À l'extrême sud, la côte est bordée de lagunes marécageuses séparées de la mer par des cordons littoraux; la
lagune de Porto Alegre en est la plus étendue.

Ressources diverses. — Le Brésil est un pays très bien
pourvu de ressources et de productions diverses.

1° Les **productions végétales** sont partout abondantes,
et, à cet égard, le Brésil est un des pays les plus favo-
risés qui soient au monde. Sa flore est peut-être celle qui
compte le plus d'espèces variées; on en connaît actuellement
plus de 12 000.

Au nord, dans la plaine, chaude et humide, c'est la forêt
immense, la *selva*, amas enchevêtré de végétaux débordants
de sève et cimentés de lianes. Les principales essences
sont l'acajou, le palissandre, la noix de Para, l'ipécacuana,
la vanille, le caoutchouc, la salsepareille.

Au sud, les principaux produits alimentaires sont le manioc, dont la fécule est connue sous le nom de tapioca, le
maïs, la banane, des légumes variés et d'excellents fruits.
Parmi les cultures industrielles qui y prospèrent, il faut
citer presque toutes celles des pays chauds, le café, la canne
à sucre, le cacao, la vanille, le coton, le tabac, le maté, qui
contient les mêmes principes que le thé et le café. La vigne
y réussit dans les provinces méridionales. L'élevage y est
développé; tous les animaux domestiques que les Européens
y ont introduits se sont facilement acclimatés.

2° Les **richesses minérales** sont nombreuses sur le
plateau. L'or y est fréquent, notamment dans la partie qui
avoisine la serra do Espinhaço, où on l'exploite depuis plusieurs siècles déjà; la même région abonde en pierres précieuses, émeraudes, topazes, améthystes, moins prisées, il
est vrai, en général, que celles de l'Orient.

Parmi les métaux utiles à l'industrie, les plus fréquents
sont le cuivre, le plomb, le zinc, l'étain; mais la première
place revient sans contredit au fer. Il est si abondant en

Selvas.

certaines provinces qu'on le fait servir même au pavage des
routes; « il est répandu avec une telle profusion dans la
province de Minas, dit un voyageur, qu'elle pourrait à elle
seule en approvisionner le monde entier, sans qu'on s'aperçût
du moindre changement dans la richesse de l'exploitation. »

La Selva. — Nulle part la vie végétale des tropiques ne s'étale sur un plus vaste espace que dans le bassin de l'Amazone. La *selva* n'occupe pas moins de 7 millions de kilomètres carrés, près des trois quarts de l'étendue de l'Europe. La forêt de l'Afrique équatoriale, traversée par Stanley, est moins touffue, moins impénétrable, en même temps que moins vaste.

Les forêts amazoniennes ne forment qu'un bloc uni par le lacis des lianes entremêlées. « C'est une prison, dit un voyageur, que ces étendues couvertes d'une épaisse forêt vierge, ce sentier obscur et indécis dont l'œil se fatigue à suivre la trace. Les jours se passent sans soleil et la nuit sans étoiles. Ces longues marches se poursuivent au milieu d'un pesant clair-obscur, dans les feuilles mortes, les racines traçantes, les arbustes épineux, les lianes entortillées, les marais où l'on enfonce jusqu'à la ceinture. La prison se referme à chaque pas que l'on fait, sans une seule échappée vers le ciel, pendant de longs jours de marche, de grande rivière à grande rivière. »

GÉOGRAPHIE POLITIQUE ET ÉCONOMIQUE

Fondation et gouvernement. — Découvert en 1500 par le Portugais Cabral, le Brésil reçut, en 1549, un gouverneur général et appartint dès lors au Portugal, qui ne fut troublé dans sa possession que par une tentative d'établissement français sur la baie de Rio au moment des guerres de religion (1566), et par un établissement plus sérieux et plus durable des Hollandais sur la côte nord-est, au xvıı^e siècle.

En 1822, le Brésil, rompant son lien de sujétion tout en conservant à sa tête un prince de la famille royale de Portugal, se proclamait empire indépendant. Le 15 novembre 1889, une révolution subite renversa l'empire et fit du Brésil une république fédérative, composée de 20 États autonomes correspondant aux anciennes provinces, et d'un municipe neutre, comprenant la ville de Rio de Janeiro et ses environs.

La constitution donne le *pouvoir exécutif* à un président et à un vice-président élus pour quatre ans et rééligibles; le *pouvoir législatif* à un Sénat, composé de 63 membres (3 par État et 5 pour la capitale), et à une Chambre des députés (1 député par 70 000 habitants).

Population. — 1° Le dernier recensement officiel du Brésil date du 31 décembre 1890. Il dénombra 14 354 000 habitants, sans compter environ 600 000 Indiens sauvages.

2° Le Brésil a un accroissement de population assez rapide. L'immigration y est importante ; elle s'élève en moyenne à plus de 100 000 individus par an ; en 1895, le nombre des immigrants fut de 164 000.

Ces immigrants viennent principalement d'Italie, du Portugal, d'Espagne, d'Allemagne.

3° La densité moyenne de la population, d'après le recensement de 1890, est inférieure à 2 habitants par kilomètre carré. La répartition de la population est d'ailleurs très inégale.

Les provinces situées à l'intérieur, dans la grande plaine de l'Amazonie couverte de forêts, ainsi que sur les rebords intérieurs du plateau, sont extrèmement peu peuplées. On y compte à peine 1 habitant par 2 kilomètres carrés d'étendue. Tels sont les Etats d'Amazonas, de Matto-Grosso, de Goyaz, de Grão Para et de Maranhão.

Les provinces situées le long de la côte et sur les plateaux qui l'avoisinent ont une densité un peu plus forte, variant de 4 à 15 habitants par kilomètre carré.

4° La population du Brésil se compose d'Indiens, de Nègres, de Blancs et de métis divers.

Les *Indiens* habitent surtout dans les provinces de l'intérieur jusqu'au pied des Andes. Ils sont peu nombreux et divisés en une infinité de tribus. Ils vivent de la chasse, de la pêche ; quelques-uns sont agriculteurs. La plupart sont encore à l'état sauvage.

Les *Nègres* ont été introduits au Brésil pour les besoins de la culture du sol. Ils y furent esclaves pendant quatre siècles et demi. En 1871, une loi abolit en principe l'esclavage, qui a été supprimé définitivement en 1888. Le recensement de 1872 dénombra 1 700 000 nègres ; on en compte actuellement 2 500 000 environ.

Les *Blancs* appartiennent à diverses races. Les premiers colons blancs du Brésil furent presque exclusivement des Portugais et des insulaires des Açores, de Madère et du Cap-

Vert; maintenant encore ce sont en grande majorité les Portugais qui s'établissent dans les régions septentrionales et centrales du Brésil. Dans les provinces méridionales, surtout dans le Rio Grande do Sul, s'est porté de préférence l'élément allemand; on trouve dans cette région de nombreux bourgs ou villages à noms germaniques : Annaburg, Badenfurt, Blumenau, Hamburgerber, Teutonia; le nombre des immigrants allemands diminue d'ailleurs sensiblement depuis quelques années. Les Italiens n'ont commencé que récemment, vers 1878, à émigrer dans le Brésil; mais, depuis lors, ils y sont venus en si grand nombre qu'ils constituent un des éléments prépondérants de la population.

Le nombre des blancs habitant le Brésil dépasse 10 millions. Celui des étrangers est de 2 700 000, savoir :

Italiens	1 500 000	Polonais.	80 000
Portugais	800 000	Français.	10 000
Allemands	500 000	Divers.	110 000
Espagnols	100 000		

5° Les Portugais ont fait prédominer au Brésil leur religion et leur langue. La presque totalité des Brésiliens est catholique (145 000 protestants, 10 000 divers); presque tous parlent portugais. Cependant le *guarani*, vieil idiome des Indiens, est encore parlé dans quelques provinces du sud, et la *lingua geral*, corruption d'une langue indigène avec mélange de portugais, est parlée presque seule par les rares habitants du Haut-Amazone.

État actuel et villes. — Il faut distinguer dans le Brésil trois grandes régions, l'*Amazonie*, le *plateau*, les *pays du Sud*[1].

1° L'*Amazonie* comprend tout le bassin de l'Amazone,

1. *Brésil* : principales villes (recensement de 1890) :

Rio de Janeiro	522 000 hab.	Porto Alegre	52 000 hab.
Bahia	174 000 —	Belem Para	50 000 —
Recife Pernambouc	111 000 —	Diamantina	42 000 —
São Paulo	65 000 —	Fortaleza	41 000 —
Ouro-Preto	60 000 —	Manaos	38 000 —

États d'Amazonas, de Grão Para, de Goyaz et de Matto Grosso. Chaude, baignée par de gigantesques fleuves, arrosée par des pluies continuelles, elle est recouverte d'une immense forêt, la *selva*. Le long des rivières, dans l'*igapo*, les troncs moins pressés et mous n'ont point de lianes qui les enserrent; mais dans l'*été* ou *guacu*, les arbres s'unissent aux arbres, les lianes rattachent, cousent, pour ainsi dire, fûts et branchages en un vaste ensemble qui ondule à chaque impulsion du vent.

Par leur chaleur moite et malsaine, par l'exubérance de leur végétation envahissante, les plaines de l'Amazonie résistent au développement colonial. L'homme languit dans la forêt amazonienne; on n'y trouve, en petit nombre, que des nègres insouciants, des Indiens apathiques, quelques Blancs ou métis sans énergie. Le long du grand fleuve, en aval du Rio Negro, les hameaux ou villages sont séparés par un intervalle moyen de 175 kilomètres; au delà, on n'en trouve un en moyenne que tous les 240 kilomètres. Les quatre provinces de l'Amazonie, sur une superficie de 5 200 000 kilomètres carrés, égale à la moitié de l'Europe, n'ont que 800 000 habitants.

Les deux principales villes sont *Manaos*, près du confluent du Rio Negro et de l'Amazone, centre du commerce de la région (maisons de commerce européennes, françaises, allemandes, anglaises, portugaises), et *Belem* ou *Para*, près de la mer, au débouché de l'Amazone et du Tocantins.

2° Le **plateau brésilien** n'a que des demi-forêts, aux arbres déjà clairsemés, ou des *pantanals*, ourlets de bois épais, le long des rivières. C'est la zone des *campos*, savanes herbeuses, que dominent à l'état naturel des bouquets d'araucarias, mais que la culture gagne au fur et à mesure du développement de la colonisation. Suivant l'altitude, la latitude et l'exposition, du riz, du coton, du tabac, des plantations de cannes, des champs de céréales, du café surtout. Les campos conviennent aussi à l'élevage, et chaque année des *fazendas* nouvelles, ou fermes, prenant la place de la savane et des bois vierges, les revêtent de prairies ou de plantations. Ils abondent en minéraux, or. diamants, fer.

La population est loin d'y être très dense; toutefois elle est beaucoup plus nombreuse que dans l'Amazonie. La densité décroît assez régulièrement de la côte vers l'intérieur.

Les principales villes sont : **Rio de Janeiro**, capitale, qui a l'avantage de posséder une des plus belles baies du monde et de jouir, grâce à sa position non loin du tropique, d'un climat relativement tempéré; *Fortaleza*, sur la côte du nord-est; *Récife* ou *Pernambouc*, port important, au sud du

Vue de Rio de Janeiro.

cap San Roque; *Bahia*, autre port, très sûr et très profond, sur la baie de Tous-les-Saints; *Diamantina* et *Ouro-Preto*, à l'intérieur, au centre de la région minière de l'État de Minas-Geraës.

3° Les **pays du Sud** comprennent les États de São Paulo, de Parana, de Santa Catharina et de Rio Grande do Sul, c'est-à-dire la bande de terre relativement étroite qui s'étend entre le Parana, l'Uruguay et la mer.

C'est une région très fertile; presque tous les produits des zones chaude et tempérée y prospèrent, entre autres la vigne. Le climat, plus frais que dans le nord, convient particulièrement à l'acclimatement des blancs, et c'est de ce côté que s'est le plus portée en ces dernières années l'immigration européenne, et notamment l'immigration allemande. Malheureusement ce pays, cédant à des velléités séparatistes, a cherché maintes fois à se séparer du reste du Brésil, et il en est résulté des guerres qui l'ont empêché de se développer autant qu'il l'aurait pu.

Les principales villes sont : *São Paulo*, à 800 mètres d'altitude, sur un plateau tempéré, au centre d'une très riche région de cultures ; *Santos*, port de São Paulo ; *Porto Alegre*, au fond d'une longue lagune.

Géographie économique. — Le Brésil est en voie rapide de développement ; il se transforme d'année en année et conquiert peu à peu sa place dans le monde économique.

1º Ses **voies de communication** se sont augmentées. Le Brésil possède 14 000 kilomètres de voies ferrées en exploitation ; 8 000 kilomètres sont en outre en construction.

Les principaux chemins de fer rayonnent autour de Rio de Janeiro et de São Paulo ; ils desservent la région des mines et surtout la région du café.

Dans le nord, les communications se font par le fleuve des Amazones et par ses affluents, qui forment un réseau navigable de plus de 45 000 kil. de développement. Des services de bateaux à vapeur relient les uns aux autres les différents ports de la côte.

2º **L'agriculture** a pour produits principaux le café, le coton et le sucre de canne. Les autres produits sont beaucoup moins importants.

Le *café* prospère surtout dans la zone comprise entre les 21ᵉ et 24ᵉ degrés de latitude nord, entre 200 et 800 mètres d'altitude ; le sol qui lui convient le mieux est un sol rougeâtre, par conséquent très riche en oxyde de fer. La culture, longtemps défectueuse, s'est améliorée, et la production a augmenté au point que le Brésil produit aujourd'hui, à lui seul, plus des trois quarts de la production totale du monde (environ 620 000 tonnes sur un total de 800 000). Le café est le seul produit agricole très important du Brésil. Rio de Janeiro et Santos sont les deux principaux ports par où il s'exporte.

La *canne à sucre*, le *coton* et le *tabac* se cultivent surtout

Récolte du café au Brésil.

plus au nord, et s'exportent principalement par Bahia et Pernambouc.

3° L'**industrie** est peu développée. Bien que l'abolition de l'esclavage lui ait fait une nécessité de chercher les procédés industriels modernes, le Brésil n'a encore réalisé aucun progrès sérieux de ce côté. Presque tout est encore à créer.

4° Le **commerce** est en progrès. Le chiffre des transactions commerciales s'est élevé de 100 millions en 1810, à 1 220 millions en 1901.

RÉSUMÉ

I. Étendue. — Le Brésil, qui a 8 557 000 kilomètres carrés, mesure environ 16 fois la superficie de la France et occupe la moitié de l'Amérique du Sud.

II. Relief et climat. — Il comprend : au nord, une grande plaine, plate, située sous l'équateur, au climat équatorial, chaud et humide ; au sud-est, un plateau dominé par des soulèvements montagneux (Serra do Mar, Serra da Mantiqueira, Serra do Espinhaço), dont le climat subit l'influence de l'altitude et est relativement tempéré ; vers le sud, le climat fraîchit encore.

III. Hydrographie et côtes. — Le Brésil est arrosé par le Marañon ou fleuve des Amazones, le rio San Francisco et le Parana, l'Uruguay et le Paraguay qui y ont leurs sources. — Le principal est l'énorme Marañon qui mesure 6 000 kilomètres de long et roule une masse d'eau considérable ; c'est le fleuve le plus volumineux de la terre. Il reçoit, à droite, l'Ucayali, le Madeira, le Tapajoz et le Tocantins ; à gauche, le rio Negro.

Ces fleuves aboutissent à une côte, basse et sablonneuse au nord (baie de Santa Rosa), rocheuse et riche en baies au sud du cap San Roque (golfe de Bahia, baie de Rio de Janeiro, golfe de Paranagua, lagune de Porto Alegre).

IV. Ressources diverses. — Le Brésil a : 1° de multiples productions végétales, d'immenses forêts dans la plaine du nord, des cultures de presque toutes les plantes des pays chauds et tempérés dans la région des plateaux ; 2° des ressources minérales abondantes, or, diamants, fer, etc.

V. Gouvernement et population. — Ancienne colonie portugaise, empire de 1822 à 1889, puis république fédérative, le Brésil renferme 15 millions d'habitants, soit un peu moins de 2 par kilomètre carré d'étendue. Cette population s'accroît par une immigration nombreuse (Italiens, Portugais) ; le plateau se peuple lentement, mais la plaine du nord, ou Amazonie, est à peu près déserte. Les habitants du Brésil sont des Indiens, des Nègres et des Blancs (Portugais, Italiens, Allemands). Religion catholique ; langue portugaise.

VI. État actuel et villes. — Il faut distinguer : 1° l'Amazonie, plaine au climat chaud et humide, couverte de forêts, aux habitants très rares : principaux centres, Manaos, Belem ou Para ; 2° le plateau brésilien, région des campos, des cultures, des mines ; principales villes, Rio de Janeiro, la capitale, Pernambouc, Bahia, Diamantina, Ouro-Preto ; 3° les pays du Sud, région du café, des vignobles ; villes de São Paulo, de Santos et de Porto Alegre.

VII. Géographie économique. — Le Brésil a 14 000 kilomètres de voies ferrées en exploitation ; son principal produit agricole est le café, dont le Brésil donne, à lui seul, les trois quarts de la production du globe entier (620 000 tonnes). L'industrie et le commerce commencent seulement à se développer. Le Brésil est un pays qui naît à la vie économique.

6. — LES ÉTATS DE LA PLATA

Vue générale. — Les États de la Plata sont au nombre de trois, le Paraguay, l'Uruguay et la République Argentine. Ils occupent le sud-est de l'Amérique méridionale.

Ils doivent leur nom au large estuaire autour duquel ils sont groupés et où aboutissent les rivières qui les arrosent.

Description physique. — 1° Le *relief* présente trois zones principales : à l'ouest, entre le Chili et l'Argentine, se dressent les **Andes**, dominées par l'Aconcagua (7 320 m.) ; — à l'est, le long de l'Atlantique, se développent d'autres plateaux dans l'Uruguay et la presqu'île de Patagonie ; — au centre, s'étend une vaste plaine, avec quelques soulèvements rocheux isolés, comme la *Sierra de Cordoba*, qui dépasse 2 000 mètres.

2° Le *climat* diffère beaucoup du nord au sud. Le nord est chaud et humide, du moins du côté de la mer et au pied des Andes. Au sud du 32ᵉ degré, l'humidité devient plus rare et l'influence du pôle commence à se faire sentir ; un courant marin, venu du sud, contribue plus que la latitude à abaisser la température. Au-dessus du 50ᵉ degré, des pays ayant la latitude des Pays-Bas et de la Baltique méridionale

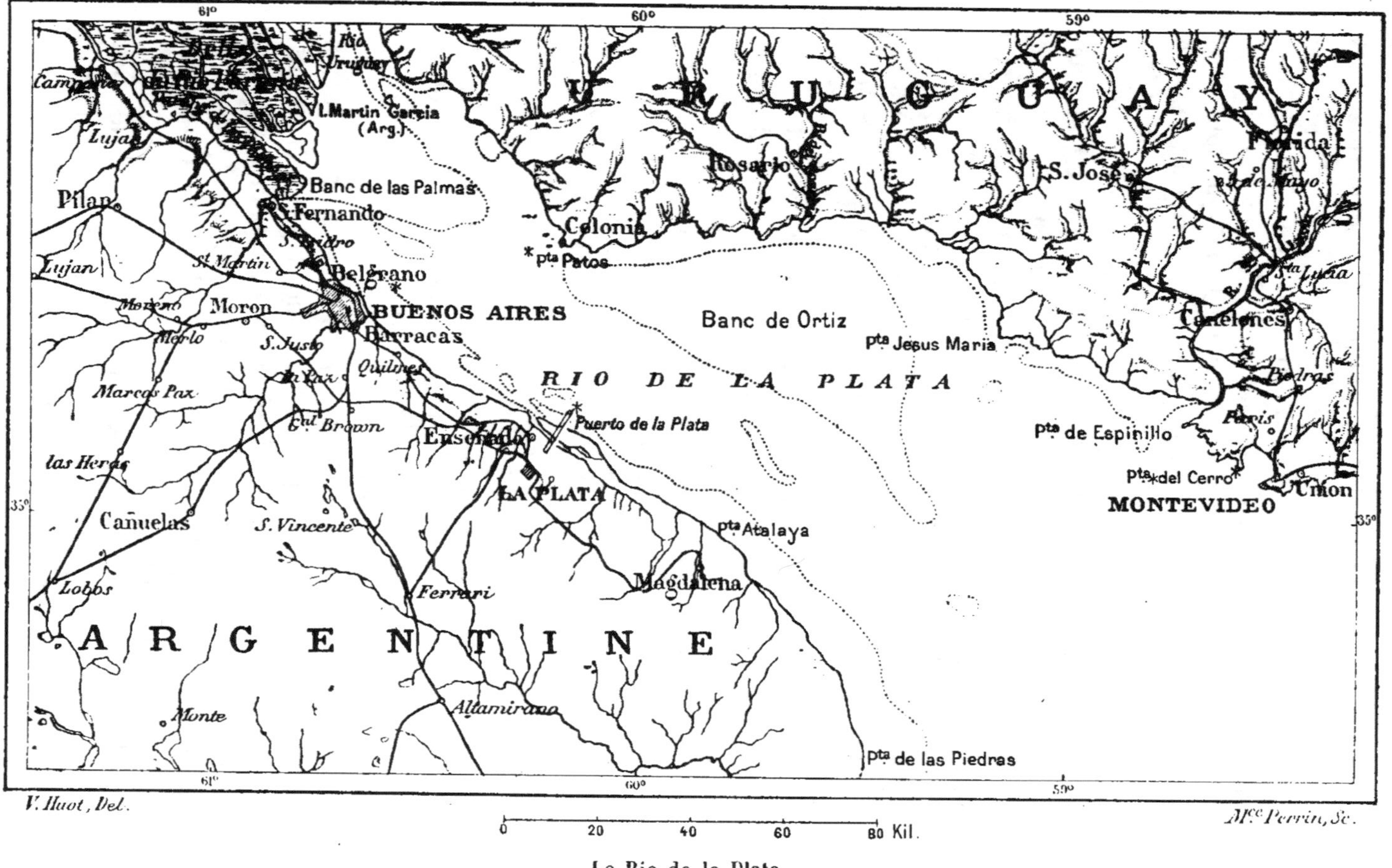

V. Huot, Del.

Mce Perrin, Sc.

Le Rio de la Plata.

ont une moyenne de température hivernale inférieure à 0 degré.

3° Les *fleuves* sont nombreux; on peut citer le *Rio de la Plata*, le *Colorado*, le *rio Negro*, le *Chubut*, etc.

Le **rio de la Plata** est formé par la jonction de trois rivières importantes, Paraguay, Parana, Uruguay. Le *Paraguay* naît dans le Brésil et reçoit deux longues mais faibles rivières, le Pilcomayo et le Vermejo. Le *Parana* (3 560 kil.) naît dans le Brésil; il est coupé de rapides; son affluent principal est le rio Salado, à droite : c'est la plus volumineuse des trois rivières qui forment le rio de la Plata; à la passe d'Obligado, le Parana, resserré à 636 mètres de largeur, atteint une profondeur de 46 mètres. L'*Uruguay* (1 400 kil.) naît également dans le Brésil, à peu de distance de l'Atlantique; il est coupé de saltos, ou sauts, à Macanao et à Concordia.

Ces trois rivières unies jettent à l'Océan une masse d'eau qu'on évalue, en eaux moyennes, à plus de 40 000 mètres cubes par seconde. Elles débouchent par un estuaire de 250 kilomètres d'évasement qui est plutôt un golfe; par malheur, la profondeur y manque et les vents qui soufflent de la terre en rendent l'accès difficile aux navires.

4° Les *côtes* sont baignées par l'Atlantique. Elles sont assez peu découpées. Les principales indentations sont le *rio de la Plata* et le *golfe de Saint-Georges*.

Au sud, se trouve la *Terre de Feu*, continuée à l'est par l'*île des États*. A 500 kilomètres, à l'est de la Patagonie sont les îles *Malouines* ou *Falkland*, archipel montagneux, aux côtes découpées de fiords.

5° Les *ressources* sont surtout végétales et varient du sud au nord comme le climat. Au nord, prospèrent les cultures tropicales, canne à sucre, café, tabac, maïs, riz; au centre, dans la *pampa*, on trouve surtout des terres à pâturages et à céréales; au sud, dans la Patagonie, on trouve surtout des prairies.

Il y existe aussi quelques gisements miniers dans les plateaux de l'est et du sud, mais leur importance n'approche pas de celle des gisements miniers des Andes.

Peuplement et partage politique. — Quand les Espagnols découvrirent ce pays au xvie siècle, ils le trouvèrent habité par plusieurs tribus indigènes, les *Guarani*, les *Quichua*, les *Araucans*, et, plus au sud, les *Tehuelches* et les *Fuégiens*. Décimés par les conquérants, ces peuples sont aujourd'hui peu nombreux et sauvages ou à moitié sauvages.

Les Espagnols découvrirent le Rio de la Plata en 1509, mais ce n'est que dans la seconde moitié du xvie siècle qu'ils s'y établirent réellement et fondèrent la vice-royauté de Buenos-Aires. Dès lors, ils y vinrent en petit nombre, mais sans arrêt. De leur croisement avec les Indiens sont nés les *Gauchos*, race très particulière qui forme une partie importante de la population de ces États.

Les États de la Plata s'affranchirent de l'Espagne entre 1810 et 1820. Ils se constituèrent alors en trois républiques, très inégales d'étendue, Paraguay, Uruguay, Argentine :

Paraguay.	253 000 km. c.	635 000 hab.
Uruguay	187 000 —	978 000 —
Argentine.	2 885 000 —	4 927 000 —

Dès lors, l'immigration européenne s'y porta. Les Italiens commencèrent à y venir, puis les Basques, dont le premier exode pour le Rio de la Plata remonte à 1829. Toutefois les Espagnols ont laissé dans le pays leur langue et leur religion : on y parle l'espagnol ; presque tous sont catholiques.

Paraguay. — Le Paraguay est un pays entièrement continental ; il est situé au centre de l'Amérique du Sud. Depuis 1870, à la suite d'une guerre malheureuse contre le Brésil, l'Uruguay et l'Argentine coalisés, il a perdu le territoire d'Entre-Rios. Sa superficie est de 253 000 kilomètres carrés, la moitié environ de celle de la France.

1° Le Paraguay comprend deux régions principales : à l'est, le *Paraguay* proprement dit, sorte de Mésopotamie, sans relief bien accentué, d'une extrême fécondité, propre à l'élevage, et produisant le tabac, le coton, le riz, le maïs, le café ; — à l'ouest, le *Chaco*, encore peu connu et inculte, mais que la colonisation gagnera peu à peu.

2° **Avant la guerre de 1865-1870**, l'Uruguay comptait plus d'un million d'habitants. Par suite de la perte de la riche province d'Entre-Rios et des pertes de la guerre elle-même, la population tomba au-dessous de 200 000. Le recensement de 1900 a dénombré 635 000 habitants, en y comprenant 100 000 Indiens environ. Le pays a donc un peu plus de 2 habitants par kilomètre carré.

Cette population augmente par suite d'un mouvement d'immigration continu, mais assez lent (le Paraguay a le désavantage de n'avoir pas jour sur la mer). On compte environ 400 immigrants nouveaux par année. Ce sont surtout des Argentins, des Italiens, des Espagnols, des Allemands et aussi des Français.

Le Paraguay est une république unitaire, divisée en 84 départements, gouvernée par un président, un Sénat et une Chambre des députés.

Les principales villes[1] sont : **Asuncion**, la capitale, sur le Paraguay, et *Villa-Rica*, sur le plateau compris entre le Paraguay et le Parana.

3° **L'état économique** du Paraguay est peu développé. Le pays a 274 kilomètres de voies ferrées en exploitation. Le commerce extérieur ne dépasse pas 26 millions de francs.

Uruguay. — L'Uruguay est le vaste plateau triangulaire qui s'étend entre le Brésil méridional, l'océan Atlantique et le rio Uruguay. Il a 187 000 kilomètres carrés (le tiers de la France).

1° **L'Uruguay** n'a que des collines dépassant de peu 500 mètres, et des vallées bien arrosées. Son climat tempéré est salubre. On y trouve des vignes florissantes, des pâturages, des mines d'or, et quelques gisements de plomb, de cuivre et de fer.

Le rio Uruguay, qui le limite à l'ouest, est accessible jusqu'à Salto aux moyens navires.

---

1. *Paraguay* : principale ville (recensement de 1900) :

Asuncion ou Assomption. 51 000 hab.

2° En décembre 1901, la population était évaluée à 978 000 habitants, soit 5 par kilomètre carré.

Cette population s'accroît surtout par l'excédent des naissances, qui est de 15 000 à 20 000 par an. L'immigration (défalcation faite de l'émigration) ajoute au pays annuellement 7 000 à 8 000 individus. Les immigrants sont principalement des Italiens et des Espagnols, puis des Brésiliens et des Français.

L'Uruguay est une république unitaire comprenant 19 départements, avec un président, un Sénat et une Chambre des députés.

Les principales villes[1] sont : **Montevideo**, la capitale, port important qui s'élève en amphithéâtre sur la côte septentrionale du rio de la Plata ; — *Colonia*, port maritime ; et *Salto*, port fluvial sur le rio Uruguay ; *Canelones*, ville importante dans l'intérieur des terres.

3° L'Uruguay se développe d'une manière normale. Il a 1944 kilomètres de chemins de fer. L'industrie est peu développée, mais l'agriculture et l'élevage sont très florissants. Le commerce extérieur total s'élevait à 312 millions de francs en 1902 (importation 150, exportation 182).

Les principaux articles d'exportation étaient :

Peaux et cuirs.	44 millions	Extrait de viande.	7 millions
Laine.	45 —	Animaux.	5 —
Viande.	32 —	Froment.	2 —
Suif.	9 —		

L'examen de ce tableau montre l'importance de l'élevage comme principale ressource de l'Uruguay.

7. — RÉPUBLIQUE ARGENTINE

Étendue. — La République Argentine est de beaucoup le plus vaste et le plus important des trois États de la

1. *Uruguay* : principales villes :

Montevideo	274 000 hab.	Colonia	55 000 hab.
Canelones.	84 000 —	Salto	44 000 —

Plata. Il mesure 2 885 000 kilomètres carrés de superficie, soit cinq fois la surface de la France. Du nord au sud, le pays n'a pas moins de 5 800 kilomètres de longueur. Le nord, qui s'avance jusqu'au 22e degré, est situé dans la zone subtropicale ; le centre est compris dans la zone tempérée ; le sud, qui touche au 55e degré de latitude, à l'extrémité de la Terre de Feu, a un climat presque polaire.

L'Argentine offre ainsi plusieurs parties dont les ressources sont bien différentes. Le nord est favorable aux cultures tropicales et semi-tropicales : la canne à sucre, le café, le tabac, le maïs et le riz y sont cultivés avec succès. Le centre a de vastes terrains dont s'est d'abord emparé l'élevage, mais que la culture conquiert peu à peu, vignes, céréales, etc. Le sud, occupé par le plateau de Patagonie, est assez pauvre, mais on y trouve encore des forêts et de bons pâturages ; ce n'est qu'au delà du 50e degré que le climat devient trop rude pour permettre des cultures rémunératrices.

Les richesses végétales ne sont pas les seules que possède l'Argentine. L'industrie minière y trouve des gisements métallifères importants dans les Andes, et de l'or dans la Patagonie méridionale et la Terre de Feu.

Population. — 1° Le recensement de 1895 dénombra 4 045 000 habitants dans l'Argentine ; une évaluation de la population, faite en 1901, s'élève à 4 927 000 habitants.

2° L'accroissement de la population de l'Argentine est très rapide. Le tableau suivant en donne l'idée :

1857	1 218 000 hab.
1895	4 045 000 —
1901	4 927 000 —

Il est dû d'abord au mouvement naturel de la population ; le chiffre de la mortalité ne s'élève qu'à la moitié du chiffre de la natalité, et, de ce fait, la République Argentine gagne 80 000 à 100 000 habitants par an.

Il est dû aussi à une très forte immigration. En 1889, le nombre des immigrants s'éleva à 260 000, chiffre d'ailleurs exceptionnel. Année moyenne, le nombre des nouveaux venus varie de 80 000 à 150 000 ; tous ne restent pas ; toutefois il résulte de l'immigration un gain annuel de 60 000 à 80 000 habitants.

Ces immigrants sont, avant tout, des Italiens, des Espagnols et des Français : ceux-ci appartiennent surtout à la race basque qui habite les Pyrénées occidentales. Les Anglais, les Allemands, les Autrichiens, les Suisses, ne viennent qu'en très petit nombre dans l'Argentine, qui apparaît ainsi comme un champ d'élection de la race latine. L'importance relative des immigrations italienne, espagnole et française ressort du tableau suivant :

```
Italiens. . . . . . .   1 254 000 immigrants depuis 1867 ;
Espagnols. . . . . .     529 000      —        —      —
Français . . . . . .     170 000      —        —      —
```

3° La densité moyenne de la population est inférieure à 2 habitants par kilomètre carré. La population est d'ailleurs très inégalement répartie.

Les territoires du Chaco au nord, la partie occidentale de la Pampa, le plateau de Patagonie comptent un nombre si infime d'habitants que la densité moyenne ne dépasse pas 1 habitant pas 10 kilomètres carrés d'étendue.

Les régions les plus peuplées et celles vers lesquelles l'immigration se porte de préférence sont toute la région qui avoisine au sud l'estuaire de la Plata jusqu'à la Bahia Blanca ; la province de Santa Fé sur la rive droite du Parana inférieur, ainsi que les provinces de Cordoba et de Tucuman, à l'ouest de celle de Santa Fé ; enfin l'Entre-Rios, ou région comprise entre le Parana et l'Uruguay.

État actuel et villes[1]. — On peut distinguer, dans la

---

1. *République Argentine* : principales villes (recensement de 1895) :

Buenos-Aires.	665 000 hab.		Tucuman. . .	54 000 hab.
— (1905)	880 000 —		Mendoza. . .	28 000 —
Rosario . . .	112 000 —		Santa-Fé. . .	24 000 —
Cordoba. . .	47 000 —		Parana. . . .	24 000 —
La Plata. . .	45 000 —			

République Argentine, le *Chaco*, la *plaine centrale*, l'*Entre-Rios*, la *Pampa* et la *Patagonie*.

1° Le **Chaco** comprend la région septentrionale jusqu'au 28e degré environ. Les pluies n'y manquent pas; chaque saison, surtout l'été, en déverse plus ou moins. Aussi cette région aux lagunes bourbeuses, aux rivières élargies à la saison des pluies, possède-t-elle, à côté de savanes herbeuses, de grands espaces boisés d'essences tropicales, bouquets de palmiers, bois de mimosas, forêts de caroubiers, où le gibier et quelques espèces de fauves abondent. C'est surtout une région de chasse.

La culture ne s'y est pas encore, pour ainsi dire, étendue. Les colons manquent. On parle de coloniser ce pays avec des colons nègres qu'on ferait venir des États-Unis.

2° La **plaine centrale** comprend la région située entre les 28e et 35e degrés de latitude. C'est une plaine basse, formée d'alluvions sablonneuses, au milieu desquelles s'élèvent la *Sierra de Cordoba* et la *Sierra de San Luis*. On y trouve de grandes lagunes, la plupart salines, telles que les *Salinas Grandes* et la *Mar Chiquita*. Le climat ressemble au climat méditerranéen, et l'humidité serait insuffisante si l'on ne captait dans des réservoirs l'eau des montagnes pour la distribuer aux cultures à la saison des sécheresses. Les principaux produits de cette région agricole sont la canne à sucre, les céréales et la vigne.

Les principales villes sont : *Salta, Tucuman* et *Mendoza*, au pied des Andes, cette dernière sur le transandin; *Cordoba*, grand marché au pied de la Sierra de Cordoba; *Santa-Fé*, au milieu d'une riche région agricole; *Rosario*, port fluvial très important, sur le bas Parana.

3° L'**Entre-Rios**, sorte de Mésopotamie très longue, comprise entre le Parana et l'Uruguay, ressemble à la plaine centrale, mais elle a surtout des pâturages.

Les principales villes sont : *Corrientes*, au nord; *Parana* et *Concordia*, au sud.

4° La **Pampa**, comprise entre les 35e et 40e degrés, est une sorte de Chaco moins chaud, moins boisé, moins humide, avec des rivières qui, n'ayant point assez d'eau,

sont bues par les sables avant d'atteindre un fleuve ou la
mer. Comme notre Beauce, c'est une riche terre à blé;
mais les alluvions qui la forment, sans une pierre, sans un

Pampas.

arbre, sans une colline, ne sont fertiles qu'à la condition
d'avoir été, pendant un temps plus ou moins long, foulées
par le bétail. Le gros bétail prépare les terres vierges, les
pieds des chevaux et des bœufs foulent le sol et le remuent,
leur fumier l'engraisse. Celles qui sont préparées servent à

l'élevage des moutons. Derrière eux, avec sa charrue, vient l'agriculteur qui sème le blé et prépare la moisson. Mais la Pampa est encore aujourd'hui presque déserte à l'ouest; de loin en loin seulement, une estancia, château, ferme, étable, écurie et haras, loge les troupeaux de bœufs, de chevaux, de moutons, que surveille, monté sur des chevaux, comme les cow-boys des États-Unis, le peuple mélangé des *Gauchos*. Telle ferme des territoires nationaux de l'ouest s'étend sur 250 000 hectares.

C'est au débouché de cette région, et aussi de la plaine centrale et de l'Entre-Rios, que s'élève, sur la rive méridionale du Rio de la Plata, la grande ville de la République Argentine, Buenos-Aires.

Buenos-Aires occupait une situation trop privilégiée, sur un magnifique estuaire où se déversent les eaux d'un quart de l'Amérique du Sud, pour n'être pas devenue une ville très importante. Elle s'est développée à la manière des cités américaines du Nord, et est devenue la première ville de tout l'hémisphère austral :

1851	92 000 hab.	1895	663 000 hab.
1869	178 000 —	1903	880 000 —
1882	285 000 —		

Le port de Buenos-Aires, amélioré par d'importants travaux, admet les plus forts navires.

Buenos-Aires a pour avant-port *La Plata*, fondée en 1882.

5° La **Patagonie**, du 40e au 55e degré, est un plateau rocheux, aux côtes élevées, où les froids sont très rudes, les vents glacés, desséchants et aigres. Quelques bois, des buissons et des épines, des lacs, de pauvres prairies, des dunes en couvrent la surface. Mais les vallées sont des oasis avec pâturages excellents et abondants.

La Patagonie paraît susceptible de développement; pour le moment, c'est un pays à peu près désert. On n'y trouve que de petits ports sur la côte.

Développement économique. — Les progrès accomplis par la République Argentine sont des plus remarquables de toute manière :

1° **Les voies de communication** sont de deux sortes : les voies fluviales et les voies ferrées.

Le Rio de la Plata et les deux grandes rivières qui le forment, constituent d'admirables voies de pénétration; de gros navires remontent le Parana jusqu'à Rosario, et on navigue de même sur l'Uruguay jusqu'au saut de Concordia.

Le réseau des voies ferrées se développe sans arrêt :

1864	94 kil.	1895	14 320 kil.
1876	2 035 —	1900	16 767 —
1885	4 502 —	1902	17 200 —

Plusieurs lignes mènent de Buenos-Aires au pied des Andes, à Tucuman, Salta et Jujuy, et à Mendoza : cette dernière ligne prolongée à travers les Andes, par le col de la Cumbre, jusqu'à Santiago et Valparaiso, est connue sous le nom de chemin de fer transandin.

2° **L'agriculture** a réalisé des progrès non moins considérables sur tous les points. En dix ans, l'étendue des cultures et la production du blé ont triplé[1].

Sur la canne à sucre, sur la vigne, on ferait les mêmes constatations. A mesure que le pays se peuple, ses ressources latentes sont mises en valeur, et le pays s'éveille, prend une place de plus en plus large dans le monde économique.

Au reste, l'agriculture proprement dite ne vient pas au premier rang dans les richesses de l'Argentine; l'élevage est bien plus important. Ses bœufs, ses moutons et ses chevaux réunis représentent un capital de près de 7 milliards de francs, d'après un recensement fait en 1895[2].

---

1. Accroissement de la superficie cultivée :

	1888	2 459 000 hectares.
	1898	6 500 000 —

Territoires ensemencés en blé :

	1871	580 000 hectares.
	1888	815 000 —
	1895	2 950 000 —

2. | Bovidés. . . . | 21 700 000 têtes | valant | 3 500 millions. |
|---|---|---|---|
| Moutons. . . . | 74 000 000 — | — | 2 900 — |
| Chevaux. . . . | 4 400 000 — | — | 400 — |

Laissant, pour l'heure, les gisements d'or, d'argent, de cuivre, de houille, épars dans ses montagnes et situés parfois à la limite des neiges, l'État argentin s'est occupé, avant tout, de tirer parti de son élevage et de vendre à l'Europe, sous une forme quelconque, ses innombrables animaux. Viandes congelées, viandes refroidies, extraits de viande, jus de viande, déchets : la transformation de la viande constitue pour le pays une source d'activité et de profit.

C'est, du reste, avec la distillerie, la sucrerie et la brasserie, qui ont une petite importance, la seule industrie véritable du pays. La métallurgie, la filature, le tissage n'y existent pas. L'Argentine reste un grand pays de culture et d'élevage.

3° Le **commerce** a augmenté, mais dans une proportion moins sensible[1]. Toutefois, si le total n'a pas sensiblement changé, les importations ont diminué d'une manière marquée, tandis que les exportations se sont accrues.

Les *importations* consistent principalement en tissus de coton, étoffes de laine, articles en fer, c'est-à-dire en objets fabriqués. Certains objets alimentaires, qui comptaient jadis beaucoup dans le chiffre des importations, n'y entrent plus que pour une part insignifiante, par exemple les vins et les sucres.

Les *exportations* consistent entièrement en produits agricoles ou dérivés de l'élevage[2].

L'Angleterre et l'Allemagne sont les deux pays qui font le plus d'affaires avec l'Argentine; ensuite viennent la France et les États-Unis.

4° En résumé, la République Argentine est un pays qui, de nos jours, a fait de remarquables progrès. Elle

1. 1889 Import. 820   Export. 450   Total 1 270
   1895   —   475   —   600   —   1 075
   1902   —   515   —   897   —   1 412

2. Principaux articles d'exportation en 1902 :

Blé	225 millions.	Viande et charcut.	81 millions.
Laine . . .	224 —	Animaux	28 —
Peaux . . .	117 —	Graisse	51 —

souffre pour un temps d'un développement un peu hâtif; sa dette est élevée; la vie y est chère : c'est pour ces raisons que l'immigration a diminué depuis quelque temps. Mais ces malaises sont passagers.

L'Argentine est, avec le Brésil et le Chili, une des trois puissances d'avenir de l'Amérique du Sud.

RÉSUMÉ

I. **Description physique**. — Les États de la Plata présentent comme relief une grande plaine entre la muraille des Andes et quelques plateaux peu isolés à l'est; le climat, chaud au nord, est beaucoup plus froid au sud qu'il ne devrait l'être d'après la latitude. Le seul grand fleuve est le rio de la Plata, formé par la jonction du Paraguay, du Parana et de l'Uruguay; son embouchure constitue la principale indentation des côtes. Comme il est naturel, étant donné le climat, les ressources végétales varient beaucoup du nord au sud : l'élevage domine.

II. **Partage politique**. — Ancienne colonie espagnole, les États de la Plata ont formé trois républiques de langue espagnole et de religion catholique : Paraguay, Uruguay, Argentine.

III. **Paraguay**. — Le Paraguay, longtemps en décadence après une guerre malheureuse, se relève aujourd'hui. Il a 635 000 habitants. Sa capitale est Asuncion.

IV. **Uruguay**. — L'Uruguay, moins étendu que le Paraguay, est plus peuplé; il a 978 000 habitants. Sa capitale est Montevideo. C'est un pays petit, mais florissant. L'élevage y constitue une grosse source de revenus; les produits de l'élevage alimentent presque tout le commerce extérieur.

V. **République Argentine**. — Très étendue, et très riche surtout en terrains propres à l'élevage, l'Argentine a 4 927 000 habitants, population qu'accroît chaque année une immigration importante, venue surtout d'Italie.

On y distingue plusieurs régions : le Chaco, au nord, région de bois et de savanes; la plaine centrale, l'Entre-Rios et la Pampa, au centre, régions de pâturages que gagne la culture des céréales;

la Patagonie, au sud. Les principales villes sont : Buenos-Aires, capitale ; Rosario, Cordoba, La Plata.

Les progrès économiques de l'Argentine sont remarquables. L'agriculture et l'élevage sont particulièrement florissants. Le commerce d'exportation croît d'année en année, ces exportations consistent en produits agricoles ou dérivés de l'élevage (blé, laine, peaux, viande et charcuterie, animaux, graisse). L'Argentine est un pays de grand avenir.

CINQUIÈME PARTIE

AUSTRALASIE

I. — DESCRIPTION GÉNÉRALE

Définition. — On nomme *Océanie* l'ensemble des terres situées dans le Grand Océan, ou océan Pacifique. On en excepte toutefois les îles côtières de l'Amérique (Chiloé, Chonos, Galapagos, Archipels canadiens, Aléoutiennes), ainsi que les archipels qui bordent l'Asie en guirlandes ou en longues traînées (Kouriles, Japon, Formose, Haïnan, Philippines, Insulinde).

Les terres océaniennes. — Le Grand Océan mesure une étendue de 175 millions de kilomètres carrés, le tiers de la surface de la terre ; il n'y a pas moins de 20 000 kilomètres, la moitié du tour du globe, entre la presqu'île de Malacca et la côte de Colombie ; entre Tokio et San Francisco, il y a la même distance qu'entre Lisbonne et la Chine.

Les terres qui s'élèvent au-dessus du niveau de cet océan sont nombreuses, mais presque toutes très petites, à l'exception de l'Australie ; elles n'apparaissent à sa surface que comme des points presque imperceptibles. Elles mesurent une superficie totale de 9 millions de kilomètres carrés, dont 7 600 000 sont occupés par l'Australie, et 785 000 par la Nouvelle-Guinée.

On les divise généralement en quatre régions, savoir :
1° l'**Australasie**, qui comprend l'*Australie*, la *Tasmanie* et

Relief de l'Océanie.

la *Nouvelle-Zélande*; — 2° la **Mélanésie**, située au nord de l'Australie, et comprenant principalement la *Nouvelle-Guinée*, l'archipel *Bismarck*, les *Salomon*, etc.; — 3° la **Micronésie**, située au nord de la Mélanésie, et comprenant les *Palaos*, les *Carolines*, les *Mariannes*, les *Marshall* et les *Gilbert*; — 4° la **Polynésie**, située à l'est de l'Australie, entre cette île et le continent américain, et comprenant la *Nouvelle-Calédonie*, les *Nouvelles-Hébrides*, les *Viti* ou *Fiji*,

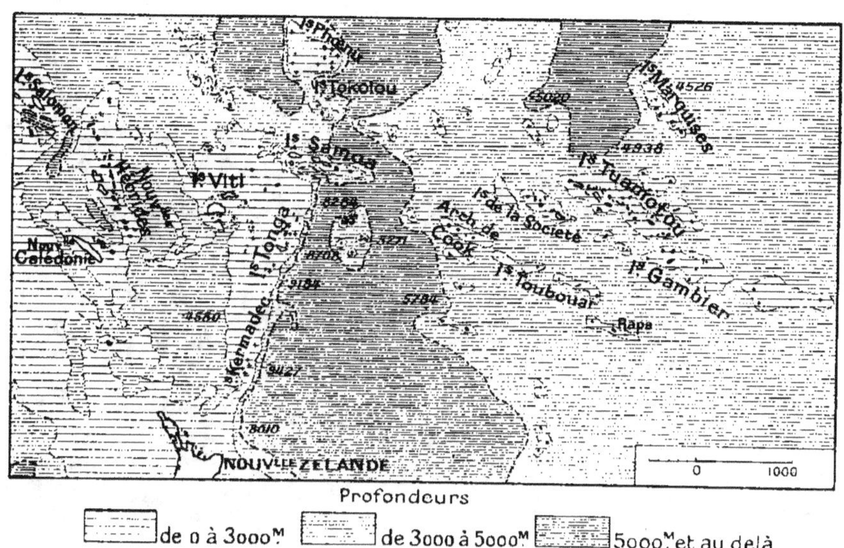

Orientation des archipels de Polynésie.

les *Tonga*, les *Samoa*, les îles *Cook* ou *Hervey*, les *îles de la Société*, les *Marquises*, l'archipel *Hawaii* ou *Sandwich*, etc.

À première vue, ces terres océaniennes semblent disposées au hasard dans le Pacifique. Si l'on regarde de plus près, on voit qu'elles se prolongent suivant un dessin régulier. La Nouvelle-Guinée, les archipels mélanésiens et la Nouvelle-Zélande forment une grande courbe concentrique à celle que décrivent les rivages orientaux de l'Australie. La plupart des archipels polynésiens sont orientés du nord-ouest au sud-est, suivant plusieurs rangées parallèles.

Au point de vue de la formation, toutes ces îles peuvent

se ramener à deux types principaux : les îles hautes ou montagneuses, d'origine volcanique ; les îles basses, d'origine corallienne ou coralligène.

Iles volcaniques et îles coralliennes. — Les îles montagneuses et volcaniques dominent dans la Mélanésie et dans les grands archipels polynésiens ; les îles coralliennes constituent presque toute la Micronésie et la majeure partie des petites îles polynésiennes.

Les îles hautes sont remarquables par les formes hardies et pittoresques de leurs montagnes. En plusieurs archipels, notamment dans les îles Hawaii, dans les Nouvelles-Hébrides, dans l'archipel Bismarck,

Ile madréporique ou atoll.

en Nouvelle-Zélande, on rencontre des volcans actifs. Ceux des îles Hawaii *Mauna Loa*, avec le cratère de Kilauea, et *Mauna Kea*) s'élèvent à plus de 4000 mètres, et leurs flancs sont recouverts de laves provenant d'éruptions toutes récentes.

Les îles basses ou coralliennes sont aussi nommées *atolls*. Elles doivent leur origine au travail des polypes qui produisent le corail. Ces polypes ne construisent leurs coraux que dans les mers de la zone torride. Partout où le fond de la mer n'est pas à plus de 50 mètres au-dessous de la surface, ces animaux microscopiques commencent leurs constructions. Si le sol où ils bâtissent s'exhausse, elles atteignent la surface ; les vagues y amassent des débris qui émergent bientôt ; il s'y forme une mince couche de terre végétale, sur laquelle germent les graines de plantes apportées par le vent. 290 grandes îles du Pacifique, ayant une superficie totale de plus de 50 000 kilomètres carrés, et une quantité innombrable de petites îles n'ont pas une autre origine.

Beaucoup de ces îles madréporiques présentent l'apparence de couronnes circulaires, circonscrivant un bassin intérieur, ou *lagon*, qui est en communication avec la mer par des passes parfois navigables.

Climat de l'Océanie. — Si l'on excepte la moitié méridionale de l'Australie, la Nouvelle-Zélande et quelques îlots de très faible importance, l'Océanie tout entière est comprise dans la zone tropicale. Aussi la température moyenne y est-elle partout élevée.

Toutefois, cette température est rarement désagréable. Presque toujours des brises marines régulières tempèrent dans les îles océaniennes l'ardeur du soleil. Par suite de l'absence de masses continentales à reliefs très accidentés, les orages sont plus rares dans le Grand Océan que dans l'Atlantique : de là le nom de Pacifique qu'on lui a donné. Les vents alizés y soufflent avec une constance remarquable, de chaque côté de l'équateur, du nord-est au sud-ouest et du sud-est au nord-ouest.

Par suite, dans chaque île, on distingue le versant exposé d'abord *au vent*, ou versant pluvieux, et le versant opposé, *sous le vent*, qui est beaucoup plus sec.

Ressources diverses. — L'Océanie a une flore et une faune spéciales, mais ressemblant plus, dans l'ensemble, à celles de l'Asie qu'à celles de l'Australie, et mélangées d'éléments américains dans les îles Hawaii seulement.

La flore est tropicale. Les îles basses, étant les moins arrosées, sont les plus pauvres ; elles n'ont qu'un petit nombre d'espèces d'arbres, cocotiers et pandanus, ainsi qu'un petit nombre de plantes comestibles, igname et taro. Au contraire, les îles montagneuses ont une végétation puissante et parfois d'immenses forêts. A l'est de l'Océanie, le principal produit végétal susceptible d'être échangé est le *copra*, amande de coco desséchée.

La faune est pauvre. La plupart des archipels océaniens, même la Nouvelle-Guinée et la Nouvelle-Zélande, sont dépourvus de gros animaux. On y trouve surtout de petits quadrupèdes, des marsupiaux comme le kangourou et l'ornithorynque, mammifère à bec d'oiseau. La Nouvelle-Guinée est la patrie des merveilleux oiseaux de paradis.

Au contraire, l'Océanie semble très riche en gisements miniers, bien qu'un grand nombre des îles qui la composent n'aient point encore été explorées à cet égard. Presque toutes les îles montagneuses renferment des minerais précieux. L'Australie en possède de toute sorte ; la Nouvelle-Calédonie a du nickel, de la houille, du cuivre ; la Nouvelle-Zélande a de la houille et de grands gisements aurifères.

Populations océaniennes. — Les populations océaniennes sont très peu nombreuses. Elles ne comprennent pas plus de 6 millions et demi d'habitants, dont 4 millions en Australie.

Les **indigènes** appartiennent à deux races assez différentes, quoique sans doute de même origine : les *Mélanésiens*, qui ont la peau noire, les cheveux crépus et laineux ; et les *Polynésiens*, qui ont la peau claire, les cheveux lisses et ondulés.

Les **Européens** les remplacent graduellement. Ils se sont établis, la plupart du temps en maîtres, dans les îles où la modération relative du climat leur permettait le mieux de s'acclimater.

Les *Chinois* et les *Japonais* sont de plus en plus nombreux en Océanie, où leur intrusion grandissante commence à provoquer en plusieurs îles de vives réclamations.

Colonisation et partage. — Notre connaissance de l'Océanie ne remonte pas au delà du XVI⁰ siècle. Les Espagnols y parurent les premiers avec Magellan qui, en 1521, toucha aux Mariannes. Quelques années plus tard, les Portugais découvrirent la Nouvelle-Guinée. L'exploration ne s'arrêta plus ; Torrès, Tasman, Cook, La Pérouse, Bougainville, Dumont d'Urville parcoururent tout l'océan Pacifique et y reconnurent les terres une à une.

En même temps qu'ils découvraient les terres océaniennes, les Européens en prenaient possession. Aujourd'hui toutes appartiennent à quelque maître étranger, européen ou américain. L'Espagne, qui fut la première puissance européenne établie en Océanie, n'y possède plus aucune terre : elle a dû céder les Philippines aux États-Unis qui l'avaient vaincue (1898); elle a vendu ensuite à l'Allemagne ses derniers archipels, Carolines, Mariannes, Palaos.

Les pays qui possèdent l'Océanie sont : l'Angleterre, la Hollande, l'Allemagne, la France, les États-Unis, le Japon et le Chili.

1° **L'Angleterre** possède en Océanie une étendue de 8 258 000 kilomètres carrés avec 5 505 000 habitants, savoir :

États-Unis d'Australie.	4 007 000 hab.
Nouvelle-Guinée britannique.	350 000 —
Nouvelle-Zélande et dép.	822 000 —
Iles Fiji.	122 000 —
Iles Salomon du Sud.	140 000 —
Tonga, Gilbert, Ellice, etc.	64 000 —

2° La **Hollande** possède 594 000 kilomètres carrés avec 240 000 habitants (non compris les îles de la Sonde), savoir :

Nouvelle-Guinée occidentale	240 000 hab.

3° **L'Allemagne** possède 244 000 kilomètres carrés avec 449 000 habitants, savoir :

Nouvelle-Guinée allemande	110 000 hab.
Arch. Bismarck et Salomon du Nord.	250 000 —
Carolines	50 000 —
Mariannes.	2 000 —
Iles Marshall.	15 000 —
Samoa (partie).	55 000 —

4° La **France** possède 24 000 kilomètres carrés avec 88 000 habitants, savoir :

Nouvelle-Calédonie et dép.	51 000 hab.
Archipel de la Société	18 000 —
Marquises, Tuamotou, Gambier, etc.	19 000 —

5° Les **États-Unis** possèdent (non compris les Philippines) 16 000 kilomètres carrés avec 167 000 habitants, savoir :

Hawaii	65 000 hab.
Guam.	9 000 —
Samoa (partie).	4 000 —

6° Le **Japon** possède les îles *Bonin-Sima*.

7° Le **Chili** possède l'*île de Pâques*.

Ces diverses colonies servent moins à leurs possesseurs comme colonies de peuplement ou d'exploitation (à l'exception de quelques-unes d'entre elles) que comme postes de

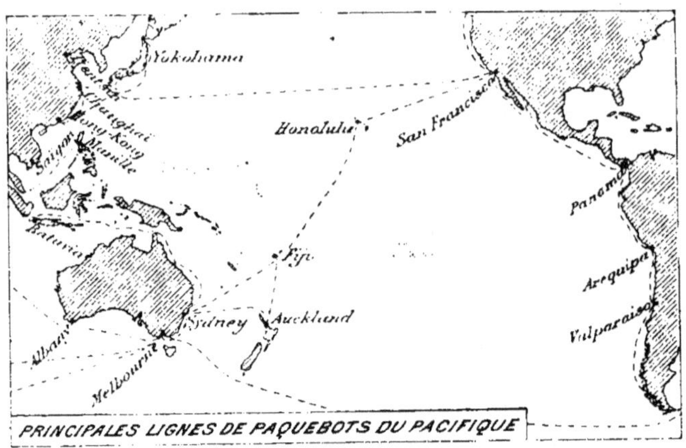

Principales lignes de paquebots du Pacifique.

ravitaillement et dépôts de charbon sur l'immense Grand Océan. Elles gagneront en importance quand le percement de l'isthme de Panama aura amené la création d'une grande route commerciale à travers le Pacifique.

RÉSUMÉ

I. Les terres océaniennes. — L'Océanie comprend les terres baignées par le Grand Océan, à l'exception de celles qui bordent l'Asie et l'Amérique. On les divise en Australasie, Mélanésie, Micronésie et Polynésie. Les principales îles sont l'Australie, la Nouvelle-Zélande et la Nouvelle-Guinée. Ces îles sont de deux sortes : les îles montagneuses, et les îles coralliennes ou atolls.

II. Climat et ressources. — Le climat est chaud, mais tempéré par les brises de mer qui y soufflent régulièrement. L'humidité y est assez grande; on distingue dans chaque île un versant plus humide, le versant au vent, et un versant plus sec, le versant sous le vent. — La flore est tropicale, plus riche dans les îles montagneuses, plus pauvre dans les îles coralliennes. L'Océanie est dépourvue de gros animaux. Les gisements miniers, incomplètement reconnus, semblent abondants.

III. Populations océaniennes. — Peu nombreuse, la population de l'Océanie ne dépasse pas 6 millions et demi d'habitants. Elle comprend des indigènes, Mélanésiens et Polynésiens, des Européens divers, des Chinois et des Japonais.

IV. Colonisation et partage. — Découverte au xvi° siècle, explorée aux xvii° et xviii°, l'Océanie appartient presque entièrement aujourd'hui à des peuples colonisateurs. Les principaux pays possesseurs sont : 1° l'Angleterre (Australie, Nouvelle-Zélande, Fiji, Salomon du Sud, etc.); 2° la Hollande (Nouvelle-Guinée occidentale); 3° l'Allemagne (Nouvelle-Guinée allemande, archipel Bismarck, Salomon du Nord, Carolines, Mariannes); 4° la France (Nouvelle-Calédonie, archipel de la Société, etc.); 5° les États-Unis (Hawaii, partie des Samoa); 6° le Japon; 7° le Chili.

2. — ÉTATS-UNIS D'AUSTRALIE

Bornes, étendue. — Les États-Unis d'Australie comprennent l'*Australie* proprement dite, et la *Tasmanie*, qui est située au sud de l'Australie comme Ceylan au sud de l'Inde, et qui en est séparée par le détroit de Bass, large de 200 kilomètres.

L'Australie est moins une île qu'un continent véritable, distinct par sa constitution géologique, sa flore et sa faune. Elle est baignée à la fois par l'océan Indien et par l'océan Pacifique; au nord-ouest s'étend la *mer de Timor* qui la sépare de l'Insulinde; au nord, est le *détroit de Torrès*, qui la sépare de la Nouvelle-Guinée.

L'Australie, continent très massif, de configuration assez semblable à l'Afrique, mesure 3 870 kilomètres de l'ouest à l'est, et 3 170 du nord au sud. Sa superficie est de 7 650 000 kilomètres carrés, soit 14 fois la France, 24 fois les Iles Britanniques, les trois quarts de l'Europe.

La Tasmanie a 68 000 kilomètres carrés, soit un peu moins que l'Irlande.

GÉOGRAPHIE PHYSIQUE

Relief. — Dans ses traits essentiels, le continent australien présente l'aspect d'un vaste plateau formé de roches anciennes. Une longue dépression, allant du golfe de Car-

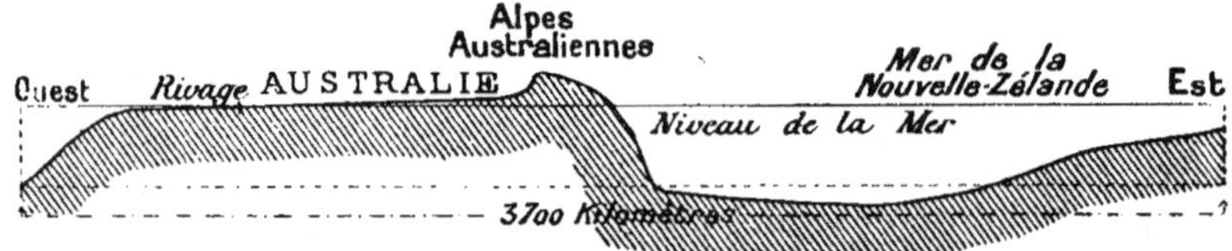

Coupe de l'Australie et des mers voisines.

pentarie au golfe Spencer, le coupe en deux dans toute sa longueur du nord au sud.

La **partie orientale** est la plus petite et la plus élevée. Elle se termine à l'est, sur la mer, par la **Cordillère australienne**, qui comprend les *Alpes Australiennes*, les *Montagnes Bleues*, les *New England Range*, les *Great Dividing Range*. Ces montagnes sont peu élevées ; elles atteignent leur point culminant au sud-est, au mont *Townsend* (2 241 m.), dans le massif du Kosciuszko ; plus au nord, elles dépassent rarement 1 500 mètres, mais elles sont formées d'un nombre considérable de massifs, de chaînons latéraux ou parallèles, de contreforts qui en rendent la traversée assez pénible.

La **partie occidentale** n'aurait pas plus de 300 mètres d'altitude moyenne ; le relief ne s'y accuse que là où affleurent les terrains anciens. Les principales saillies sont les *monts Macdonnell* et *Musgrave*, qui dominent de 300 à 400 mètres le socle du plateau environnant, et dont les roches granitiques, au lieu d'affecter la forme ordinaire de dômes, présentent un aspect déchiqueté et ruiniforme. La surface du plateau est creusée de cavités où les eaux s'épandent en marécages : les plus importants sont le lac *Gairdner* et le lac *Amadeus*, tour à tour, suivant la saison, lacs, marais saumâtres et déserts de sel.

La **dépression centrale** est basse et si faible de pente qu'elle est inondée presque complètement à la saison des pluies. Des lacs s'y étendent, d'étendue variable, suivant la saison et l'abondance des pluies. Les principaux sont le lac *Torrens* et le lac *Eyre*, qui est divisé en deux bassins.

Climat. — L'Australie s'étend du 10ᵉ au 39ᵉ degré de latitude australe; le nord est donc situé dans la zone équatoriale, le sud au milieu de la zone tempérée. Le climat varie beaucoup, du moins sur les côtes; à l'intérieur, les différences s'atténuent et se fondent dans un régime uniforme.

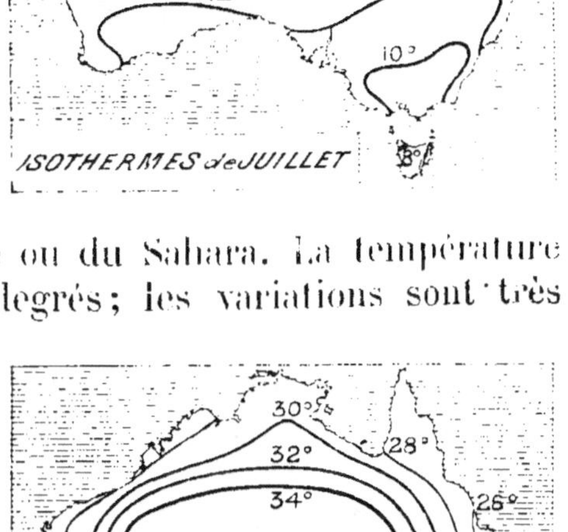

1° **A l'intérieur**, le climat australien, essentiellement continental, présente les mêmes écarts que celui de l'Asie centrale ou du Sahara. La température y varie de — 9 à + 50 degrés; les variations sont très rapides : on a noté 45°,5 après midi et 5°,5 le lendemain matin.

L'Australie intérieure apparaît comme une zone de hautes pressions pendant l'hiver (juillet), et de basses pressions pendant l'été (janvier). Il en résulte que les vents dominants soufflent, pendant l'hiver, de l'intérieur vers les côtes, et, pendant l'été, des côtes vers l'intérieur.

L'intérieur de l'Australie est très sec. En hiver, les vents venant du continent sont nécessairement secs et ne donnent aucune pluie. En été, les vents soufflent de la mer; mais la majeure partie de l'humidité qu'ils apportent se déverse sur les premières hauteurs du continent ; le reste des vapeurs s'évanouit dans l'air échauffé. La nébulosité y est donc toujours très faible ; le brouillard est inconnu, la rosée rare ; la sécheresse est telle qu'elle fait tomber les vis des coffres et la mine de plomb des crayons, que les cheveux des hommes et la laine des moutons ne croissent presque plus, que les ongles cassent comme du verre. La moyenne annuelle des pluies dans l'intérieur est inférieure à 20 centimètres.

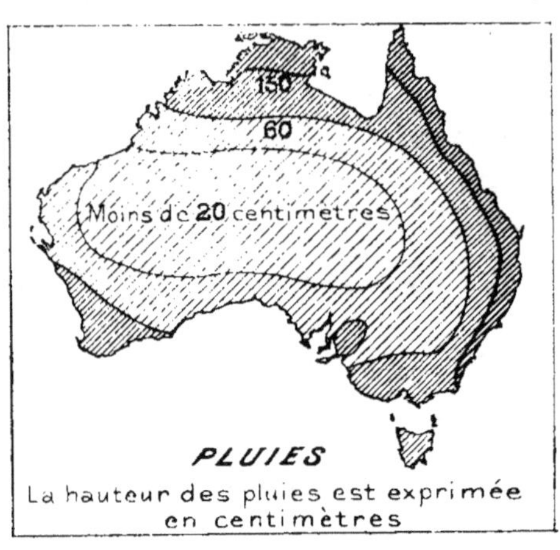

Pluies de l'Australie.

2° **Sur les côtes**, le climat est plus variable. Au nord, dans la partie qui avoisine l'équateur, les pluies sont abondantes, la chaleur est grande. A l'est et au sud-est, les pluies sont assez abondantes pendant l'été, mais faibles pendant l'hiver ; la chaleur est forte. A l'ouest, les pluies sont moins abondantes et la chaleur est sujette à des variations assez fortement accusées.

Hydrographie. — L'Australie n'a pas de grands fleuves ; dans l'ensemble, elle est trop sèche. Le régime des eaux est inconstant et irrégulier. Les eaux courantes, à l'état permanent, sont très rares ; la plupart des rivières indiquées sur les cartes forment un sillon plus ou moins régulier, complétement à sec par endroits et jalonné, de distance en distance, par des mares appelées *creeks* ; les grands lacs ne sont que des fondrières, des cuvettes d'évaporation.

A l'ouest, le *Fitzroy*, l'*Ashburton*, le *Lyons*, le *Murchison*, sont ainsi des rivières temporaires. De même, au centre, le *Macumba*, le *Warburton* et le *Barcoo*, qui aboutissent dans le lac Eyre.

A l'est, coule le fleuve australien le plus important; c'est le **Murray**, qui reçoit le *Murrumbidgee*, grossi du Lachlan, et le *Darling*, supérieur au fleuve principal par la longueur de son cours. — Le Murray (1 800 kil.) descend du massif du Kosciuszko et draine toutes les eaux de l'Australie du sud-est; son bassin, de 70 millions d'hectares, dépasse l'étendue de la France. Le débit n'est pas à proportion de cette superficie et ne dépasse pas en moyenne 550 mètres cubes par seconde, chiffre inférieur à celui de la Seine. Après de violents orages, le Murray et ses affluents grossissent subitement; à Bourke, le Darling, grossi de 10 mètres, peut débiter 40 000 mètres cubes. En temps ordinaire, par suite de l'intensité de l'évaporation, ils sont presque à sec, le Darling s'assèche même complètement sur plusieurs points; le Murray, plus abondant, doit la permanence de ses eaux aux neiges du Kosciuszko.

Côtes. — L'Australie a 13 000 à 14 000 kilomètres de côtes : c'est peu, eu égard à son étendue. Ce faible développement côtier tient à la configuration massive du continent australien qui ne présente que deux grandes échancrures, le *golfe de Carpentarie*, au nord, et la *Grande Baie Australienne*, largement ouverte sur la côte méridionale.

1° A l'ouest, entre la Grande Baie Australienne et le golfe de Carpentarie, la côte n'offre que de très petites indentations et peu d'îles : *baie de Van Diemen* et *île Melville*, au nord; *baie du Géographe*, au sud.

La côte est en général rectiligne, parfois bordée d'une plage basse et sablonneuse, le plus souvent dominée par des falaises escarpées hautes de 100 à 200 mètres. Les ports y sont peu nombreux.

2° A l'est, la côte, bordée par la Cordillère australienne, est bien plus découpée ; on y trouve une infinité de baies et de fiords qui ne pénètrent jamais très avant dans l'intérieur, mais forment des abris profonds et sûrs. Les principales sont la *baie de Port-Phillip*, longue de 80 kilomètres, profonde de plus de 50 mètres, accessible seulement par un goulet de 3 à 4 kilomètres d'ouverture; la *baie de Port-*

Jackson, non moins sûre avec ses découpures multiples; et *Botany-Bay*, au sud de la précédente. Il a été facile d'y établir de bons ports; c'est sur ces rades que se sont développées les principales villes de l'Australie.

Par malheur, une ligne continue de récifs coralliens, la *Grande Barrière*, rend les côtes du nord-est à peu près inabordables sur une longueur de 2 500 kilomètres.

La Grande Barrière. — La *Grande Barrière* ou *Great Barrier Reef* forme une suite de récifs de coraux comme on n'en voit nulle part ailleurs sur une pareille longueur. Elle s'étend sur 2 500 kilomètres, du cap Sandy au cap York. Sa plus grande largeur se trouve au sud, où elle mesure plus de 150 kilomètres de l'ouest à l'est. C'est également au sud qu'elle est le plus éloignée de la côte; vers le nord, il n'y a pas plus de 15 à 20 kilomètres entre la Grande Barrière et les promontoires avancés du continent. A marée basse, la surface des récifs qui forment la Grande Barrière est juste au niveau de la surface de l'eau; à marée haute, la place en est indiquée par des bourrelets d'écume.

La Grande Barrière n'est pas continue. Nombre de chenaux profonds la traversent, quelques-uns étroits, d'autres ayant jusqu'à 20 ou 25 kilomètres de largeur. Ces détroits sont très utiles pour les marins à qui ils ouvrent des passages faciles.

La navigation peut se faire soit à l'intérieur, soit à l'extérieur de la Grande Barrière. La route située entre les récifs et la côte a l'avantage d'une mer calme et belle; c'est celle que prennent de préférence les bateaux à vapeur, qui sont, plus que les bateaux à voiles, maîtres de leur route. On ne peut, en effet, s'avancer sur cette route qu'avec une grande précaution, surtout la nuit parce qu'alors il est impossible de distinguer la Barrière à plus de 1 kilomètre. Le jour, on l'aperçoit à une distance qui varie de 6 à 10 ou même 12 kilomètres.

La Grande Barrière, au reste, n'est pas un phénomène particulier à l'Australie. Des rangées de récifs analogues entourent à plus ou moins de distance, et d'une manière plus ou moins continue, un grand nombre d'îles océaniennes, en particulier notre Nouvelle-Calédonie

Ressources diverses. — L'Australie a des ressources végétales et des ressources minérales variées.

1° Les ***ressources végétales*** sont très diverses d'un point à l'autre; mais d'une manière générale, l'Australie, qui est assez médiocrement arrosée dans l'ensemble, n'a qu'une flore peu variée.

Les arbres qui y dominent sont les acacias, les pins cyprès, les araucarias et les eucalyptus; ils atteignent souvent des dimensions colossales, et il n'est pas rare de trouver des eucalyptus hauts de 125 mètres : mais leurs branches sont peu nombreuses, leur feuillage terne et peu abondant. Les forêts qui en sont composées ne forment point des futaies aux troncs pressés, épaisses, enchevêtrées, mais elles laissent passer les rayons du soleil.

Parmi les cultures principales, on peut citer : au nord,

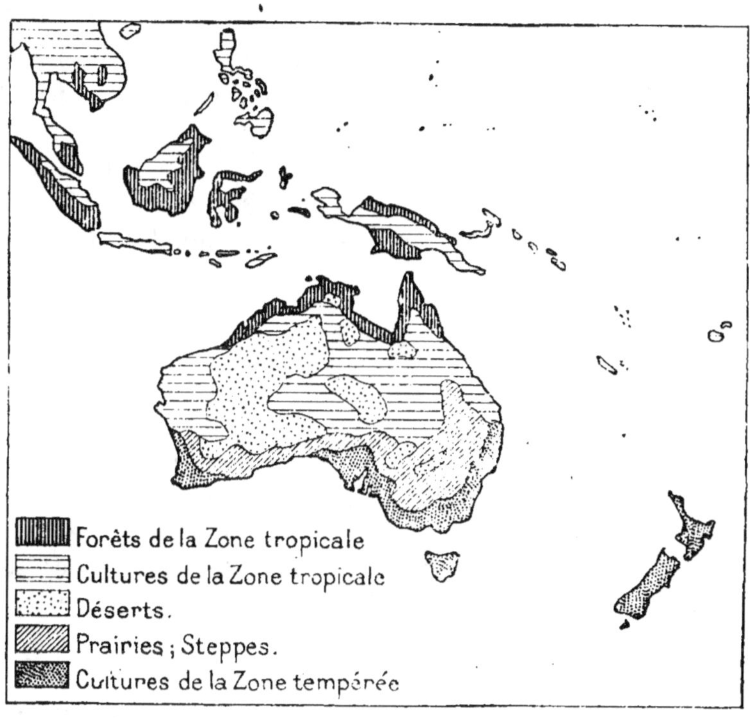

Flore de l'Australie.

le maïs, la canne à sucre, le coton, l'arrow-root; plus au sud, les céréales et la vigne : ces cultures constituent la grande ressource des régions situées sur la côte orientale. A l'ouest des montagnes, l'humidité diminuant, la végétation s'étiole; le sol ne porte plus que de maigres buissons et devient plus propre au pâturage qu'au labourage.

L'Australie occidentale, à l'ouest de la grande dépression du centre, n'est partout qu'un vaste désert. Plus d'arbres;

les forêts font place à la brousse, au *scrub*, épais fourré d'acacias, d'eucalyptus nains, de spinifex, hauts de 2 à 5 mètres à peine, mais si enchevêtrés que, quand le voyageur s'y fraie un sentier, la tranchée est aussi nette que celle d'un chemin bordé de murs. La boussole est nécessaire, comme sur la mer, pour s'y aventurer.

2° Les **ressources minérales** sont considérables. Tout le bourrelet montagneux qui va du promontoire Wilson à la presqu'île d'York abonde en gisements minéraux de toute nature. Il en est de même des montagnes de roches anciennes, encore imparfaitement explorées, qui constituent l'Australie occidentale.

Les principaux minéraux que possède l'Australie sont l'or, le cuivre, la houille, l'argent, le plomb, le fer, l'antimoine. On trouve des pierres précieuses dans le nord de l'Australie.

GÉOGRAPHIE POLITIQUE

Exploration et colonisation. — L'Australie est une découverte toute moderne. Soupçonnée dès le XVIe siècle, son existence ne fut réellement constatée qu'au commencement du XVIIe siècle par *Carpenter* et *Tasman*. Ses contours ne furent même entièrement explorés qu'à la fin du XVIIIe siècle par *Cook*, *La Pérouse*, *Bass*.

L'intérieur a été, depuis lors, traversé par de nombreux voyageurs, parmi lesquels on peut citer *Lawson*, qui explora les Montagnes Bleues; *John Eyre*, qui parcourut la dépression centrale; *Mac Douall Stuart* et *Burke* qui traversèrent l'intérieur du nord au sud; *Warburton* et *Giles*, qui ont reconnu l'Australie occidentale. Il reste encore des étendues importantes à explorer, mais l'ensemble du continent est aujourd'hui connu.

Ce sont les Anglais qui ont colonisé l'Australie. Leur premier établissement fut fondé à Botany-Bay, en 1788, puis transporté presque immédiatement à Sydney, créée sur la baie de Port-Jackson; il comprenait 1 030 blancs, dont 757 convicts

Eucalyptus géant.

ou déportés, leurs surveillants et 200 colons libres. Pendant longtemps, des forçats vinrent seuls grossir ce premier contingent de colonisateurs.

La colonisation libre ne prit un essor définitif qu'en 1850, au moment de la découverte des mines d'or. Des flots de déclassés, d'aventuriers de tous les pays se précipitèrent sur le nouvel Eldorado. En dix ans, la population fut triplée. C'est alors que la colonisation véritable commença et que le pays prit une organisation définitive.

Gouvernement. — A mesure que s'est produit le développement de la population australienne, les habitants des différentes régions, qui étaient séparés par des intérêts divers, se sont constitués en colonies distinctes.

L'Australie comprend six colonies ou États :

La Nouvelle-Galles du Sud. érigée en colonie en	1829 ;
Victoria.	1851 ;
L'Australie méridionale	1856 ;
Queensland.	1859 ;
L'Australie occidentale.	
La Tasmanie	1854.

Ces six États, longtemps rivaux, forment aujourd'hui, sous le nom d'*États-Unis d'Australie*, une fédération autonome, rattachée à la métropole par un lien très libre.

Population. — 1° Le recensement officiel de 1901 a dénombré 4 007 000 habitants, y compris 250 000 indigènes vivant à l'état sauvage.

2° L'accroissement de la population australienne n'est pas très rapide. L'excédent annuel des naissances sur les décès est d'environ 60 000 par an. L'immigration est encore assez forte puisque l'Australie reçoit annuellement 250 000 à 300 000 colons nouveaux ; mais cette immigration est en partie compensée par une émigration importante.

En résumé, la population australienne s'accroît d'environ 100 000 individus annuellement. Les immigrants sont surtout des Anglais ; les Chinois et les Japonais s'y portaient récemment en assez grand nombre pour avoir provoqué les inquiétudes des Australiens.

3° La densité de la population de l'Australie est très faible; elle ne dépasse guère 1 habitant par kilomètre carré d'étendue. La répartition en est très inégale.

La presque totalité des habitants de l'Australie réside sur la côte orientale, surtout au sud-est, région assez chaude et humide, prospère par l'agriculture, l'élevage et les mines. Le centre et l'ouest sont à peu près déserts et ne comptent pas 1 habitant par 10 kilomètres carrés d'étendue.

4° La population de l'Australie se compose d'indigènes et de Blancs.

Les **indigènes** étaient en petit nombre à l'arrivée des Anglais; l'exiguïté des ressources végétales ne permettait qu'une vie précaire. Ils sont aujourd'hui 230 000; on les trouve surtout dans les déserts du centre et de l'ouest.

Un Australien.

La race australienne se rattache à la race noire; elle a la peau cuivrée et de couleur foncée, le crâne petit et fuyant, les mâchoires et le ventre proéminents, les cheveux noirs légèrement onduleux, sans être laineux. L'intelligence des indigènes australiens est très peu développée. Ce sont encore des sauvages[1].

1. Voir page 85.

Les **Blancs** sont d'origine essentiellement composite. Toutefois les Anglais y forment l'élément de beaucoup prépondérant ; ils ont fait dominer leur langue et leur religion.

États et villes[1]. — Les six États de l'Australie sont les suivants avec leur superficie et leur population (non compris les 250 000 indigènes) :

Nouvelle-Galles du Sud .	804 000 kil. carrés	1 360 000 hab.
Victoria	227 000	—	1 196 000	—
Queensland.	1 731 000	—	505 000	—
Australie méridionale.	2 340 000	—	363 000	—
Australie occidentale. .	2 527 000	—	182 000	—
Tasmanie.	68 000	—	172 000	—

1° La **Nouvelle-Galles du Sud** est la plus ancienne des colonies britanniques. Les montagnes y forment une barrière plus continue qu'ailleurs.

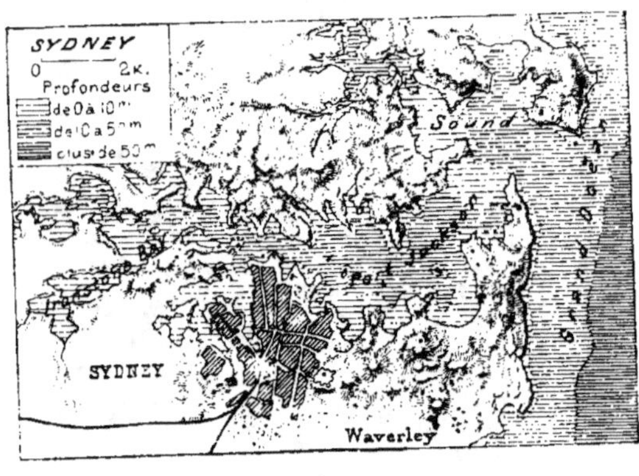

Sydney.

Elle a de riches terres à blé, des pâturages immenses, des mines d'or, d'argent, de houille. C'est le plus peuplé et le plus prospère de tous les États australiens.

Sa capitale est **Sydney**, dont la croissance a été très rapide, puisqu'elle n'avait encore que 224 000 habitants en 1881. « Un port admirable, placé par la nature, en regard du sud de la Polynésie, et juste au point le mieux approprié pour les besoins des relations commerciales entre le continent australien et l'Amérique, fait espérer pour Sydney un

1. *Australie* : principales villes (recensement de 1901) :

Melbourne. .	494 000 hab.	Ballarat . . .	46 000 hab.
Sydney . . .	488 000 —	Bendigo . . .	45 000 —
Adélaïde . .	162 000 —	Perth	36 000 —
Brisbane . .	119 000 —	Hobart. . . .	24 000 —
Newcastle. .	55 000 —		

avenir égal au présent, sinon à l'avenir de New-York. » (Sir Ch. Dilke, *Problems of Greater Britain*.)

2° **Victoria** est située à l'angle sud-est du continent australien, dont elle est l'État le moins étendu.

Elle a des gisements d'or dans les montagnes voisines de Ballarat; mais la colonie produit aussi du blé, du vin, et elle possède des pâturages excellents. Moins peuplée que la Nouvelle-Galles du Sud, elle a une population relativement beaucoup plus dense.

Ses principales villes sont : **Melbourne**, sa capitale, bâtie sur la baie de Port-Phillip; sa croissance a été fort rapide; en 1856, elle comptait 185 hommes et 58 femmes; en 1881, elle avait 565 000 habitants avec ses faubourgs; — *Ballarat, Sandhurst* et *Bendigo*, centres d'extraction de l'or; *Geelong*, ville de manufactures et d'usines, sur la rade de Melbourne.

3° Le **Queensland**, situé au nord de la Nouvelle-Galles, a des cultures tropicales, en particulier des plantations de cannes à sucre, de café, d'arrow-root, de coton; l'élevage y est très développé. On y trouve le cuivre, l'or, la houille et des mines de divers métaux. Toutefois le nombre des habitants est encore relativement bien faible.

Sa principale ville est **Brisbane**, capitale de la colonie, port assez important.

4° L'**Australie méridionale**, située sur la côte méridionale, à l'ouest de l'État de Victoria, a des mines d'or et de cuivre, de riches terres à blé, des vignes, des pâturages couverts de troupeaux. La culture, d'abord limitée à la côte, s'étend à l'intérieur. La population y est encore très faible; elle réside presque toute sur la côte, le long des golfes Spencer et Saint-Vincent.

Les principales villes sont **Adélaïde**, sa capitale, située dans une plaine voisine de la mer, et *Port-Adélaïde*, son port d'embarquement.

5° L'**Australie occidentale** comprend presque tout le plateau situé à l'ouest de la grande dépression centrale. Elle se compose de terres arides, mal connues, sans avenir, semble-t-il, pour la culture. Mais on y a découvert, vers

1896, des gisements aurifères importants, entre autres ceux de *Coolgardie* et de *Cue*, dans la vallée du Murchison, et sa population a augmenté aussitôt, sans devenir encore bien nombreuse. Tout l'intérieur en est désert.

Sa seule ville notable est **Perth**, sa capitale, port sur la côte occidentale, au sud-ouest.

6° La *Tasmanie*, séparée de l'Australie par le détroit de Bass, est une île montagneuse. Ses deux sommets principaux sont le *Cradle Mountain* et le *Ben Lomond*, qui dépassent 1500 mètres; ils s'élèvent sur un plateau découpé de ravins profonds. Le climat est humide, doux, propre à l'élevage et à la culture. Le blé y réussit bien, surtout dans la plaine orientale; ailleurs s'étendent des pâturages et des forêts; les fruits sont excellents. La Tasmanie recèle, en outre, de l'étain, de l'or et de la houille.

La population est relativement peu nombreuse.

Les principales villes sont : **Hobart**, la capitale, et *Launceston*, sur le fleuve Tamar.

GÉOGRAPHIE ÉCONOMIQUE

Voies de communication. — Les efforts des colons pour tirer parti des richesses du continent australien ont été remarquables.

L'Australie ne possédait qu'un petit nombre de voies fluviales importantes : le Murray est accessible pour des vapeurs de faible tonnage jusqu'à Albury, à 2700 kilomètres de la mer, et le Darling l'est également jusqu'à 1600 kilomètres de son confluent, excepté dans la saison sèche.

Il a fallu suppléer à l'insuffisance des voies navigables par la construction de routes et de voies ferrées. L'Australie, a 22200 kilomètres de chemins de fer en exploitation. Le réseau est développé surtout au sud-est :

Victoria	5300 kil.		Australie mérid.	3000 kil.
N.-Galles du Sud	5000 —		Australie occid.	3200 —
Queensland	4700 —		Tasmanie	935 —

Deux grandes voies sillonnent l'est et le sud-est australien : l'une de Bundaberg à Melbourne, l'autre de Melbourne à Adélaïde et l'intérieur. On a projeté un *transcontinental australien* qui unirait Adélaïde à Palmerston.

Deux lignes télégraphiques traversent l'Australie : l'une, de Palmerston à Melbourne ; l'autre, d'Adélaïde à Perth (en tout 178 000 kilomètres de fils télégraphiques).

Agriculture. — L'agriculture a fait de grands progrès. Elle s'est beaucoup étendue aux dépens du *scrub*. Les céréales, jadis cultivées uniquement dans l'Australie méridionale qui en fournissait le reste du pays, sont cultivées de plus en plus, et déjà Victoria produit ce qui est nécessaire à sa consommation. La vigne est cultivée avec succès dans Victoria et dans l'Australie méridionale. La canne à sucre du Queensland donne un produit très renommé.

L'*élevage* constitue toujours et de beaucoup le produit principal de l'agriculture australienne. L'Australie ne nourrit pas moins de 66 millions de moutons, dont 58 millions appartenant à la seule Nouvelle-Galles du Sud. Ces moutons sont remarquables par la finesse exceptionnelle de leur laine. Aucune partie du monde n'est meilleure pour la production de la laine fine que les plaines d'herbes sans arbres, au climat sec, au sol salin, qui bordent le Murray et ses tributaires dans Victoria et dans la Nouvelle-Galles du Sud.

Industrie. — L'industrie a été longtemps très négligée. L'Australie plaçait si aisément ses matières premières au dehors qu'elle n'a point songé à les utiliser et à les transformer chez elle.

Il semble que cette situation doive se modifier à assez brève échéance. Des manufactures et des usines ont été créées, mais elles sont loin encore de satisfaire aux besoins du pays.

Commerce. — Le progrès du commerce extérieur dénonce les progrès économiques accomplis (valeur en millions de francs y compris les échanges intercoloniaux) :

1885	Imp.	1 555	Exp.	1 400	Total	2 955
1890		1 725		1 550		3 275
1897		1 625		1 775		3 400
1901		1 700		1 868		3 568

Le commerce extérieur s'accroît donc graduellement, et, ce qui est plus curieux encore à constater dans ce tableau, les importations tendent à diminuer, tandis que les exportations augmentent beaucoup [1].

L'élevage est la principale source de prospérité. Laine, peaux et cuir, suif, viandes frigorifiées et refroidies, beurre, constituent la moitié des ventes de l'Australie au dehors. Dans la Nouvelle-Galles, il n'existe pas moins de 100 navires affectés exclusivement au transport des carcasses d'animaux entre Sidney et Londres.

Pour la laine, l'Australie ne cesse de prendre une place plus importante sur les marchés européens. L'Allemagne qui fournissait jadis à l'Angleterre le tiers de sa laine brute, a vu ses produits totalement expulsés, tandis que l'Australie, qui ne fournissait que 26 pour 100 du marché anglais, a poussé sa quote-part à 66 pour 100. De plus, la laine australienne a pris place sur les marchés d'Anvers, de Marseille, de Hambourg et de New-York.

Après les produits de l'élevage, ce sont les métaux qui alimentent les exportations de l'Australie, en particulier les métaux précieux. L'Australie fournit à elle seule le tiers environ de l'or produit annuellement sur le globe. Le fer, partout abondant, n'est pas exploité à cause de la cherté de l'exploitation et des transports qui sont très dispendieux en proportion de la valeur du métal.

1. Les principaux *articles d'exportation* sont donnés dans le tableau suivant (en millions de francs) :

Laine.	448	Cuir .	19	Plomb-argent .	106
Animaux .	72	Suif .	18	Cuivre .	56
Viandes.	67	Froment .	77	Houille .	47
Peaux .	48	Sucre .	52		
Beurre .	45	Or .	446		

Environ les trois cinquièmes du commerce extérieur de l'Australie se font avec l'Angleterre ; les États-Unis, l'Allemagne, la France et l'Inde anglaise viennent ensuite avec un chiffre d'affaires variant de 160 à 90 millions de francs.

3. — NOUVELLE-ZÉLANDE

Étendue. — La Nouvelle-Zélande est située à 1 950 kilomètres au sud-est de l'Australie. Elle comprend deux grandes îles : l'*Ile du Nord* et l'*Ile du Sud* ; une petite île, l'île *Stewart* ; plusieurs archipels adjacents, îles *Chatham*, *Antipodes*, *Auckland*.

La Nouvelle-Zélande a une étendue de 268 000 kilomètres carrés ; les dépendances en ont, en outre, 2 500.

Géographie physique. — Les deux grandes îles du Nord et du Sud, séparées par le détroit de Cook, large de

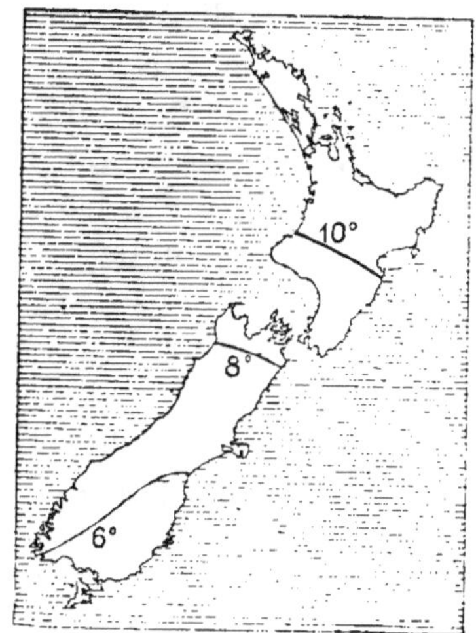

Isothermes de juillet.

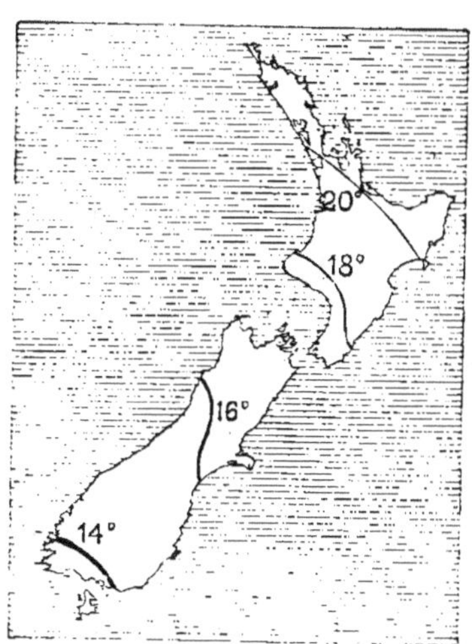

Isothermes de janvier.

80 kilomètres, sont parcourues par un soulèvement de roches anciennes, dont les principaux sommets sont : dans

l'île du Nord, le *Ruapehu* (2 804 m.) et l'*Egmont*; dans l'île du Sud, les monts *Odin, Franklin* et *Cook* (5 765 m.). Plusieurs de ces montagnes sont volcaniques; de nombreux cratères y sont en activité; les geysers, les fumerolles, les solfatares abondent, principalement dans la région du lac Taupo, au centre de l'île du Nord. En outre, elles sont couvertes d'énormes glaciers, dont quelques-uns descendent, sur le versant oriental, à 500 mètres seulement du niveau de la mer.

L'archipel s'étend du 34ᵉ au 47ᵉ degré de latitude; il ne peut donc avoir même climat du nord au sud. D'une façon générale, ce climat est tempéré, ce qui tient en partie à la grande humidité de l'archipel. La Nouvelle-Zélande est aussi humide que l'Angleterre.

Les cours d'eau principaux sont : le *Waïkato*, émissaire du lac Taupo, dans l'île du Nord, et le *Molyneux* ou *Clutha*, dans l'île du Sud.

Les côtes sont rocheuses, et, comme celles de Norvège, découpées de fiords longs, étroits, aux parois abruptes, au seuil à peine immergé. Les indentations les plus remarquables sont le *port de Manukau* et le *port de Waitemata*, qui se rejoignent presque à travers l'île du Nord, ne laissant entre eux que l'isthme d'Auckland, large de moins d'un kilomètre.

Humide et assez chaude, la Nouvelle-Zélande a une flore très riche et très variée. Par son abondance et sa vigueur, sa végétation rappelle un peu celle des tropiques. On y y trouve de compactes forêts d'arbres verts, pins *Kauri*, *puriri*, et des pâturages à l'herbe épaisse et drue; les cultures qui s'accommodent le mieux du climat sont les céréales (froment, avoine, orge), les pommes de terre, le phormium et le tabac. Enfin la Nouvelle-Zélande a des gisements minéraux divers, or, argent, cuivre, houille.

Géographie politique. — Découverte par le Hollandais Tasman en 1642, reconnue par Cook qui en dressa la carte, la Nouvelle-Zélande resta sans maîtres jusqu'en 1840, époque à laquelle les Anglais l'occupèrent. C'est encore une de leurs colonies.

La population, y compris les dépendances, s'élève à 825 000 habitants dont 45 000 indigènes Maori, de race polynésienne, grands, vigoureux et intelligents. La densité n'est que de 3 habitants par kilomètre carré ; elle augmente, un peu

Paysage de la Nouvelle-Zélande.

par l'immigration, plus sensiblement par l'excédent annuel des naissances sur les décès (environ 12 000).

Les principales villes[1] sont : dans l'île du Nord, *Auckland*, port excellent sur un isthme étroit, et *Wellington*, sur le

1. *Nouvelle-Zélande* : principales villes (recensement de 1901) :

Wellington. .	45 000 hab.	Dunedin. . .	25 000 hab.
Auckland. .	34 000 —	Christchurch.	47 000 —

19

détroit qui sépare l'île du Nord de l'île du Sud; — dans l'île du Sud, *Dunedin* et *Christchurch*, bâties sur la côte orientale qui a le plus de terrains cultivables et féconds.

Géographie économique. — La Nouvelle-Zélande possède actuellement 5 758 kil. de chemins de fer en exploitation. Les terres cultivées couvrent une superficie de 540 000 hectares; sur les pâturages vivent 15 millions de têtes de bétail, des moutons surtout, dont la laine est moins fine que celle des moutons d'Australie. L'industrie est peu développée.

Le commerce extérieur[1] témoigne d'un progrès continu et remarquable depuis 1880.

Les importations ont augmenté, mais d'une manière beaucoup moins sensible que les exportations.

La laine et autres produits de l'élevage constituent, comme en Australie, la majeure partie des ressources de la Nouvelle-Zélande. L'industrie des beurres et fromages s'y est considérablement développée en ces dernières années.

Les trois quarts du commerce de la Nouvelle-Zélande se font avec l'Angleterre.

RÉSUMÉ

I. Étendue. — Les États-Unis d'Australie comprennent l'Australie et la Tasmanie; l'Australie a 7 650 000 kilomètres carrés, la Tasmanie 68 000.

1. Valeur en millions de francs :

1880	Imp.	167	Exp.	162	Total	229
1897		200		250		450
1901		295		522		616

Les principaux articles d'exportation sont (valeur en millions de francs :

Laine	92	Suif	9	Gomme Kauri	1
Viande	60	Beurre, fromage	26	Bois	
Peaux	10	Céréales	52	Or	4

II. Relief, hydrographie, côtes. — Le relief se compose de trois parties : 1° une dépression centrale allant du golfe de Carpentarie au golfe Spencer ; 2° un plateau oriental supportant une cordillère (Alpes australiennes, montagnes Bleues, Great Dividing Range) qui culmine au mont Townsend, à 2 241 mètres ; 3° un plateau occidental avec de petites montagnes (monts Macdonnell et Musgrave).

Le seul fleuve notable est le Murray, grossi du Murrumbidgee et du Darling ; il est navigable jusqu'à 2 700 kilomètres de la mer, mais a un très faible débit, conséquence de la sécheresse du climat. — Les contours sont lourds et les côtes peu découpées ; les meilleures baies sont, au sud-est, Port-Phillip, Port-Jackson, Botany-Bay. Une barrière de coraux gêne la navigation au nord-est.

III. Climat et productions. — Le climat est essentiellement continental, surtout à l'intérieur ; il est très sec et extrême. Aussi l'intérieur n'est-il qu'un désert où s'étend le scrub. Sur les côtes et sur les montagnes de l'est et du sud-est, le climat est plus humide, chaud au nord, tempéré au sud ; on y trouve des forêts d'eucalyptus géants, des pâturages, et, suivant la latitude, des cultures tropicales (canne à sucre, coton, arrow-root) et des cultures européennes (vignes, froment). — Les ressources minérales abondent presque partout.

IV. Gouvernement et population. — Découverte au xviie siècle, l'Australie est une colonie anglaise, formant une fédération autonome de six États. La population est de 4 007 000 habitants, dont 230 000 indigènes ; elle s'accroît d'environ 100 000 individus par an ; la densité est très faible dans l'ensemble, mais presque tous les habitants habitent sur la côte du sud-est et de l'est.

Les principales villes sont : dans la Nouvelle-Galles du Sud, Sydney ; dans Victoria, Melbourne ; dans le Queensland, Brisbane ; dans l'Australie méridionale, Adélaïde ; dans l'Australie occidentale, Perth ; en Tasmanie, Hobart.

V. Géographie économique. — L'Australie a 21 500 kilomètres de chemins de fer. L'industrie ne fait que d'y naître, mais l'agriculture et, en particulier, l'élevage sont très florissants. Ils alimentent un commerce extérieur qui va croissant, et qui se fait principalement avec l'Angleterre. La laine, les peaux et les cuirs, les viandes et les animaux, le beurre constituent plus de la moitié des exportations ; l'or vient ensuite.

VI. Nouvelle-Zélande. — Composée principalement de deux grandes îles montagneuses, l'île du Nord et l'île du Sud, que sépare le détroit de Cook et que domine le mont Cook (3 765 m.), la Nouvelle-Zélande a un climat humide et tempéré, des côtes découpées et riches en ports, des forêts luxuriantes, des pâturages et diverses cultures (céréales, pommes de terre, tabac).

La Nouvelle-Zélande a 823 000 habitants (dont 43 000 indigènes Maori). Les principales villes sont : dans l'île du Nord, Auckland et Wellington; dans l'île du Sud, Dunedin et Christchurch. La principale ressource est formée par la laine, les beurres et fromages et les autres produits de l'élevage.

4. — LES TERRES OCÉANIENNES SECONDAIRES

Division. — Si l'on rattache l'Insulinde à l'Asie, l'Océanie ne comprend plus, outre l'Australie et la Nouvelle-Zélande, qu'une grande île, la *Nouvelle-Guinée*, et un très grand nombre de très petites terres.

Cet ensemble est divisé en trois parties principales : 1° la *Mélanésie*, qui est située au nord de l'Australie et qui comprend notamment la Nouvelle-Guinée, avec les îles Salomon, l'archipel Bismarck, etc.; — 2° la *Micronésie*, qui est située au nord de la Mélanésie, et qui comprend principalement les Mariannes, les Carolines; — 3° la *Polynésie*, qui comprend toutes les terres situées dans le Pacifique oriental, depuis l'Australie et la Mélanésie, jusqu'à l'Amérique.

Ces terres sont ou montagneuses et volcaniques, ou d'origine coralligène. Elles n'ont en général qu'une végétation assez médiocre et peu d'habitants. Les indigènes appartiennent soit à la race mélanésienne, soit à la race polynésienne, et sont peu civilisés.

Malgré tout, les îles océaniennes constituent des points de relâche au milieu du Pacifique, et les grandes puissances s'en sont emparées pour y établir des dépôts de charbon. Les principaux peuples qui possèdent ces terres sont : l'Angleterre, l'Allemagne, la France, les États-Unis, le Japon et le Chili.

Nouvelle-Guinée. — La Nouvelle-Guinée n'est encore qu'imparfaitement reconnue.

Située au nord de l'Australie, dont la sépare le détroit de Torrès, elle se compose d'une masse continentale flanquée, à l'ouest et à l'est, de deux péninsules étroites qui lui donnent assez le contour d'un gigantesque oiseau; c'est la plus grande île du globe, elle mesure 785 000 kilomètres carrés.

Elle est couverte de chaînes montagneuses, peu larges et très raides, orientées de l'ouest à l'est, et séparées par d'étroites vallées. Les plus élevées sont les monts *Finisterre* et les monts *Owen Stanley*, qui dépassent 4 000 mètres. Les deux cours d'eau principaux sont les rivières *Fly* et *Augusta*.

Située presque sous l'Équateur, la Nouvelle-Guinée a un climat humide et chaud; des cultures tropicales, canne à sucre, coton, tabac; des forêts luxuriantes où se mêlent les essences de l'Insulinde et celles de l'Australie. On évalue sa population à 700 000 hab., pour la plupart Papous, c'est-à-dire Mélanésiens.

Trois États européens se partagent la Nouvelle-Guinée : 1° la *Hollande*, qui occupe la partie occidentale en face de ses colonies de l'Insulinde; — 2° l'*Angleterre*, qui a les bords du détroit de Torrès, au sud-est, en face de l'Australie : principal poste, Port-Moresby; — 3° l'*Allemagne*, qui occupe, au nord-est, le territoire de l'Empereur-Guillaume avec Finschhafen pour principale station.

Nouvelle-Guinée hollandaise. .	595 000	k. c.	240 000	hab.
— — britannique. .	209 000	—	550 000	—
— — allemande . .	181 000	—	110 000	—

Colonies anglaises. — Les colonies secondaires que l'Angleterre possède en Océanie sont les suivantes :

Île Viti ou Fiji	20 857	k. c.	122 000	hab.	6	par k. c.
Îles Tonga (protect. . .	1 157	—	26 000	—	25	—
Îles Fanning	668	—	200	—	0.5	—
Îles de l'Union	14	—	500	—	56	—
Îles Gilbert.	428	—	26 000	—	60	—
Îles Ellice	57	—	2 500	—	68	—
Îles Salomon du Sud .	55 900	—	140 000	—	4	—
Îles Santa-Cruz. . . .	958	—	7 000	—	7	—
Île Tucopia.	66	—	700	—	10	—

Les îles *Viti* ou *Fiji* sont très prospères ; les Anglais y ont introduit avec succès des plantations de cannes à sucre, de café, de maïs et de coton.

Les îles *Tonga*, calcaires et pauvres en eau, par suite assez stériles, renferment plusieurs volcans en activité, notamment celui de Foualaï qui fit éruption en 1846 et détruisit toutes les cultures de l'île.

Colonies allemandes. — Les Allemands possèdent en Océanie, outre une partie de la Nouvelle-Guinée :

Bismarck et Salomon du Nord.	57 100 k. c.	250 000 hab.	4 par k. c.
Iles Carolines	1 450 —	39 000 —	27 —
Iles Mariannes	626 —	2 000 —	3 —
Iles Marshall	405 —	15 000 —	4 —
Iles Samoa (partie)	2 588 —	35 000 —	12 —

Les *Carolines* et les *Mariannes* appartenaient jadis à l'Espagne depuis l'époque de leur découverte, en 1521, par Magellan qui avait appelé les Mariannes « îles des Voleurs ». Les Espagnols les ont vendues à l'Allemagne en 1899.

Ce sont des îles où l'action volcanique se manifeste par des éruptions et des tremblements de terre fréquents. Leur sol est tapissé d'une végétation vivace ; des cocotiers bordent les plages ; les nipas, les pandanus (l'arbre des terres volcaniques), le bananier, le figuier, l'arbre à pain abondent ; des fougères de 25 à 30 pieds de hauteur y croissent en fourrés.

Colonies françaises. — La France possède en Océanie :

Nouvelle-Calédonie	19 825 k. c.	51 500 hab.	2.5 par k. c.
Iles Wallis et Foutouna. . .	255 —	6 000 —	25 —
Tahiti	1 650 —	18 000 —	11 —
Iles Marquises.	1 274 —	4 500 —	5 —
Iles Tuamotou	700 —	5 400 —	8 —
Iles Gambier.	250 —	1 400 —	6 —
Iles Toubouaï	286 —	1 800 —	6 —

La **Nouvelle-Calédonie**, au nord-est de l'Australie, est une île montagneuse dominée par le mont *Humboldt* (1 654 m.). Le climat en est relativement tempéré et très sain. L'île renferme des pâturages, des forêts; des cultures y ont été introduites avec succès, notamment celles des céréales, des légumes d'Europe, du café. En outre, la Nouvelle-Calédonie a des mines de houille, divers gisements minéraux; elle abonde surtout en nickel, et fournit une proportion importante de la production du monde pour ce métal.

La Nouvelle-Calédonie n'était jadis qu'une colonie péniten-

Nouméa.

tiaire; mais la colonisation libre s'y porte de plus en plus. Sa capitale est *Nouméa*, sur une bonne rade de la côte occidentale.

Tahiti est l'île la plus importante de *l'archipel de la Société* que la France occupe entièrement. Cet archipel est dominé par le mont *Orohena* (2 257 m.) que recouvrent des laves et des piliers basaltiques. Le climat en est délicieux, la végétation remarquable.

La capitale est *Papéiti*, dans l'île de Tahiti.

Colonies des Etats-Unis. — Les Etats-Unis possèdent en Océanie les terres suivantes :

Hawaii	16 702 k. c.	65 000 hab.	4 par k. c.
Guam.	514 —	9 000 —	17 —
Samoa (partie).	199 —	4 000 —	20 —

Les îles **Hawaii** ou **Sandwich** sont dominées par deux grands volcans, le Mauna Kea (4255 m.) et le Mauna Loa (4145 m.), dont les flancs sont couverts par les laves d'éruptions récentes. Ces îles, au sol formé d'éléments volcaniques, sont très fertiles; elles ont notamment des plantations de cannes à sucre très prospères. La capitale en est *Honoloulou*, port important entre l'Amérique, l'Australie et l'Asie; son activité augmentera encore après le percement de l'isthme de Panama.

L'île *Guam* est une des îles Mariannes.

Les *Samoa* n'appartiennent qu'en partie aux États-Unis; l'Allemagne possède le reste.

Autres colonies. — Des colonies du Japon et du Chili il n'y a rien à dire ou presque rien.

Le *Japon* occupe l'archipel *Bonin-Sima*, situé à l'ouest du Pacifique et voisin du Japon.

Le *Chili* occupe l'*île de Pâques*, située à l'est du Pacifique, énorme bloc de lave solitaire, se terminant par un volcan ébréché avec trois pointes sur sa masse triangulaire. Cette île est fameuse par les colossales statues humaines qui s'y élèvent.

Races océaniennes. — On distingue deux grands peuples océaniens, les Papous et les Polynésiens.

Les **Papous** se rencontrent principalement dans les archipels de l'ouest, notamment dans la Nouvelle-Guinée. Leur taille est égale, sinon supérieure, à celle des peuples européens: leur peau varie du brun foncé au noir: ils ont la chevelure crépue et la barbe abondante. Au moral, le Papou est vif, démonstratif en paroles et en actions; il a un sentiment de l'art très prononcé et orne de sculptures les objets dont il se sert ou qui l'entourent, sa case, ses canots, ses ustensiles domestiques, ses armes.

Les **Polynésiens** habitent les archipels orientaux du Pacifique. On

Statues de l'île de Pâques.

les dépeint toujours comme une race sympathique. Ils pratiquent pourtant quelques coutumes barbares, comme le cannibalisme; mais c'est la nécessité qui les rend anthropophages. L'espace leur manque pour cultiver le sol; l'élevage n'est praticable que dans quelques îles étendues; la pêche et la chasse... au rat fournissent quelques ressources, ainsi que le cocotier, l'arbre à pain, le taro, l'igname : quand tout cela est insuffisant pour subsister, le Polynésien demande un supplément de nourriture à l'anthropophagie.

Les voyageurs s'accordent pour reconnaître aux Polynésiens autant de douceur que d'intelligence. Montés sur leurs pirogues à balanciers, se guidant par les étoiles et par des cartes de leur confection, les Polynésiens parcoururent autrefois toute l'étendue du Pacifique. Ils ont une littérature populaire, des légendes, des poèmes d'un goût remarquable, et les voyageurs ont trouvé dans quelques-unes de leurs îles des temples, des statues qui témoignent d'un réel sens artistique.

RÉSUMÉ

I. **Nouvelle-Guinée**. — Immense, la plus grande île du globe, la Nouvelle-Guinée est montagneuse, monts Finisterre et Owen Stanley; elle est arrosée par le Fly et l'Augusta; son climat et sa végétation sont tropicaux. Trois États européens se la partagent, Hollande, Angleterre, Allemagne.

II. **Colonies diverses**. — 1° Les Anglais possèdent en Océanie, comme terres secondaires, les îles Viti ou Fiji, les Tonga, les Salomon du Sud, etc.; — 2° les Allemands possèdent les Salomon du Nord, les Carolines et les Mariannes; — 3° les Français possèdent la Nouvelle-Calédonie, capitale Nouméa, et Tahiti; — 4° les États-Unis possèdent les Hawaii, capitale Honoloulou; — 5° le Japon possède les Bonin-Sima; — 6° le Chili possède l'île de Pâques.

INDEX ALPHABÉTIQUE

ABRÉVIATIONS EMPLOYÉES DANS L'INDEX

Arch . .	Archipel.	I. . . .	Ile.	Plat . .	Plateau.
B⁰ . . .	Baie.	L . . .	Lac.	Pᵗ . . .	Port.
Cˡ . . .	Canal.	Mⁱᶠ . . .	Massif.	Presq .	Presqu'île.
C . . .	Cap.	Mᵗ . .	Mont.	R. . . .	Rivière, Rio.
Chⁿᵉ .	Chaine.	Mᵍⁿᵉ . . .	Montagne.	S. . . .	Sud.
Dés . .	Désert.	N. . .	Nord.	Sᵃ . . .	Sierra.
Dét. . .	Détroit.	Nouv. .	Nouveau.	Tʳᵉ . . .	Terre.
Fl . . .	Fleuve.	Nᵗˡᵉ. . .	Nouvelle.	Terʳ . .	Territoir
G . . .	Golfe.	Pass . .	Passage.	Vⁿ . . .	Volcan.
Gᵈ . . .	Grand.	Pén .	Péninsule.		

A

Acadie 124.
Acapulco 195.
Acatenango (Mᵗ) 199.
Aconcagua (Mᵗ) 220. 250.
Adélaïde 308.
Adélie (Tʳᵉ) 96.
Adelsberg (Grotte d') 52.
Adirondak 154.
Afrique 14.
Agua (Vⁿ) 199.
Alaska (Terʳ d') 165.
Alberta 119.
Aléoutiennes (Iˢ) 104. 166.
Aletsch (Glʳ de) 51.
Alexandre Iᵉʳ (Tʳᵉ) 95.
Alleghanys (Mⁱˢ) 102, 104.
Allegheny 160.
Allemagne 65.
Alpes 49.
Alpes australiennes 298.
Amadeus (L.) 298.
Amapala 205.

Amatique (G.) 198.
Amazones (Fl. des) 222, 261.
Amérique Centrale 198.
Amérique du Nord 99.
Amérique du Sud 219.
Anahuac (Plat.) 184.
Ancien Continent 14.
Anderby (Tʳᵉ d') 96.
Andes 71.
Anjou (Iˢ) 88.
Anticosti (I. d') 116.
Antigua (I.) 211.
Antilles (Mer des) 208, 225.
Antioquia 252.
Antipodes (I.) 315.
Antisana (Mᵗ) 259.
Antofagasta 255.
Antofalla (Vⁿ) 250.
Anvers 65.
Appalaches (Mⁱˢ) 102.
Apuré (R.) 228.
Arabie 59.
Arequipa 245.

Arica 250.
Arizona 176.
Arkansas (Fl.) 104. 141.
Ashburton (R.) 300.
Asie 14.
Assiniboia 119.
Asuncion 278.
Atacama (Dés.) 251.
Athabaska (R.) 115.
Atrato (Fl.) 228.
Auckland 315.
Auckland (I.) 315.
Augusta (R.) 319.
Australasie 289.
Australie 70, 297.
Australie Méridionale 309.
Australie Occidentale 309.
Avalon (Presq. d') 128.
Aztèques (Mᵍⁿᵉ des) 185.
Azuero (Pén.) 200.

Bad Lands 162.
Baffin (Terʳ de) 105.
Bahama (Iˢ) 210.

Bahia 268.
Bahia (G. de) 264.
Baie du Géographe 301.
Ballarat 308.
Balleny (I.) 96.
Baltimore 159.
Banks (Terʳ de) 88, 105.
Baranoff (I.) 166.
Barbade (I.) 211.
Barbude (I.) 211.
Barcoo (R.) 300.
Barquisimeto 257.
Barranquilla 252.
Barrow (Pᵗᵉ) 99.
Bas-Canada 119.
Basse-Terre 214.
Belem 268.
Belgique 65.
Belize 205.
Belle-Isle (Dét. de) 117.
Belle Rivière 145.
Bendigo 309.
Bengale (G. du) 16.
Ben-Lomond (Mᵗ) 310.
Béring (Dét. de) 87, 105.
Béring (Mer de) 16.

TABLE DES CARTES ET FIGURES

TABLE DES MATIÈRES

QUATRIÈME PARTIE. — L'AMÉRIQUE DU SUD

CINQUIÈME PARTIE. — AUSTRALASIE

5012. — Imprimerie Lahure, rue de Fleurus, 9, Paris.